«De Juan Calvino a Wendell Berry y Elon [...] el mundo hasta las innovaciones médicas y [...] al nuevo Jerusalén. De la tecnología com[...] los alardes de Silicon Valley a la sangre de [...] *tecnología y la vida cristiana* es panorámico y penetrante. Dudo que haya habido nunca un tratamiento más amplio de la tecnología, tan firmemente vinculado a las Escrituras y, por tanto, tan realista y esperanzador. Como "optimista de la tecnología" que confía en la orquestación providencial de Dios sobre todas las cosas, Reinke nos ofrece una "teología bíblica de la tecnología" amplia y convincente. La gloria de Dios es el fin de la creación y el objetivo de todas las innovaciones. Sin Cristo no hay arte, ni ciencia, ni tecnología, ni agricultura, ni microprocesador, ni innovación médica. Si Dios es el centro de nuestra vida, la tecnología es un gran regalo. Si la tecnología es nuestro salvador, estamos perdidos. Este es un libro que expande la mente, estabiliza el corazón, glorifica a Dios y sostiene la alegría».

John Piper, fundador y profesor de desiringGod.org; rector de Bethlehem College & Seminary; autor del libro *Desiring God*.

«Tony Reinke ha escrito un libro de lectura obligada para cualquier cristiano que quiera entender la visión de Dios sobre la tecnología. *Dios, la tecnología y la vida cristiana* fusiona magistralmente comentarios bíblicos, sabiduría histórica y aplicación práctica para ofrecer una rica cosmovisión cristiana de la tecnología. Una visión más positiva de la innovación humana y de los innovadores, es un soplo de aire fresco en un momento cultural en el que la tecnología es vista más como un daño que como una ayuda para muchos cristianos. Lo recomendaré a nuestra comunidad FaithTech en todo el mundo».

James Kelly, fundador y director general de FaithTech.

«Reinke no solo aborda una amplia gama de temas relacionados con la tecnología y la cultura, sino que también aporta nuevas perspectivas sobre pasajes de las Escrituras que a menudo se pasan por alto. Ofrece un enfoque de la tecnología ético sin ser moralista, cuidadoso sin ser restrictivo y positivo sin ser ingenuo».

John Dyer, decano y profesor en Dallas Theological Seminary; autor de *From the Garden to the City: The Place of Technology in the Story of God* [Del jardín a la ciudad: el lugar de la tecnología en la historia de Dios].

«Como pastor e ingeniero, me encuentro continuamente con la necesidad de interpretar las maravillas del siglo XXI a la luz de las Escrituras. Para ello, este libro ha sido una gran bendición. Tony Reinke ha elaborado una teología bíblica de la tecnología esclarecedora, equilibrada y muy atractiva. Esta obra es profundamente práctica. Todos los cristianos deberían considerarla, vivan o no en un gran centro tecnológico».

Conley Owens, pastor de Silicon Valley Reformed Baptist Church; ingeniero sénior en Google.

«Tony nos ha proporcionado un rico conjunto de recursos para el creyente que desea dar sentido al creciente papel de la tecnología en la sociedad y en nuestras vidas individuales. No se trata de una retahíla de advertencias reaccionarias basadas en el miedo, sino de una cuidadosa mirada a la compleja, íntima e inevitable relación entre tecnología y teología. Se nos guía hábilmente a través de un recorrido detallado y centrado en Dios por la historia de la tecnología, desde Babel hasta Bumble, recurriendo a teólogos, inventores y filósofos. Aprovecha esta excelente obra».

Jared Oliphint, departamento de Filosofía, Texas A&M University.

«*Dios, la tecnología y la vida cristiana* es una lectura peligrosa para el creyente serio, donde Reinke desentierra el origen de toda tecnología en las mismas páginas de las Escrituras, obligando al cristiano a contemplar este accesorio evolutivo del mundo moderno a través de la lente curativa de un Dios soberano y de la esperanza inmarcesible del evangelio. Seamos cínicos o estemos entusiasmados por la vertiginosa velocidad de la innovación en el siglo XXI, este libro desafiará la forma en que todos vemos e interactuamos con nuestro mundo en constante cambio».

Jeremy Patenaude, pastor en Risen Hope Church, Seattle; escritor para Microsoft.

«La historia de la gloria de Dios sigue desarrollándose en el *zeitgeist* o espíritu del tiempo de la tecnología. Ya se trate de desarrolladores que inventan nuevas aplicaciones en un centro de datos, de robots de fabricación automatizada que producen coches eléctricos o de los ansiosos consumidores de estos nuevos productos y servicios, este libro nos recuerda que la tecnología humana sirve al propósito final de Dios para Su creación. En este cautivador libro, Tony ofrece una teología optimista de la tecnología que nos inspirará a adorar al Creador de nuestros inventores más poderosos y, sorprendentemente, nos ayudará a vivir con cautela y fidelidad dentro de nuestras ciudades tecnológicas. Para ello, desmitifica conceptos creados por cristianos bienintencionados a lo largo de décadas que han hecho difícil ver que la ciencia y la tecnología existen por Dios, a través de Dios y para Dios. Su gloria se refleja en el amoníaco, el litio, la fisión nuclear y en los futuros avances en fusión nuclear y viajes espaciales. *Dios, la tecnología y la vida cristiana* es una lectura esencial para pastores, líderes eclesiásticos y todo cristiano que viva y trabaje dentro de las ciudades tecnológicas del hombre. Una llamada de atención para que anticipemos el regreso de Cristo y la llegada de una nueva ciudad (una ciudad mejor) diseñada y construida por Dios mismo».

José Luis Cuevas, pastor y misionero; director de gestión de proyectos en Office for VMware Inc. para América Latina.

«Dada la aceleración de la automatización en todos los aspectos de nuestras vidas, todos necesitamos reflexionar profundamente sobre nuestra historia tecnológica y nuestra hoja de ruta futura. En *Dios, la tecnología y la vida cristiana*, Tony Reinke ha desarrollado un análisis centrado en el evangelio de nuestra cultura impulsada por la tecnología, que resulta beneficioso tanto para cristianos como para no cristianos».

Bernie Mills, vicepresidente de VMware Inc.; miembro del Consejo en Joni and Friends.

DIOS,
LA TECNOLOGÍA
Y LA
VIDA CRISTIANA

DIOS,
LA TECNOLOGÍA
Y LA
VIDA CRISTIANA

TONY REINKE

ESPAÑOL®
BRENTWOOD, TENNESSEE

Dedicado a todos los cristianos que viven en centros tecnológicos exigentes y caros, construyen iglesias desinteresadamente e influyen para bien en las industrias más poderosas del mundo.

Disponemos de estudios detallados sobre la historia de las distintas tecnologías y cómo surgieron. Tenemos análisis del proceso de diseño; excelentes trabajos sobre cómo influyen los factores económicos en el diseño de las tecnologías, cómo funciona el proceso de adopción y cómo se difunden las tecnologías en la economía. Analizamos cómo la sociedad moldea la tecnología y cómo la tecnología moldea la sociedad. Y tenemos meditaciones sobre el significado de la tecnología, y sobre la tecnología como determinante, o no determinante, de la historia del ser humano. Pero no nos hemos puesto de acuerdo sobre el significado de la palabra «tecnología», ni sobre una teoría general de cómo surgen las tecnologías, ni sobre una comprensión profunda de en qué consiste la «innovación», y no existe una teoría de la evolución de la tecnología. Falta un conjunto de principios generales que den al tema una estructura lógica, el tipo de estructura que ayudaría a colmar esas lagunas. En otras palabras, falta una teoría de la tecnología, una «-ología» de la tecnología.

W. BRIAN ARTHUR

Contenido

1 ¿Qué es la tecnología? *11*

2 ¿Cuál es la relación de Dios con la tecnología? *35*

3 ¿De dónde proceden nuestras tecnologías? *81*

4 ¿Qué es lo que la tecnología nunca podrá conseguir? *165*

5 ¿Cuándo acaban nuestras tecnologías? *211*

6 ¿Cómo debemos utilizar la tecnología hoy en día? *243*

Agradecimientos *331*

1

¿Qué es la tecnología?

LA GENTE NO FRENA mucho cuando conduce por Nebraska. Pero la próxima vez que atraviese el estado de Cornhusker y eche un vistazo a un maizal, puede que vea mi nombre en mayúsculas. REINKE es sinónimo de tecnología agrícola. El nombre ondea en los logotipos metálicos de los aspersores gigantes de las granjas del Medio Oeste porque mi abuelo y sus cinco hermanos reclamaron tres docenas de patentes, entre ellas ideas que iban desde lo aspiracional a lo multimillonariamente útil.[1] Las ideas que dieron resultado sembraron una corporación de sistemas de riego de pivote central para granjas y plataformas de aluminio para camiones semirremolque.

La ambición tecnológica de mi abuelo no se vio empañada por la falta de estudios más allá del octavo grado. Carpintero, electricista y agricultor, fue condecorado con una estrella de bronce en la Segunda Guerra Mundial por ayudar a rediseñar un ordenador de puntería antiaérea.[2] De regreso en casa, él aspiraba

---

1   Susan Harms, «Area Reinkes Are Brothers of Invention», Hastings Daily Tribune *(s. d.)*, s. e.
2   Conozco pocos detalles del dispositivo de dirección/apuntado del cañón de 40 mm «M5A1 Director» más allá de la descripción del capitán Kirby M. Quinn, «Gunning for War Birds», Popular Mechanics, diciembre de 1933, 801-4.

a modernizar las granjas rurales, convirtiendo casas centenarias construidas antes de que existiera el agua corriente en viviendas electrificadas alimentadas por baterías recargadas por medio de molinos de viento de aluminio. En su taller personal inventó y fabricó intercambiadores de calor de cobre para refrigerar motores de riego con agua subterránea.

Cuando el coste de la electricidad se disparó en 1978, mi abuelo diseñó y construyó un molino de viento de aluminio que utilizaba un volante centrípeto para inclinar automáticamente las aspas en función de la velocidad del viento, lo que permitía generar electricidad con mucho viento o con muy poco.[3] Le fascinaba el aluminio. Para divertirse, fabricó el primer violín de aluminio que he visto en mi vida (y, afortunadamente, el último que he oído).[4] Cuando mi abuelo se jubiló yo estaba en el instituto, y limpió su taller dándome un montón de proyectos de aluminio abandonados. Me llevó semanas cincelar neumáticamente miles de remaches de aluminio de estructuras de hierro, pero valió la pena. Al final de aquel verano, el montón de remaches rotos y las planchas de chatarra se registraron en una pila de aluminio que reciclé por mil dólares. Me ayudó a pagarme la universidad. Pero lo más memorable es que me puso muy cerca de los restos de los ambiciosos sueños de mi abuelo.

La innovación está en la sangre de los Reinke. Pero la tecnología está profundamente conectada con cada uno de nosotros. La historia de la humanidad es la historia de la tecnología. El profeta Daniel marcó los sucesivos reinos según los metales dominantes:

---

3 Claire Hurlbert, «Davenport Man Plugs into Nebraska's Wind Power», Hastings Daily Tribune, 26 de agosto de 1978, s. e.

4 Al parecer, no era el único. Los violines bajos de aluminio aparecían en Popular Mechanics (diciembre de 1933) presumiendo de «una calidad tonal que se compara favorablemente con los mejores bajos de madera» (805). Albergo dudas, pero los instrumentos de aluminio eran una aspiración cultural en su época.

oro, plata, bronce, hierro, arcilla ferrosa.[5] Delimitamos la historia de la humanidad por la Edad de Piedra, la Edad de Bronce, la Edad de Hierro, la era nuclear y la era informática. Hoy vivimos en la era de la tecnología. Este largo drama de la innovación nos incluye a cada uno de nosotros. No hay árbol genealógico que no sea innovador.

Este Reinke vive dentro de una era tecnológica acelerada que el mundo nunca ha visto. Creo que mi abuelo nunca tocó una computadora, pero algún día puede que yo esté biológicamente vinculado a un superprocesador. Mi padre, muy inventivo él, estaba fascinado por el alunizaje. Pero en mi vida espero ver vuelos comerciales a la luna. Ahora mismo, podría escupir saliva en un tubo, enviarla por correo y obtener un mapa completo de mi herencia y mis susceptibilidades genéticas. Mis bisnietos podrían vivir en Marte. He sido testigo de cambios increíbles en mis primeros cuarenta años en este planeta y, si Dios quiere, me preparo para cambios más escandalosos en los próximos cuarenta años o siglos por delante, si los profetas de la esperanza de vida están en lo cierto.

No innovo en una granja como mi abuelo; escribo en las afueras de una gran ciudad, rodeado de tecnología. Mientras tecleo, mi robot aspiradora choca contra mis pies, se para, gira, choca, se para, gira y vuelve a chocar, autocorrigiéndose como una tortuga ciega mientras limpia la alfombra de mi despacho. Los robots automatizados especializados, como mi droide aspirador, pueden hacer bien una cosa, pero nada más. Los robots que detonan bombas por control remoto se sincronizan con otros robots de servicio semiautónomos. Los principales laboratorios científicos están trabajando en prototipos de robots similares a perros y

---

5 Dan. 2:31-45.

humanos. Y en los confines de la industria robótica hay robots sexuales inhumanos y robots asesinos armados. Y es probable que en los próximos años aparezcan los primeros robots totalmente autónomos. Los llamamos coches sin conductor. Estamos entrando en una nueva revolución tecnológica imposible de predecir. Es un buen momento para que los cristianos reflexionemos sobre la relación de Dios con la tecnología mientras nos planteamos preguntas sobre el origen de nuestros dispositivos. ¿Qué tecnologías son útiles o destructivas? ¿Y cómo podemos caminar por la fe en la era que se avecina? En primer lugar, debemos abordar una cuestión fundamental: ¿Qué es la tecnología?

¿Qué es la tecnología?

La tecnología es ciencia aplicada y potencia amplificada. Es arte, método, saber hacer, fórmulas y pericia. La palabra tecnología se basa en la raíz *techne-* o *técnica*. Amplificamos nuestros poderes nativos mediante nuevas técnicas. Noé y los animales nunca podrían superar un diluvio universal, así que Dios diseñó un barco. Los habitantes de Babel no podían vivir en el cielo, así que diseñaron una torre. Hoy, los ascensores del centro de Dubai llevan a la gente hasta la estratosfera. Jacob y sus hijos cavaron pozos a mano y con pala, pero la Union Pacific abrió caminos a través de las montañas con dinamita. Hoy, barrenas del tamaño de dinosaurios excavan túneles subterráneos para millones de cables de telecomunicaciones. Y el *smartphone* extiende las explosiones eléctricas que estallan en nuestros cerebros, a través de nuestros pulgares, a nuestros teléfonos para convertirse en pequeños unos y ceros digitales que emitimos en mensajes para influir en el mundo.

La tecnología intensifica nuestra destreza, aumenta nuestra influencia y potencia nuestras intenciones, antes débiles. Y ninguna innovación nos amplifica tanto como el chip informático. En peso, estos pequeños chips son las cosas más poderosas del universo continuo. Excluyendo las explosiones cósmicas y las bombas nucleares que agotan su potencia en un hiperparpadeo, «de todas las cosas sostenibles del universo, desde un planeta a una estrella, desde una margarita a un automóvil, desde un cerebro a un ojo, lo que es capaz de conducir la mayor densidad de potencia (la mayor cantidad de energía que fluye a través de un gramo de materia cada segundo) se encuentra en el núcleo de tu computadora portátil». Sí, el diminuto microprocesador «conduce más energía por segundo y por gramo a través de su diminuto corredor que los animales, los volcanes o el sol». El chip de computadora es «lo más energéticamente activo del universo conocido».[6]

Mientras escribo, Apple acaba de presentar el M1, «el chip más potente» que ha fabricado nunca la compañía, «con la asombrosa cifra de 16 000 millones de transistores».[7] Con tanta potencia en cada iPhone y MacBook, podemos hacer mucho con nuestras herramientas: mucho daño o mucho bien. ¿Cómo utilizaremos este poder?

Las técnicas aprendidas también son antiguas. Cuando el buen samaritano encontró a un judío herido en la calle, entró en acción, vendó las heridas y aplicó tratamientos tópicos antes de cargar el peso del hombre como si fuera una carga en su animal y transportarlo a una posada donde pagó con el dinero que ganó en el mercado, para que el posadero continuara la labor de aplicar medidas curativas.[8] La historia nos muestra el amor en acción a

6 Kevin Kelly, *What Technology Wants* (Nueva York: Penguin, 2011), 59-60.
7 «Apple Unleashes M1», comunicado de prensa, apple.com (10 de noviembre de 2020).
8 Luc. 10:30-37.

través de la técnica. No amamos «sonriendo en abstracta benefi-
cencia a nuestro prójimo», escribió el agrario Wendell Berry. No,
nuestro amor «debe llegar a los actos, que deben proceder de las
habilidades. La verdadera caridad exige el estudio de la agricultura, la ingeniería, la arquitectura, la minería, la fabricación, el
transporte, la creación de monumentos y cuadros, canciones e
historias. No solo exige conocimientos, sino también el estudio
y la crítica de los conocimientos, porque en todos ellos hay que
hacer una elección: pueden utilizarse de forma caritativa o no
caritativa».[9] Nos amamos los unos a los otros a través del arte, los
conocimientos y la tecnología.

La historia de la humanidad cuenta cómo hemos aprendido a
querernos más mejorando nuestras habilidades. Ya en el siglo v,
Agustín reflexionaba sobre todas las formas en que utilizamos
nuestros talentos para servir a la sociedad. Alabó el intelecto de
los pecadores caídos, el intacto «genio natural del hombre», que
crea notables inventos necesarios (y también innecesarios). Al
hacer una lista de las innovaciones que le llamaban la atención,
Agustín empezó por los textos, la arquitectura, la agricultura y
la navegación. Luego celebró a los escultores, pintores, com-
positores y productores teatrales. Luego se fijó en la naturaleza
y en todas las formas en que los humanos capturan, matan o
adiestran a los animales salvajes. Luego pensó en todos los medicamentos que preservan y restauran la salud humana, sin olvidar
las armas utilizadas para defender un país en la guerra. A continuación, alabó la «infinita variedad de condimentos y salsas que
el arte culinario ha descubierto para satisfacer los placeres del
paladar». (Traducción: dar gracias por la salsa de Chick-fil-A).

---

9 Wendell Berry, *Essays 1969–1990*, ed. Jack Shoemaker (Nueva York: Library of America,
2019), 525.

A continuación, elogió todos los medios que hemos creado para hablar, escribir y comunicar, desde la retórica y los poemas hasta las novelas y las letras. Y luego elogió a los músicos con instrumentos y canciones. A continuación, a los matemáticos. Luego a los astrónomos. Para Agustín, se puede elegir cualquier rama de la ciencia, seguir su curso y quedar cautivado por el ingenio humano. Sobre cada invención imaginativa del hombre celebramos «al Creador de esta noble naturaleza humana» que es «el Dios verdadero y supremo, cuya providencia rige todo lo que ha creado».[10]

Todo lo mencionado aquí por Agustín (hasta las salsas), incluye la ciencia aplicada, o tecnología. En 1829 Jacob Bigelow publicó un libro con ese término relativamente nuevo en el título: *Elementos de Tecnología*, un libro para celebrar los avances en la escritura humana, la pintura, la escultura, la arquitectura, la construcción, la calefacción, la ventilación, la iluminación, las ruedas, las máquinas, los textiles, la metalurgia y la conservación de alimentos. Todos estos avances son tecnología, «una palabra suficientemente expresiva, que», dijo, «está empezando a revivir en la literatura de los hombres prácticos en la actualidad».[11]

Se ha puesto de moda. Tecnología es ahora un término familiar para todas las herramientas que manejamos. Innovamos a través de las habilidades. Creamos nuevas técnicas. La tecnología es esencial para lo que somos, en todas las épocas, desde la era del rifle semiautomático hasta la del tirachinas (honda) o resortera.

---

10 Agustín de Hipona, *La Ciudad de Dios*, libros 17-22, ed. Hermigild Dressler, trad. Gerald G. Walsh y Daniel J. Honan, vol. 24, The Fathers of the Church (Washington, DC: Catholic University of America Press, 1954), 484-85.
11 Jacob Bigelow, *Elements of Technology* (Boston: Hilliard, Gray, Little & Wilkins, 1829), iv.

Una famosa historia tecnológica

Nuestras tecnologías pueden ser primitivas o avanzadas, una distinción que me recuerda la historia de David y Goliat, dos tecnólogos que se enfrentaron en 1 Samuel 17:4-40. Así empieza la historia, con armamento avanzado en los versículos 4-11.

> [4] Salió entonces del campamento de los filisteos un paladín, el cual se llamaba Goliat, de Gat, y tenía de altura seis codos y un palmo. [5] Y traía un casco de bronce en su cabeza, y llevaba una cota de malla; y era el peso de la cota cinco mil siclos de bronce. [6] Sobre sus piernas traía grebas de bronce, y jabalina de bronce entre sus hombros. [7] El asta de su lanza era como un rodillo de telar, y tenía el hierro de su lanza seiscientos siclos de hierro; e iba su escudero delante de él. [8] Y se paró y dio voces a los escuadrones de Israel, diciéndoles: ¿Para qué os habéis puesto en orden de batalla? ¿No soy yo el filisteo, y vosotros los siervos de Saúl? Escoged de entre vosotros un hombre que venga contra mí. [9] Si él pudiere pelear conmigo, y me venciere, nosotros seremos vuestros siervos; y si yo pudiere más que él, y lo venciere, vosotros seréis nuestros siervos y nos serviréis. [10] Y añadió el filisteo: Hoy yo he desafiado al campamento de Israel; dadme un hombre que pelee conmigo. [11] Oyendo Saúl y todo Israel estas palabras del filisteo, se turbaron y tuvieron gran miedo.

Goliat era un gigante, un campeón y guerrero de élite, equipado de pies a cabeza con el mejor armamento que había saqueado de todo el mundo antiguo. Su tecnología de combate era un surtido de piezas superiores que había acumulado a lo largo de los años como guerrero profesional.

Saúl era lo más parecido a un gigante que había en Israel, más alto que nadie en la nación.[12] También fue su primer rey y el guerrero con más probabilidades de ser empujado a esta lucha cara a cara. Pero respondió a Goliat con miedo e incredulidad. En lugar de Saúl, un joven pastor dio un paso al frente con fe.

[32] Y dijo David a Saúl: No desmaye el corazón de ninguno a causa de él; tu siervo irá y peleará contra este filisteo. [33] Dijo Saúl a David: No podrás tú ir contra aquel filisteo, para pelear con él; porque tú eres muchacho, y él un hombre de guerra desde su juventud. [34] David respondió a Saúl: Tu siervo era pastor de las ovejas de su padre; y cuando venía un león, o un oso, y tomaba algún cordero de la manada, [35] salía yo tras él, y lo hería, y lo libraba de su boca; y si se levantaba contra mí, yo le echaba mano de la quijada, y lo hería y lo mataba. [36] Fuese león, fuese oso, tu siervo lo mataba; y este filisteo incircunciso será como uno de ellos, porque ha provocado al ejército del Dios viviente. [37] Añadió David: Jehová, que me ha librado de las garras del león y de las garras del oso, él también me librará de la mano de este filisteo. Y dijo Saúl a David: Ve, y Jehová esté contigo. (vv. 32-37)

Goliat llevaba muchos años matando hombres en combate. Era un guerrero pagano criado para matar, un antiguo *terminator* de carne metálica y fuerza aumentada por la tecnología. Iba equipado con lo último en armaduras y armas de ingeniería, todo sobredimensionado para amplificar sus propios poderes nativos. En esta historia, como en otras batallas del Antiguo Testamento, el pueblo de Dios estaba mal equipado para enfrentarse

12 1 Sam. 9:2; 10:23.

a ejércitos mucho más poderosos tecnológicamente, como los filisteos.

Así que cuando un joven pastor judío se ofreció de voluntario para luchar contra el supersoldado filisteo, la sabiduría convencional dijo que David también debía estar equipado para la guerra. Así que el muchacho se probó la maquinaria de guerra del rey.

> [38] Y Saúl vistió a David con sus ropas, y puso sobre su cabeza un casco de bronce, y le armó de coraza. [39] Y ciñó David su espada sobre sus vestidos, y probó a andar, porque nunca había hecho la prueba. Y dijo David a Saúl: Yo no puedo andar con esto, porque nunca lo practiqué. Y David echó de sí aquellas cosas. [40] Y tomó su cayado en su mano, y escogió cinco piedras lisas del arroyo, y las puso en el saco pastoril, en el zurrón que traía, y tomó su honda en su mano, y se fue hacia el filisteo. (vv. 38-40)

El problema fundamental es que David y Goliat no tenían el mismo potencial energético. En las batallas antiguas, el ejército más pequeño era el perdedor. La fuerza gana las batallas, y el ejército más grande solía ganar. Ya se trate de la energía cinética combinada de los soldados de campaña con espadas, de la ferocidad de los carros de caballos, de la energía potencial elástica de las flechas en plena tracción, del potencial explosivo de la pólvora detrás de una bala o de la energía de las armas de fuego, o la energía lanzada dentro de la ojiva de un misil balístico, las guerras se ganan desatando una energía superior. En las mediciones del potencial energético, Goliat no tenía rival, un arma de dinamismo masivo, un pequeño ejército en sí mismo.

En un rápido intento de nivelar el campo y aumentar el deficiente potencial de poder de David, Saúl equipó al joven pastor con su propia tecnología de guerra. David tendría más poder con una armadura y una espada, pero el versículo 39 nos dice que el muchacho no tenía experiencia con el equipo. Carecía de la técnica adecuada. Y sin la técnica, la avanzada tecnología de guerra era inútil porque no podía hacer aquello para lo que fue creada: amplificar la energía y el poder humanos.

En cambio, David se preparó con una técnica conocida. Contrariamente a las aplicaciones erróneas de este texto que oponen la fe a la tecnología, David tenía ambas. Tenía fe en Dios y la tecnología de su lado. La honda de David es un gran ejemplo de técnica: amplificar, enfocar y concentrar la energía animada de su brazo para disparar una piedra lisa. La honda de David fue uno de los primeros avances en la rica historia de la tecnología. Esa historia comenzó con palancas y poleas que amplificaban la energía de animales y humanos, y luego añadió fuentes de energía inanimadas más eficientes, como el agua (ruedas hidráulicas), el viento (molinos de viento), el fuego y el carbón (máquinas de vapor), la electricidad, los combustibles fósiles y la energía nuclear. El argumento central de la innovación humana es cómo descubrimos fuentes de energía más potentes, las concentramos, las almacenamos y las desplegamos en demostraciones de poder cada vez mayores.

Así que en este antiguo enfrentamiento uno contra uno vemos un desajuste tecnológico, pero no en la dirección que suponemos al principio. Goliat se enfrenta a múltiples enemigos en un combate cuerpo a cuerpo. David entra en el enfrentamiento como francotirador. Suponiendo que tenga buena puntería, David demuestra ser el maestro tecnólogo. Su tecnología puede ser más primitiva e inútil en combate cuerpo a cuerpo. Pero como proyectil a distancia, la técnica de David es superior. Y, sin embargo, su técnica es lo suficientemente pequeña como para centrar la atención en su fe. Por eso David le dice al gigante: «Tú vienes a mí con espada, lanza y jabalina, pero yo vengo a ti en el nombre del Señor de los ejércitos, el Dios de los escuadrones de Israel, a quien tú has desafiado» (1 Sam. 17:45, NBLA).

Ya sabes cómo termina. La honda da en el blanco. Goliat cae al suelo. David empuña la propia espada del gigante y termina el duelo.[13] Esa espada se convertirá en la espada de David.[14] Y a partir de ese momento, David se aclimatará rápidamente a las armaduras, los escudos y las espadas.[15] Al final, este épico enfrentamiento no trata de si la tecnología es buena o mala o de quiénes eran mejores o peores. Lo importante de la historia es que, en un enfrentamiento entre los dioses del gigante filisteo y el Dios vivo de David, el Dios de David gana. La fuerza de Dios se pone de manifiesto en la debilidad de David. De eso se trata. Sea cual sea el papel que el poder humano y la innovación desempeñan en esta historia, esos papeles son notas a pie de página.

Sin embargo, nos encontramos con un ejemplo sencillo y profundo de dos niveles diferentes de avance tecnológico: vanguardia frente a rudimentario. Ambos requieren técnica. Ambos son tecnologías. Ambos amplifican el poder de sus usuarios.

El *Technium*

Es difícil para nosotros apreciar la tecnología de esta antigua batalla porque nuestros poderes actuales empequeñecen las hondas y las espadas. Y las antiguas fuentes de energía animadas (como caballos y bueyes) son ridículamente débiles a la luz de nuestras modernas fuentes de energía, concentradas e inanimadas (como el gas y la electricidad). Acumulamos energía en depósitos de

13 1 Sam. 17:50-51.
14 1 Sam. 21:7-9.
15 1 Sam. 18:4-5; 25:13.

combustible, baterías y bases nucleares. Pero, como espero mostrar en este libro, todos estos avances son capítulos de una gran historia.

Estos capítulos se desarrollan como etapas. En primer lugar, las tecnologías comienzan amplificando y canalizando la fuerza animada. Pensemos en la conducción de un carruaje y en el uso del lazo de cuero para convertir la potencia del caballo en el movimiento horizontal de las ruedas. Luego vienen las fuentes de energía inanimadas bajo el control directo de los humanos. Piensa en conducir el monovolumen familiar propulsado por gasolina explosiva. Estas potencias conducen a una tercera etapa, la de los sistemas semiautónomos que pueden funcionar al margen de la intervención humana continua. Pensemos en los coches eléctricos «autoconducidos» actuales, que siguen necesitando la supervisión de un conductor humano. Las tecnologías sobre las que leemos en la Biblia pertenecen a la primera etapa. Pero nuestras vidas actuales son una mezcla de las tres etapas: cucharas, taladros inalámbricos y aires acondicionados con termostatos.

Combinados, nuestros poderes acumulados nos convierten en magos. Podemos acelerar nuestros cuerpos en un coche a 110 km/h (70 mph). Podemos volar en avión a 926 km/h (575 mph). Podemos disparar una bala a 2736 km/h (1700 mph). Podemos enviar un mensaje digital a mil personas a la velocidad de la luz. El poder que tenemos a nuestro alcance es realmente extraordinario.

Pero hay un reto emergente en el horizonte. Las tecnologías individuales que podemos utilizar se están convirtiendo rápidamente en un ecosistema tecnológico del que no conseguimos escapar. Hemos entrado en una era en la que todas nuestras maravillas tecnológicas están tan interconectadas que adquieren características de evolución biológica: un séptimo reino en la naturaleza, un ecosistema unificado y reforzado. Kevin Kelly, cofundador de la revista *Wired*, llama a este sistema el *technium*. La tecnología ha alcanzado un «sistema de creación autoamplificado» y «autorreforzado», el punto en el que «nuestro sistema de herramientas y máquinas e ideas se volvieron tan densas en bucles de retroalimentación e interacciones complejas que engendraron un poco de independencia».[16]

En el interior de este *technium*, las máquinas más antiguas con diversas potencias se consolidan en máquinas nuevas, con todos sus poderes antiguos sumados a poderes aún más nuevos y potentes. «Estas combinaciones son como el apareamiento», escribe Kelly, «producen un árbol hereditario de tecnologías ancestrales. Al igual que en la evolución darwiniana, las pequeñas mejoras se ven recompensadas con más copias, de modo que las innovaciones se propagan de forma constante entre la población. Las ideas más antiguas se fusionan y eclosionan. Las tecnologías no solo forman ecosistemas de aliados que se apoyan mutuamente, sino también líneas evolutivas. En realidad, el *technium* solo puede entenderse como un tipo de vida evolutiva».[17] Como nota al margen, muchos cristianos encuentran en el darwinismo una explicación segura de los orígenes de la vida biológica.[18] Yo no.[19] Pero también creo que Kelly tiene razón al utilizar la teoría de la evolución como

16 Kelly, *What Technology Wants*, 11-12, 38.
17 *Ibid*, 45.
18 Véase Francis S. Collins, *The Language of God: A Scientist Presents Evidence for Belief* (Nueva York: Free Press, 2007), 85-107. Collins afirma que la evolución «como mecanismo, puede ser y debe ser cierta» (107). Sin ella, «la biología y la medicina serían imposibles de entender» (133). Para una mejor perspectiva, véase *Theistic Evolution: A Scientific, Philosophical, and Theological Critique*, ed. J. P. Moreland, Stephen C. Meyer, et al. (Wheaton, IL: Crossway, 2017).
19 Véase Michael J. Behe, *Darwin's Black Box: The Biochemical Challenge to Evolution* (Nueva York: Free Press, 2006); *The Edge of Evolution: The Search for the Limits of Darwinism* (Nueva York: Free Press, 2007); *Darwin Devolves: The New Science about DNA That Challenges Evolution* (San Francisco: HarperOne, 2019); y *A Mousetrap for Darwin* (Seattle: Discovery Institute, 2020).

metáfora de la era tecnológica. Nuestras máquinas se aparean consolidando fuerzas. Las supercomputadoras y los robots avanzan hacia la inteligencia autónoma, quizá en una trayectoria hacia una época en la que las computadoras y los robots mejorarán por sí mismos sin nuestra ayuda.

En términos evolutivos, toda innovación del futuro se construye reconduciendo o recombinando el linaje de innovaciones anteriores en nuevas innovaciones. Estas innovaciones de primera generación se convierten en innovaciones cada vez más nuevas en el futuro. Con el tiempo, se convierten en una especie de organismo unificador. Al final, escribe Kelly, «esta red circular interconectada a escala mundial de sistemas, subsistemas, máquinas, tuberías, carreteras, cables, cintas transportadoras, automóviles, servidores y enrutadores, códigos, calculadoras, sensores, archivos, activadores, memoria colectiva y generadores de energía, todo este gran conjunto de piezas interrelacionadas e interdependientes forma un sistema único».[20] Muy pocas tecnologías, si es que hay alguna, pueden extraerse quirúrgicamente de este *technium*. Entonces, ¿cómo responder?

La respuesta se divide entre distópicos y utópicos.

Por un lado, los religiosos en particular tienden a ser distópicos y pesimistas tecnológicos que ven el *technium* como una Babel reconstruida. La humanidad está unificada en el rechazo a Dios, en una evolución tecnológica que Dios no puede detener, o decide no detener, hasta que finalmente interviene y quema todo el experimento hasta los cimientos. La respuesta lógica para la gente de fe es unirse a los *amish* fuera de la ciudad combustible.

Por otro lado, darwinistas y poshumanistas tienden a imaginar un mundo en el que humanos y máquinas se funden en una única

---

20 Kelly, *What Technology Wants*, 8-9.

existencia, avanzando hacia una utopía celestial. Abrazan el producto de una tecnología que está «cosiendo todas las mentes de los vivos, envolviendo el planeta en un manto vibrante de nervios electrónicos, continentes enteros de máquinas conversando entre sí».[21] La visión es una nueva y mejorada Babel 2.0, la humanidad reunificada y aumentada con la innovación y el poder de las máquinas para autoexistir para siempre.

Yo caigo en algún lugar de esta mezcla, ni distópico ni utópico, sino creacionista creyente en la Biblia, reformado en mi teología, confiando en la providencia de Dios sobre todas las cosas. Soy un urbanita preocupado por los motivos egoístas de Silicon Valley, pero también soy un optimista de la tecnología, ansioso por ver y experimentar las futuras posibilidades que nos aguardan. En ambos casos, una revelación me hace reflexionar y me recuerda que la historia de la tecnología humana también acabará mal. Intentaré explicar todo esto sobre la marcha.

El camino por recorrer

Este libro es una mesa redonda con nueve voces históricas, enmarcadas por nueve textos clave de las Escrituras, en la que intento derribar doce mitos comunes sobre la tecnología.

He aquí breves perfiles de las nueve voces que aparecerán a lo largo del libro.

Juan Calvino (1509–1564), reformador francés, célebre teólogo y creacionista, engendró un movimiento internacional que celebraba la construcción de ciudades, la creación de cultura y los descubrimientos científicos de los no cristianos. Llamó a los cristianos al trabajo duro y a la frugalidad y puso fin al «estigma

---

21 *Ibid*, 358.

religioso y social asociado a la riqueza».[22] Aportó la paz entre la fe y la ciencia, abriendo la puerta a que los cristianos se dedicaran a la ciencia como un acto de culto a Dios y de amor al prójimo.

Charles Haddon Spurgeon (1834–1892), pastor británico, bautista reformado, creacionista y uno de los predicadores cristianos más famosos de la historia de la Iglesia. Estudioso perspicaz de las innovaciones más avanzadas de su época, Spurgeon se centraba en Cristo y hablaba sin rodeos de lo que la tecnología nunca podría lograr.

Abraham Kuyper (1837–1920), neocalvinista holandés, teólogo, periodista y exprimer ministro de los Países Bajos. Kuyper era un creacionista que llevó la visión del mundo de Calvino a su límite optimista y celebró la gracia común del futuro científico del hombre.

Herman Bavinck (1854–1921), neocalvinista holandés, teólogo de gran renombre y creacionista, construyó a partir de la visión de Calvino un enfoque cauteloso hacia la innovación. Bavinck identificó los retos espirituales de las tecnologías del pasado, del presente y del futuro.

Jacques Ellul (1912–1994), filósofo francés, cristiano y pesimista tecnológico que creía que toda innovación introduce más problemas que soluciones. Ellul protestó contra la tecnocracia económica y política que entraba en conflicto directo con el discipulado cristiano.

---

22 Alister E. McGrath, *A Life of John Calvin: A Study in the Shaping of Western Culture* (Hoboken, NJ: Wiley-Blackwell, 1993), 219-61.

Wendell Berry (1934–), novelista, ensayista y conservacionista estadounidense conocido por su defensa de la vida rural y su beligerancia hacia la gran tecnología. Berry enmarca su conservacionismo en una visión cristiana del mundo, aunque de forma poco doctrinal.

Kevin Kelly (1952–), cofundador estadounidense de la revista *Wired*, conservacionista y reportero durante décadas desde la primera línea de la tecnología estadounidense. Kelly es un optimista tecnológico en su visión, pero un minimalista tecnológico en su aplicación, un estilo de vida que adaptó de los *amish*. Es darwinista, afirma haber pasado por una experiencia de conversión religiosa y reconcilia a Dios y la tecnología a través de teísmo abierto, la idea de que Dios observa con sorpresa lo que vamos a inventar a continuación.

Elon Musk (1971–) es un multimillonario estadounidense, emprendedor excéntrico y tecnólogo que está detrás de algunas de las empresas más ambiciosas de Estados Unidos, como Tesla, SpaceX y Neuralink. Impulsa la exploración espacial con el objetivo de colonizar Marte, pero es más conocido por sus exitosos proyectos en el campo de la electricidad y los coches autónomos. Cuando se le preguntó si la ciencia y la religión pueden coexistir, respondió: «Probablemente no».[23] Musk defiende la teoría de la simulación, según la cual no vivimos dentro de una realidad básica, sino que existimos más bien dentro de uno de los muchos programas de simulación similares a Matrix diseñados por una inteligencia superior.

---

23 SoulPancake, «Elon Musk Captured by Rainn Wilson!» youtube.com (18 de marzo de 2013).

Yuval Noah Harari (1976–), profesor israelí de historia, ateo inflexible y autor de mayor venta que se ganó el título de «El historiador del futuro». Darwinista convencido, Harari es un distópico orwelliano de la tecnología que intenta sacudir a la gente con dos predicciones en forma de dos nuevas religiones: el *tecnohumanismo*, un mundo de superhumanos modificados genéticamente y dotados de nuevos poderes informáticos; y el *dataísmo*, donde la autoridad última reside en el ser informático más poderoso, que alguna vez fue el hombre, y que pronto se convertirá en inteligencia artificial (IA).

Junto a una conversación con estas nueve voces (y algunas otras), el libro se organiza en torno al estudio de nueve secciones clave de las Escrituras: Génesis 4:1-26; 6:11-22; 11:1-9; 1 Samuel 17:1-58; Job 28:1-28; Salmos 20:1-9; Isaías 28:23-29; 54:16-17; y Apocalipsis 18:1-24. Podrían añadirse muchas otras, pero estas son las más importantes.

Mientras estudiamos estos importantes bloques de las Escrituras, ¿puedo pedir un favor? Como lectores, tendemos a hojear las citas con sangría (lo sé, porque yo también lo hago). Pero, por favor, no lo hagan. Favor de leer cada texto sangrado con especial atención.

A medida que avancemos, destacaré los puntos clave y disiparé los mitos más comunes sobre la tecnología que escucho y veo en la Iglesia, en particular estos doce:

Mito 1: La innovación humana es una imposición inorgánica impuesta al orden creado.

Mito 2: Los humanos fijan los límites y las posibilidades tecnológicas por encima de la creación.

Mito 3: La innovación humana es autónoma, ilimitada y sin freno.

Mito 4: Dios no está relacionado con las mejoras de la innovación humana.

Mito 5: Los inventores no cristianos no pueden cumplir la voluntad de Dios.

Mito 6: Dios enviará las innovaciones más beneficiosas a través de cristianos.

Mito 7: Los humanos pueden desatar poderes tecnológicos fuera del control de Dios.

Mito 8: Las innovaciones son buenas siempre que sean pragmáticamente útiles.

Mito 9: Dios solo gobierna las tecnologías virtuosas.

Mito 10: Dios no tenía en mente el iPhone cuando creó el mundo.

Mito 11: Nuestro descubrimiento de la energía atómica fue un error que Dios nunca quiso cometer.

Mito 12: El florecimiento cristiano depende de mi adopción o rechazo del *technium*.

Fe y física

Desde antes de la Ilustración, la ciencia y la Iglesia han sido a menudo amigas y a veces enemigas. La tensión no siempre ha sido culpa de la ciencia. Este enfrentamiento es desafortunado, porque en un valle cubierto de hierba en medio del antiguo Israel, el hombre de Dios, David, manejaba la física y la fe al mismo tiempo. ¿Podemos aprender a hacer lo mismo? ¿Podemos encontrar una vida de fe en este mundo de posibilidades humanas amplificadas? ¿Podemos encontrar un lugar donde la confianza centrada en Dios y la habilidad técnica se complementen?

El tecnócrata agnóstico piensa que debe dejar de lado a Dios para que prospere la tecnología. El cristiano agrario piensa que debe dejar de lado la tecnología para que prospere la fe. Pero tanto el optimista como el pesimista de la tecnología venden mal a Dios. Incluso las formas más procreadoras y materialistas del cristianismo tienen dificultades para saber qué hacer con los teléfonos inteligentes, la exploración espacial y la medicina genética.

Los cristianos rechazamos el gnosticismo. En Cristo celebramos el mundo material, como el café recién hecho, los árboles frutales en flor, el pan caliente, la mantequilla blanda y la miel caliente. La naturaleza, los jardines, el sol, el juego y la risa son regalos que hay que disfrutar. También lo son los bailes, las bodas y el sexo conyugal. Pero ¿deberíamos celebrar también el teléfono inteligente, el microprocesador y las centrales nucleares? Si se conecta a la red eléctrica, ¿podemos celebrarlo?

En ocasiones, los creyentes han socavado las conversaciones reflexivas sobre tecnología desestimando la innovación humana con términos de dominación (como *tecnopolio*) y algunos otros -ismos (como *tecnicismo, cientificismo y economicismo*).

Creo que necesitamos un nuevo debate, y este libro es mi intento. Mi libro anterior trataba de la vida cristiana en la economía de la atención.[24] Antes de eso, escribí un libro sobre los teléfonos inteligentes y cómo la tecnología digital está cambiando nuestras vidas. En él presenté por primera vez un breve resumen de diez páginas sobre cómo entiendo el mundo de la tecnología a través de las Escrituras.[25] En los años siguientes, ese resumen generó intensas conversaciones, y supe que tendría que convertir

---

24 Tony Reinke, *Competing Spectacles: Treasuring Christ in the Media Age* (Wheaton, IL: Crossway, 2019).

25 Tony Reinke, *12 Ways Your Phone Is Changing You* (Wheaton, IL: Crossway, 2017), 29-39.

mi resumen en un libro. Así que aquí está, mi -ología de la tecnología, mi teología bíblica de la tecnología.

Uno de mis títulos originales para este libro era *A Christian Optimist's Guide To Modern Technology* [La guía del optimista cristiano para la tecnología moderna]. La tecnología no es todo color de rosa, pero tampoco todo son manzanas podridas. Este libro es mi alegato a favor de una visión más positiva de la innovación humana y de los innovadores. Como optimista de la tecnología, sé que este libro se vendería mejor como una advertencia alarmista y catastrofista sobre cómo Satanás secuestró la red eléctrica, nos controla a través de nuestros teléfonos inteligentes y quiere implantarnos la marca digital de la bestia. Te vendería una vasta conspiración unida a una teología de un dios impotente que no sabe qué hacer. Pondría el futuro del mundo en tus manos como nuestra única esperanza. Centraría tu atención en la nueva tecnología más aterradora para que ignoraras las glorias de los vastos avances tecnológicos que adornan tu vida diaria. Terminaría con un apéndice sobre cómo excavar un búnker para una comuna rural, fuera de la red. Y escribiría todo el libro en letras mayúsculas. El miedo vende libros, pero mi teología (lo que sé sobre el Creador gloriosamente soberano y Su increíble creación) me impide avivar más el miedo. Así que soy optimista, no en el hombre, sino en el Dios que gobierna cada centímetro cuadrado de Silicon Valley.

En las páginas que siguen, extiendo mi investigación más allá de los medios de comunicación y los teléfonos inteligentes para encontrar respuestas que han aludido al mundo, desde la torre de Babel hasta los cohetes de SpaceX. «De hecho, la tecnología es una de las partes más conocidas de la experiencia humana», escribe el teórico de la tecnología Brian Arthur. «Sin embargo, poco sabemos de su esencia, de la naturaleza profunda de su ser».[26] Esto es cierto tanto fuera como dentro de la Iglesia. ¿Amenazan a Dios nuestras innovaciones? ¿Lo hacen más irrelevante para la vida? ¿Cuál es la relación de Dios con Silicon Valley y Silicon Alley? ¿Cómo se relaciona con nuestros innovadores más impresionantes? ¿Se siente Dios amenazado por la tecnología? ¿De dónde proceden nuestras tecnologías y artilugios? ¿Qué pueden hacer las tecnologías por nosotros? ¿Qué no podrán hacer nunca por nosotros? ¿Y cuánta tecnología es demasiada tecnología en la vida cristiana?

Necesitamos respuestas.

---

26 W. Brian Arthur, *The Nature of Technology: What It Is and How It Evolves* (Nueva York: Penguin, 2009), 13.

2

¿Cuál es la relación de Dios con la tecnología?

CUANDO PIENSO EN TECNOLOGÍA, me imagino pitidos de alerta y luces LED parpadeantes en un pequeño aparato. No suelo pensar en alquitrán. Pero ahí es donde empieza nuestro viaje: con alquitrán negro y pegajoso. Nos ayudará a responder a una de las cuestiones fundamentales a las que nos enfrentamos como cristianos en esta época: ¿Cuál es la relación de Dios con la tecnología humana?

La respuesta a esta pregunta enmarcará tu propia relación con la tecnología. Afectará la forma en que decidas qué innovaciones adoptar, en qué industrias trabajar y qué directrices establecer para la tecnología que utilizas. Es una pregunta enorme, y todo se remonta al alquitrán.

Nuestro viaje a la materia negra comienza en Génesis 6:11. En este punto el pecado ya ha entrado en la creación. El pecado lo ha trastornado *todo* y ha corrompido *a todos*. Cuidado con el alquitrán.

[11] Y se corrompió la tierra delante de Dios, y estaba la tierra llena de violencia. [12] Y miró Dios la tierra, y he aquí que estaba corrompida; porque toda carne había corrompido su camino sobre la tierra.

[13] Dijo, pues, Dios a Noé: He decidido el fin de todo ser, porque la tierra está llena de violencia a causa de ellos; y he aquí que yo los destruiré con la tierra. [14] Hazte un arca de madera de gofer; harás aposentos en el arca, y la calafatearás con brea por dentro y por fuera.

Ahí está: *brea*, o *alquitrán*.

La rebelión mundial exige una respuesta mundial. Dios le dice a Noé que va a destruir todo lo que hay sobre la tierra. A continuación, le entrega los planos de un enorme proyecto de construcción que recurrirá a todos los avances conocidos de la ingeniería y la tecnología humanas para construir un barco capaz de navegar por el océano. En una sociedad que solo utilizaba pequeñas embarcaciones para navegar por los ríos, el arca desafiaba todas las categorías de ingeniería existentes.[1] Por su tamaño, superaba todo uso práctico. Y por pura necesidad, obligó a Noé a abrir nuevos caminos en ingeniería y tecnología en un proyecto de construcción que tardaría más de un siglo en completarse.

Como último paso antes de que se acumularan las nubes de tormenta, Noé recogió alquitrán. ¿Dónde lo encontró? Tal vez, incluso antes del diluvio, el carbón, el petróleo y el alquitrán estaban disponibles de forma natural en la creación.[2] O tal vez Noé

---

1   Abraham Kuyper, *Dádivas de Dios: Gracia común para un mundo caído* (Bellingham, WA: Editorial Tesoro Bíblico, 2020), 1:338.

2   John Matthews, «The Origin of Oil – A Creation Answer», answersingenesis.org (17 de diciembre de 2008).

destiló brea de la resina de los pinos.[3] En cualquier caso, Noé untó su arca con miles de galones de alquitrán, por dentro y por fuera, para mantener el casco de la nave impermeable ante el inminente juicio global de Dios.

Una larga sombra de fuerza espantosa

Cuarenta días y cuarenta noches después, el arca tocó tierra y la humanidad se llenó rápidamente en una tabla exhaustiva de naciones detallada en Génesis 10. Debido a la extraordinaria longevidad de la época, solo 150 años después del diluvio la población podría haber alcanzado fácilmente los cincuenta mil habitantes. Pero en lugar de extenderse por todo el planeta, esta población posterior al diluvio se reunió en Babel, la segunda gran historia de alquitrán y la segunda gran historia de innovación tecnológica de los primeros capítulos del Génesis. Esto es lo que leemos en Génesis 11:

[1] Tenía entonces toda la tierra una sola lengua y unas mismas palabras.

Los cincuenta mil habitantes del globo tenían una única línea de continuidad cultural que se remontaba a Noé. Tenían una lengua, las mismas palabras. Y empezaron a formar un nuevo hogar en la tierra.

[2] Y aconteció que cuando salieron de oriente, hallaron una llanura en la tierra de Sinar, y se establecieron allí. [3] Y se dijeron unos a otros: Vamos, hagamos ladrillo y cozámoslo con fuego. Y les sirvió el ladrillo en lugar de piedra, y el asfalto en lugar de mezcla.

---

3   Tas B. Walker, «The Pitch for Noah's Ark», creation.com (20 de julio de 2016).

Ahí está de nuevo el betún asfáltico, o alquitrán, el mismo concepto que vimos en el arca.[4] Los babelitas descubrieron el alquitrán, posiblemente de origen natural. Y lo que es más importante, también inventaron una nueva forma de cocer ladrillos. El ladrillo endurecido al fuego es una tecnología novedosa que abre nuevas posibilidades. «Los ciudadanos no empezaron decidiendo construir una ciudad y una torre», señala el teólogo Alastair Roberts. «Empiezan descubriendo una nueva tecnología, los ladrillos cocidos, y una vez descubierta la tecnología, deciden construir una torre y una ciudad. Hay algo sobre las tecnologías que abren nuestra imaginación a nuevas posibilidades, precediendo nuestro sentido de lo que puede o debe hacerse».[5]

De la tecnología novedosa (ladrillos cocidos) y el descubrimiento natural (alquitrán) vienen nuevos sueños urbanos de lo que ahora es posible.

[4] Y dijeron: Vamos, edifiquémonos una ciudad y una torre, cuya cúspide llegue al cielo; y hagámonos un nombre, por si fuéremos esparcidos sobre la faz de toda la tierra. [5] Y descendió Jehová para ver la ciudad y la torre que edificaban los hijos de los hombres.

Con estas nuevas posibilidades tecnológicas, irrumpe en aspiración el primer emprendimiento (coloquialmente hablando) global del hombre. «Vamos, edifiquemos». Algún impulso primitivo dentro de nosotros exige innovar. Así que, unida, la humanidad

---

4   A Noé se le ordenó utilizar brea, una palabra diferente, en su arca. Pero el arca de Moisés se hace flotar con betún asfáltico y brea, vinculando los dos términos. «Pero no pudiendo ocultarle más tiempo, tomó una arquilla de juncos y la calafateó con asfalto y brea, y colocó en ella al niño y lo puso en un carrizal a la orilla del río» (Ex. 2:3).

5   Alastair Roberts, conversación telefónica con el autor, 29 de octubre de 2020.

se lanza a colaborar en un proyecto de construcción autónoma. No se trata de una torre por mera reputación; es una torre de independencia, el deseo de «separarse definitivamente de Dios».[6] Para rechazar el encargo de Dios de extenderse por todo el planeta, el hombre construye una torre hacia el cielo.

Al poco tiempo, Dios se da cuenta de la rebelión, desciende del cielo, se arrodilla, pone una mejilla en el suelo y entrecierra los ojos para ver esta torre y medir su altura. (Esto es sarcasmo divino). Y luego responde:

> [6] Y dijo Jehová: He aquí el pueblo es uno, y todos estos tienen un solo lenguaje; y han comenzado la obra, y nada les hará desistir ahora de lo que han pensado hacer. [7] Ahora, pues, descendamos, y confundamos allí su lengua, para que ninguno entienda el habla de su compañero. [8] Así los esparció Jehová desde allí sobre la faz de toda la tierra, y dejaron de edificar la ciudad. [9] Por esto fue llamado el nombre de ella Babel, porque allí confundió Jehová el lenguaje de toda la tierra, y desde allí los esparció sobre la faz de toda la tierra.

Babel es un complejo de ciudad y torre. La ciudad-torre se menciona dos veces, y finalmente solo la ciudad. Algunos piensan que esto se debe a que Dios quiere dejar claro que no quiere que se complete la ciudad. Tal vez. O tal vez la torre estaba terminada y la ciudad en construcción. No lo sabemos. Lo que sí sabemos es que era una ciudad-torre y que fue un intento prematuro de utopía. Dios llamó a la primera familia, Adán y Eva, para que se extendieran y llenaran la tierra. Y después del diluvio llamó a la familia de Noé a hacer lo mismo. Y entonces la humanidad

---

6 Jacques Ellul, *The Meaning of the City* (Eugene, OR: Wipf & Stock, 2011), 16.

se reunió en un rebaño y se asentó en una ciudad-torre unificada. Pero ese no era el plan de Dios. El resultado fue una ciudad-templo de la rebelión humana, un centro religioso, no un centro urbano de ateos y agnósticos. Babel fue el nuevo epicentro mundial del culto humano. Toda la humanidad se reunió, con intenciones religiosas, con lo que parecía ser el objetivo de abrir un portal en el cielo, asaltar el cielo, destronar a Dios y entronizar a la humanidad en Su lugar.

Sin embargo, a pesar de todas sus aspiraciones, Babel, como cualquier obra de ingeniería humana, no representa ninguna amenaza para Dios. El versículo 6 subraya el problema de Babel: no es que esto traiga inseguridad a Dios, sino que pone al hombre en un nuevo camino de autodestrucción. La ambición y el poder crecientes del hombre no amenazan a Dios; amenazan al hombre mismo, porque «cuanto más poder sean capaces de concentrar, más daño podrán hacerse a sí mismos y al mundo».[7]

Tecnología en Babel

El intento de torre de los babelitas fue probablemente un zigurat, una glorificada pila de LEGOs, construida con ladrillos cocidos, no con piedras sin cortar. Sus ladrillos eran de tecnología novedosa. Los ladrillos cocidos al fuego son menos propensos a desprenderse o agrietarse. Aguantan bien, sobre todo en las condiciones climáticas más duras. Son estables, fuertes y están pensados para durar siglos. Y los ladrillos cocidos se pegaban con betún de alquitrán negro. Hoy apreciamos la riqueza de los yacimientos petrolíferos de Oriente Próximo. Pero mucho antes de que las plataformas petrolíferas y las perforadoras encendieran la industria

7   Donald E. Gowan, *From Eden to Babel: A Commentary on the Book of Genesis 1–11*, International Theological Commentary (Grand Rapids, MI: Eerdmans, 1988), 119.

del petróleo y aportaran riquezas incalculables a los herederos de las tierras de Babel, esa misma tierra supuraba petróleo crudo en la superficie.[8] Era solo cuestión de tiempo que se descubrieran las profundidades de estos depósitos, se perforaran, se extrajeran y se vertieran en barriles para alimentar al mundo moderno con una riqueza y un poder que los constructores originales de Babel nunca habrían podido imaginar. La historia del petróleo de Oriente Medio comienza aquí, en el alquitrán de Babel.

Pero los estudiosos proponen que este alquitrán fue un fallo de ingeniería, un desajuste, como construir un rascacielos de vigas de acero, pero conectar esas vigas con cinta aislante en lugar de pernos. Por un lado, los ladrillos cocidos simbolizan «permanencia y estabilidad». Pero el alquitrán, se nos dice, es «apenas un mortero adecuado», tan inferior que estamos viendo aquí «fallo en el plan», como afirma un teólogo.[9]

Al contrario, creo que el diseño fue brillantemente calculado. Históricamente, solo un siglo y medio separó el diluvio de Babel. Así que la gente de Babel recordaba el arca de Noé. El diluvio era de dominio público, nunca se alejó mucho de la memoria colectiva. Esto significa dos cosas.

En primer lugar, los únicos supervivientes del diluvio fueron Noé, su familia, dos animales de cada especie y la propia arca (el logro tecnológico más increíble de la historia de la humanidad hasta ese momento, una compilación de todas las tecnologías de construcción anteriores al diluvio), trasladada y conservada en una nueva era. El arca ayudó a inspirar los avances tecnológicos que conducirían al aspirado zigurat de Babel. Conllevó más proezas

---

8 W. Sibley Towner, *Genesis*, ed. Patrick D. Miller y David L. Bartlett, Westminster Bible Companion (Louisville, KY: Westminster John Knox, 2001), 109-10.
9 Leland Ryken et al., *Dictionary of Biblical Imagery* (Downers Grove, IL: InterVarsity Press, 2000), 66.

de ingeniería que la mera construcción de barcos (como pronto veremos). Pero la colosal arca por sí sola debió de llenar a la humanidad de aspiraciones ingenieriles.

En segundo lugar, el conocimiento del diluvio significaba que todos los pueblos posteriores al diluvio sabían que Dios juzgaba a los humanos pecadores que lo desdeñaban y se rebelaban contra Su voluntad. Todos lo sabían. Así que si vas a construir una torre para destronar a Dios y liberarte de Él, será mejor que estés preparado. ¿Listo para qué? Listo para el juicio. Listo para que la ira de Dios se derrame una vez más desde los cielos en una inundación catastrófica. Así que endureces tus ladrillos con fuego, y los pegas con alquitrán. Haces tu torre hermética. Y solo entonces te plantas en lo alto del tejado, miras al cielo azul, levantas el puño y dices: «¡La buena suerte nos limpia ahora!».

Expulsado (para siempre)

Toda esta ingeniería humana estaba destinada a frustrar a Dios, o eso pensaban los babelitas. Por supuesto, Dios los juzgó. Los destronó confundiendo su único idioma y dispersándolos por todo el mundo. Lo cual es otra parte extraña de la historia, porque en realidad no importa cómo llames a un bloque cocido o a un cubo de alquitrán. Llámalo como quieras; puedes seguir construyendo. «Tráeme eso». «Ponlo aquí». «Pégalo con esto». No necesitas compartir el vocabulario de Shakespeare para terminar una ciudad a medio construir. Puedes comunicarte con los dedos índice. Así que no es como si Dios hubiera hecho que todo el mundo utilizara una nomenclatura diferente para el *alquitrán* y el *ladrillo* y entonces la obra se hubiera paralizado. Aquí ocurría algo más.

Dios dimensionó la torre y dispersó a los humanos por todo el planeta. Este juicio trajo consigo dos cambios sísmicos. En primer lugar, al multiplicar las lenguas y dispersar a la humanidad por todo el planeta, Dios introdujo nuevas redes y tecnologías globales de comunicación, viajes y transporte marítimo. Estas industrias eran ahora inevitables.[10] En segundo lugar, al multiplicar las lenguas y esparcir a la humanidad por todo el globo, introdujo nuevas tensiones globales entre los humanos que ayudarían a protegernos de nuestras futuras innovaciones tecnológicas. Me explico.

Si te gusta aprender idiomas, sabrás que una lengua es algo más que un diccionario. Cada lengua tiene una lógica interna que conecta con la cultura. En un dialecto se reflejan cosmovisiones enteras. Cada cultura produce sus propios sonidos musicales y su propia forma de pan. Lenguas diferentes representan culturas diferentes y formas únicas de diseñar ciudades, torres y casas. «Muchos antropólogos afirman que, si realmente se quiere conocer a un pueblo, basta con aprender su lengua para saberlo todo. Así que, al confundir sus lenguas, Dios estaba reprogramando esencialmente su sentido del yo, sus conexiones relacionales y su forma de ver el mundo».[11] Simultáneamente a la plétora de nuevas lenguas, vemos pruebas de que Dios introdujo cientos de nuevas formas de pensar sobre el mundo. Esos nuevos pensamientos produjeron una multiplicación de nuevas religiones. Cuando se dispersaron las personas que pretendían derrocar a Dios, produjeron ídolos rivales y deidades tribales a su propia imagen. Babel marca incluso la génesis de la animosidad étnica.[12]

10 Kuyper, *Gracia común*, 2:588.

11 John Dyer, *From the Garden to the City: The Redeeming and Corrupting Power of Technology* (Grand Rapids, MI: Kregel, 2011), 105.

12 Bavinck llama a Babel el comienzo del «instinto de raza, el sentido de nacionalidad, la enemistad y el odio», la fuente de todas las «fuerzas divisorias entre los pueblos», «un castigo asombroso y un juicio terrible» que nunca será deshecho por los programas humanos o la cultura, solo por Cristo y dentro de Su Novia en la tierra. Herman Bavinck, *The Wonderful Works of God* (Glenside, PA: Westminster Seminary Press, 2019), 35.

Pero aquí está el gran punto relativo a la tecnología. En la multiplicación de lenguas en Babel, «Dios impide que el hombre se forme una única verdad válida para todos los hombres. En lo sucesivo, la verdad del hombre solo será parcial e impugnada».[13] Y esta discordancia en la visión del mundo repercute en la forma en que una determinada cultura crea y utiliza (o rechaza) ciertas innovaciones. Así, en Babel, en lugar de una forma unificada de diseñar una torre y una ciudad, surgieron cien opiniones sobre la mejor manera de hacerlo. Durante mucho tiempo, los teólogos han dicho que esta multiplicación de lenguas es el origen de todas las culturas del mundo. Lo que debemos añadir a la discusión es un punto sobre la tecnología. Al multiplicar las culturas, Dios codificó en el drama de la humanidad diferentes formas de pensar y de relacionarse con el mundo. Estas diferencias son tan potentes que nos impedirán adoptar una única tecnología.

Babel no fue un accidente. Babel fue el producto de la aspiración y la innovación del hombre, la cual Dios buscó cercenar todo el tiempo para crear todas las culturas de la tierra y poner en marcha una subversión global que fracturaría la aspiración humana y socavaría la adopción universal de la tecnología en el futuro.

La buena noticia de la desunión

A partir de Babel, el consenso universal se hizo imposible. Y eso es una buena noticia. He aquí un ejemplo moderno de por qué. En otoño de 2019, Delta Airlines comenzó a utilizar el reconocimiento facial en Estados Unidos en docenas de puertas de embarque nacionales y en todos los vuelos internacionales. Esta táctica fue posible porque nuestros datos biométricos, el vector único de los rasgos faciales de cada persona, se conservan en una base

---

13 Ellul, *Meaning of the city*, 19.

de datos gubernamental, a la que Delta tuvo acceso. El embarque biométrico (que utiliza un escáner facial, no una tarjeta de embarque) es más rápido, más fácil y, según Delta, más popular entre los clientes.[14] El reconocimiento facial está muy extendido en Estados Unidos. ¿Por qué? Por comodidad personal.

Al mismo tiempo, al otro lado del mundo, manifestantes enmascarados de Hong Kong, armados con serruchos inalámbricos, derribaron postes de luz en los que se creía que había cámaras de reconocimiento facial del gobierno, para protestar por la falta de derechos humanos. Es probable que ningún país del mundo tenga una base de datos más grande sobre sus ciudadanos que China, un país del que se sospecha desde hace tiempo que utiliza datos privados para alimentar la coerción impulsada por la inteligencia artificial (IA). El reconocimiento facial es objeto de numerosas protestas en China. ¿Por qué? Peligro personal.

No estoy sugiriendo que tu opinión sobre el uso gubernamental de datos biométricos dependa de si hablas inglés o cantonés. Esta ilustración muestra cómo la multiplicidad de culturas introdujo resistencia en la adopción de cualquier tecnología. En lugar de alentar a la humanidad a vivir dentro de un consenso global (como en Babel), Dios irrumpió, confundió las lenguas y multiplicó las culturas. Codificó las tensiones internas y la falta de armonía en el drama de la humanidad, tensiones que ayudarán a controlar y limitar la adopción de tecnologías en un mundo caído. La ansiosa adopción de datos biométricos se ve frenada por el temor a la coacción estatal.

Así que el juicio de Dios en Babel introdujo un centenar de opiniones nuevas y contrapuestas sobre la mejor manera de

---

14 Kathryn Steele, «Delta Expands Optional Facial Recognition Boarding to New Airports, More Customers», delta.com (8 de diciembre de 2019).

construir una ciudad. De hecho, esto es lo que descubren los investigadores cuando observan cómo la tecnología se distribuye en todo el mundo hoy. Los innegables prejuicios étnicos siguen determinando qué avances se adoptan o se rechazan en una cultura determinada.[15] Añádase *ahora* la confusión vernácula y se tendrá una idea de la frustración a gran escala que puso fin abruptamente al Proyecto Babel.

Al aplastar el consenso humano y engendrar una biodiversidad de culturas, Dios creó por primera vez una tensión inherente a la humanidad. Lo vemos en los espiritistas y en las tribus nativas de Nueva Zelanda, que están en primera línea para preservar la biodiversidad única del país, resistiéndose a las modificaciones genéticas foráneas que los científicos introducen en el ecosistema.[16] Y, al mismo tiempo, lo vemos en el auge de Wendell Berry y de comunidades resistentes a la tecnología como los *amish*. Para Berry, el mundo se fue al garete en cuanto el hombre dejó de limitarse a los poderes disponibles en las fuentes animadas, y pudo acumular energía en baterías, depósitos de combustible y bases nucleares. Para Musk, toda su empresa se basa en la acumulación de electricidad en gigantescos parques de baterías de litio y en cohetes SpaceX propulsados por toneladas de queroseno y metano denso apto para cohetes. Dominar la tecnología, según Musk, es aspirar a hacer más de ella. Dominar la tecnología, según Berry, es aprender a ignorar la mayor parte de ella.

La mente aspiracional que imagina la nueva tecnología debe aprender a convivir con la mente que prevé y advierte de la tiranía de la gran tecnología. Si *solo* escuchamos las ambiciones de Musk, o *solo* leemos las advertencias de Berry, creo que perderemos el

---

15 Kevin Kelly, *What Technology Wants* (Nueva York: Penguin, 2011), 291.
16 Un tema dominante en el documental *Selección antinatural*, producido por Radley Studios y otros, distribuido por Netflix (2019).

control de la realidad más amplia. Somos más sanos por la tensión cultural que existe entre ellos, y esta tensión comenzó en Babel. Desde la dispersión en Babel hasta la derrota final de Babilonia, la innovación humana solo puede desarrollarse dentro de esta tensión no aliviada. Y esto es una misericordia del Señor, especialmente a medida que aumentan las presiones para adoptar las modificaciones genéticas y la IA. Pero se trata de una misericordia temporal (como veremos más adelante).

Por ahora, pregunto: ¿cuál es la relación de Dios con la innovación y la tecnología humanas? En Noé, Él las ordenó. En el arca, Dios tomó la ingeniería y la tecnología humanas y las incluyó en la gran historia de la redención. Pero en Babel, Dios las aplastó. Frente a la propia gloria humana, introdujo las tensiones que frustraron por completo la colaboración humana.

¿Está Dios amenazado por Babel?

Ahora bien, si nos detenemos en las palabras de Génesis 11:6, y si pasamos por alto el sarcasmo de la historia, y si pasamos por alto los peligros que representa la torre (no para Dios, sino para la propia autodestrucción del hombre), puede que nos quedemos suponiendo que la relación de Dios con la innovación humana es análoga a la de Homero Simpson en el panel de control de una central nuclear durante una fusión, correteando de un lado a otro con aullidos asustados, incapaz de arreglar nada con sus intentos de pulsar botones al azar y tirar de palancas aleatorias, sin ser consciente de ninguna secuencia de acciones frenéticas que detenga la inminente fusión.

Si terminamos con Génesis 11:6, Dios parece sorprendido por la innovación humana. Parece sorprendido y distante ante lo que surgió en Babel. Parece que solo tiene poder para responder a la innovación humana, para aplastarla, para apagarla. Incluso parece indefenso ante todas las posibilidades futuras de la innovación humana. Y si somos sinceros, muchos cristianos operan con esta suposición. Ante las posibilidades humanas, Dios parece distante, sorprendido, alarmado, incluso amenazado. Pero esa conclusión es muy errónea, como nos muestra el profeta Isaías.

Herreros, fuego y espadas

Cualquier malentendido con Génesis 11:6 se aclara con nuestro siguiente texto importante: Isaías 54:16-17. Hasta ahora, solo hemos hablado de la tecnología en sentido horizontal. Las espadas y las hondas, el arca y la ciudad-torre de Babel son simplemente *productos* de la tecnología de la ingeniería. Aún no hemos respondido a la pregunta: ¿De dónde vienen los innovadores?

Dios responde directamente a esta pregunta en Isaías 54:16-17, cuando habla de consuelo a Su pueblo:

> [16] He aquí que yo hice [*bara*] al herrero que sopla las ascuas en el fuego, y que saca la herramienta para su obra; y yo he creado [*bara*] al destruidor para destruir. [17] Ninguna arma forjada contra ti [el pueblo de Dios] prosperará, y condenarás toda lengua que se levante contra ti en juicio. Esta es la herencia de los siervos de Jehová, y su salvación de mí vendrá, dijo Jehová.

Iluminado por la promesa de un nuevo pacto, tras haber pronosticado la muerte y resurrección de Su siervo en el capítulo anterior, Dios reclama la supremacía sobre los ejércitos. Isaías ya se ha referido a este punto.[17] Pero aquí, Dios hace tres afirmaciones increíblemente específicas: (1) crea a los creadores de armas;

---

17 Isa. 10:5-34; 13:1-22.

(2) crea a los portadores de esas armas; (3) gobierna los resultados de esos guerreros armados: los devastadores.

Los herreros

Empecemos por el antiguo herrero. Como clase tecnológica de élite del mundo antiguo, los herreros lideraron la innovación humana durante siglos, especialmente en la época del Antiguo Testamento.

Los antiguos herreros poseían los profundos secretos de una magia llamada metalurgia, técnicas aprendidas que se transmitían confidencialmente de una generación a otra mediante años de formación. En todas las culturas antiguas, los herreros vivían juntos en gremios para «guardar celosamente sus secretos y adherirse a un rígido sistema ético». Su trabajo estaba impregnado con la tradición y las ceremonias y «ritos de purificación, ayuno, meditación, oraciones, sacrificios y otros actos de adoración». Mantenían rituales sobre los procesos de fundición y forja, y los sacrificios de animales mantenían puros sus fuegos sagrados de forja. Los herreros descontaminaban pequeños trozos del mundo mediante el fuego y creaban objetos sagrados con una nueva fuerza espiritual. «En el folclore, los objetos de hierro son tradicionalmente protectores contra la brujería, los malos espíritus y las influencias malignas. El poder del metal se atribuye a menudo a su conexión con la tierra, es decir, se cree que es un trozo de tierra que ha sido purificado por el fuego». Incluso las herramientas del herrero se trataban con sagrada reverencia. Toda la forja del herrero (el martillo, el yunque y el horno) se convertía en un «centro ritual», un templo en el que el herrero ocupaba su lugar cultural como sacerdote de la creación, cumpliendo sus sagradas obligaciones de purificar la tierra.[18]

---

18 Paula M. McNutt, *The Forging of Israel: Iron Technology, Symbolism and Tradition in Ancient Society* (Decatur, GA: Almond Press, 1990), 45-46.

El cobre y el bronce dieron paso a las herramientas de hierro con bastante lentitud, ya que la fundición del mineral de hierro requiere temperaturas muy altas de carbón y fuelles, que llegaron más tarde en la historia de la metalurgia.[19] El fabricante de espadas de Isaías, como todos los primeros herreros de hierro, más comúnmente trabajaba con viejos meteoros que habían impactado la superficie terrestre, agregando con esto cierto misticismo a su labor. «El hombre primitivo utilizó en todas partes el hierro meteórico en la primera etapa de su cultura metalúrgica», escribe un antropólogo. «Es decir, cuando empezaba a utilizar los metales autóctonos (oro y cobre principalmente) que encontraba a mano en la superficie de la tierra. El hierro rara vez es nativo, pero se obtiene en forma de meteoritos, cuya caída del cielo proporcionó al hombre un metal de notable excelencia». El hierro meteórico era excelente porque contenía níquel. Los antiguos llamaban a este hierro «fuego del cielo» o «metal del cielo».[20] El origen celestial del meteorito dejaba aún más claro el papel sacerdotal del herrero. Era un mediador entre el hierro del cielo y la gente de la tierra, toda una industria entre el reino divino y el reino terrenal.[21]

Los herreros forjaban herramientas de guerra, de comercio y para ahuyentar a los espíritus. Modelaron los dones del cielo con técnicas espirituales y se convirtieron en una poderosa clase de innovadores. Sus inventos amplificaban el poder humano y hacían que el guerrero y el ejército de la nación fueran más feroces y mortíferos. Los herreros se situaron en el centro de la antigua

19 Eugene H. Merrill, *Deuteronomy*, vol. 4, New American Commentary (Nashville, TN: B&H, 1994), 186.
20 T. A. Rickard, «The Use of Meteoric Iron», Royal Anthropological Institute of Great Britain and Ireland (1941), 71:55-65.
21 McNutt, *Forging of Israel*, 264.

CUÁL ES LA RELACIÓN DE DIOS CON LA TECNOLOGÍA?

industria tecnológica. Eran una especie de salvadores, maestros del hierro, creadores de tecnología bélica antigua, creadores de poder y seguridad.

El herrero era el principal innovador de su época, un experto fabricante de espadas, lanzas, escudos y hachas. Y, sin embargo, en esta era de hierro endurecido, de máquinas de guerra endurecidas por las llamas, Dios reinaba supremo sobre cada parte de ella. El herrero crea poderosas espadas, sí. Pero Dios crea herreros. Dios introdujo la habilidad para trabajar el metal en la historia de la humanidad. Dios autorizó la forja y el yunque. Dios mezcló los metales del meteorito y los arrojó a la tierra. Todo el gremio de la metalurgia debe su origen a Dios, pues sirve a Su providencia.

El destruidor

La soberanía de Dios no se detiene en los innovadores, en los herreros que martillan y afilan las armas. Su omnipotencia se extiende también a quienes *empuñan* esas armas. La misma dinámica se da en Isaías 54:16, cuando Dios dice: «He creado al destruidor para destruir». La palabra *destruidor* [*destructor* o *devastador*] es un resumen de todos los efectos que se pueden imaginar de alguien que blande una espada, una lanza o un hacha de forma destructiva: arrasar, romper, saquear, apoderarse, arrasar.

Dios *hace* destructor a todo aquel que empuña una espada, incluso al devastador, al destruidor. Pero no los crea en el sentido vago o genérico de permitir que sean. La palabra hebrea repetida en este texto para «creó» (*bara*) es una palabra muy específica reservada para la obra creadora de Dios como único originador, aquí el único originador del herrero y el devastador. *Bara* marca la «continuación histórica» de la actividad creadora de Dios hasta el presente.[22] El Creador sigue creando hoy, como creaba al principio del Génesis, pero de formas más estrechas y particulares. Y, sin embargo, *bara* sigue «conteniendo la idea tanto de la ausencia total de esfuerzo como de la *creatio ex nihilo*, puesto que nunca está conectada con ningún enunciado de la materia».[23] Para hacer *bara*, Dios no necesita ingredientes en bruto. Solo Él hace de la nada, sin esfuerzo, lo que no es inevitable. Esa es Su relación con el herrero y el devastador. Sin Él, nunca existirían. Solo por Su voluntad y designio, existen.

El herrero que fabrica la espada y el devastador que la empuña han sido ordenados por Dios en Su decreto soberano. Dios está presente sobre el herrero y el devastador como su único creador. El mismo devastador es forjado solo por Dios, y es forjado con el propósito de saquear. Dios gobierna a cada criatura hacia fines buenos directamente; y gobierna sobre todo pecado y mal indirectamente. Gobierna la vida y las decisiones de todas Sus criaturas hacia Su sabio fin, una verdad soberana llamada comúnmente doctrina de la concurrencia. Dios es la causa *primaria*, pero remota, de toda acción humana. Los seres humanos son las causas *secundarias*, pero *próximas* (o *cercanas*), de sus propias acciones.[24] Dios gobierna la tecnología humana y el uso que se hace de ella, incluso la destructiva. Todo esto lo hace mediante la causalidad secundaria.

Es aleccionador pero cierto que «nada ocurre, ni siquiera los actos destructores de los enemigos del pueblo de Dios, aparte de Dios mismo».[25] Este es un texto pesado pero esencial en la

---

22 Hans-Helmut Esser, «Κτίσις», en *New International Dictionary of New Testament Theology* (Grand Rapids, MI: Zondervan, 1986), 379.

23 Gerhard von Rad, *Genesis: A Commentary* (Louisville, KY: Westminster John Knox, 1973), 47.

24 Scott Christensen, *What about Free Will? Reconciling Our Choices with God's Sovereignty* (Phillipsburg, NJ: P&R, 2016), 77-81, 254.

25 Edward Young, *The Book of Isaiah, Chapters 40—66* (Grand Rapids, MI: Eerdmans, 1972), 372.

Biblia (y hay muchos de ellos), en el que empiezas a entender que Dios no solo gobierna las suaves mariposas, los dulces cachorros, las tecnologías curativas y las medicaciones que salvan vidas. Dios lo gobierna todo de una forma más amplia. Dios «causa bienestar» y «*crea* calamidades» (Isa. 45:7, NBLA). «Crea» aquí es de nuevo la palabra hebrea para Dios como único origen. Solo Dios puede crear bienestar y crear calamidad, porque solo Dios se ha exaltado a sí mismo a una posición de trascendencia absoluta.[26]

Nadie es como nuestro Dios. Bendito sea el nombre del Señor.[27] Él tiene una intención providencial para las termitas, las serpientes de cascabel, el caos social e incluso los destructores que esgrimen los últimos avances tecnológicos para la destrucción.

Todos estos puntos se hacen para que Dios pueda tranquilizar a Su pueblo: «Ninguna arma forjada contra ti prosperará» (Isa. 54:17). ¿Por qué? ¿Por qué puede Dios reclamar tanto por la seguridad de Su pueblo? Por el versículo anterior: «Yo he creado al destruidor para destruir» (Isa. 54:16). Para llevar a cabo Sus propios propósitos secretos, Dios crea y gobierna a todos los devastadores de este mundo. Las mayores amenazas del mundo, incluso las más tecnológicamente avanzadas, solo pueden ejercer un poder *otorgado* y un propósito *gobernado* enteramente por Dios.

Ahora, mi mente naturalmente imagina un mundo más seguro para la Iglesia si los destructores nunca existieran, en primer lugar. Pero este texto no funciona así. En cambio, el razonamiento es el siguiente: como Dios crea y controla a los destructores dentro de este mundo caído, Su pueblo debe confiar en Su misericordia protectora. Dios gobierna todas las innovaciones humanas,

---

26 Scott Christensen, *What about Evil? A Defense of God's Sovereign Glory* (Phillipsburg, NJ: P&R, 2020), 186-89.
27 Job 1:21.

incluso las destructoras. Desde el universo mismo, hasta el *shalom* y el caos, desde cada herrero y devastador, hasta cada fabricante y portador de tecnología bélica, todo esto es obra de Dios. Solo por Su obra creadora, y por Su orquestación divina sobre toda Su creación, gobierna a la humanidad en todos los sentidos. Si Dios crea cada arma al crear a cada fabricante de armas, y luego crea a cada portador de cada arma, «no debemos pensar que nada puede venir a nosotros que contradiga los propósitos de Dios para nosotros».[28] Esa es la lógica divina, y muy diferente de cómo razonamos naturalmente las cosas.[29]

De un modo que nos cuesta entender, los destructores son creados para cumplir la voluntad de Dios. Mientras escribo este capítulo, partes de Mineápolis arden a causa de los disturbios. Cada noche veo con horror cómo cientos de tiendas son saqueadas y negocios locales son invadidos por los alborotadores y quemados hasta los cimientos. Esta *devastación* en pantalla me pegaba muy de cerca (a unas manzanas de mi anterior casa). Y esta devastación es perversa. Así que no doy por sentado que Isaías 54:16-17 sea sencillo o fácil de aceptar. No lo es. Y estoy seguro de que algunos de ustedes han luchado o están luchando con esto: que Dios levanta asoladores armados para ejercer Su juicio en la tierra. Y está bien luchar con esto. No puedo meterles prisa. Pero creo que el profeta Isaías es claro, al igual que otros autores de las Escrituras que muestran cómo Dios esgrime devastadores.[30] Dios es indiscutible e inigualable en Su supremacía. Él crea la luz. Crea la oscuridad. Crea la paz. Él crea la calamidad.[31]

---

28 John N. Oswalt, *The Book of Isaiah, Chapters 40-66*, New International Commentary on the Old Testament (Grand Rapids, MI: Eerdmans, 1998), 430.
29 Isa. 55:8-9.
30 Véanse también Jer. 22:6-9; 51:20-23; Ezeq. 9:1-11; 21:28-32.
31 Isa. 45:5-7.

Él reina sobre todo, incluso sobre la guerra voraz. Tiene una voluntad secreta, y esa voluntad secreta levanta y maneja la gran tecnología a su antojo.

El devastador nunca detendrá a la Iglesia en la tierra. Sin embargo, la soberanía de Dios sobre el devastador no debe interpretarse en el sentido de que los cristianos son inmunes a todo daño. Esa no es mi afirmación. Todo se amplifica en la era tecnológica, especialmente las consecuencias perjudiciales para nosotros mismos de nuestra arrogante mala gestión del poder. Todo lo que hacemos en tecnología debería ser sobrio, con un sano temor al desastre de Aberfan (Gales), cuando una pila de residuos mineros se convirtió en un alud de lodo anegado que mató a 116 niños y 28 adultos. Deberíamos tener un sano temor al desastre de Bhopal (India), en el cual un escape de gas procedente de la fabricación de pesticidas mató a miles de personas e infectó a medio millón. Deberíamos temer los daños que la potente medicación puede traer, como cuando se recetó talidomida a las mujeres embarazadas para aliviar los dolores y molestias del embarazo, pero provocó el nacimiento de decenas de miles de bebés con deformidades físicas indescriptibles. Y nunca debemos olvidar Chernóbil, el desastre nuclear que evacuó y envenenó permanentemente una ciudad, todo iniciado por una prueba humana que salió mal.

Son tragedias reales que hieren a personas reales y exigen lágrimas reales y reformas reales en nuestras prácticas. Pero en todos estos desastres, nos equivocamos al suponer que Dios estaba ausente. En realidad, Dios está soberanamente presente incluso cuando nuestras tecnologías destruyen. Está presente y es bueno, y produce —por cada mal provocado por un devastador o por cada mal accidental de un desastre tecnológico— un millón de consecuencias en innumerables vidas, según Sus buenos y sabios propósitos que no podemos ver inmediatamente.[32]

Así que Dios creó a los devastadores. Ellos hacen daño real. No pueden destruir al pueblo de Dios. Pero son designados para un fin providencial, para un buen propósito que no podría llegar por ningún otro medio. Y cada destruidor será juzgado por sus malas acciones. Por eso, dice Calvino, «no debemos culpar a Dios, como si fuera el autor de la crueldad injusta que solo habita en los hombres; porque Dios no consiente sus inclinaciones malvadas, sino que regula sus esfuerzos con Su providencia secreta», de modo que pueda emplearlos, cuando sea necesario, como Sus «instrumentos de ira».[33] Dentro del buen plan de la providencia de Dios hay un lugar para los devasta-dores que empuñan espadas y arrasan ciudades antiguas. Por nefastos que sean sus motivos, el herrero y el devastador existen por nombramiento divino porque su actividad en este mundo produce, en última instancia, un bien mayor en la mayor gloria de Dios que si no existieran.

Esto es lo que quiero decir. En cualquier debate sobre tecnolo-gía, muchos cristianos se fijan en los tecnólogos más poderosos del mundo, que están inventando las innovaciones más amenazadoras de la tierra (poder nuclear, armas mortíferas, cohetes espaciales, genética modificada) y suponen que estos hombres y mujeres quedan fuera del gobierno de Dios. No es así. Isaías 54:16-17 nos muestra cómo Dios crea y gobierna a los tecnólogos más poderosos. Reconocer el poder de Dios sobre la gran tecnología es esencial para muchos cristianos que deben resolver este obstáculo

---

32 Gén. 50:20.

33 Juan Calvino, *Commentary on the Book of the Prophet Isaiah*, trad. William Pringle (Edim-burgo: Calvin Translation Society, 1853), 4:152. Véase también la Confesión de fe de Westminster, 3.1-8.

antes de poder ver y adorar a Dios por las decenas de miles de innovaciones que utilizan cada día.

Lecciones aprendidas

Es difícil pasar por alto el punto enfático de Isaías 54:16. Está reforzado por la declaración: «He aquí». Y luego se verifica por el pronombre personal repetido y el verbo particular de creación: «*He creado* [*bara*] al herrero... *He creado* [*bara*] al destruidor». Herreros y destruidores muestran la obra única de Dios y Su incomparable majestuosidad.[34] La tecnología humana gira en torno a Él. Los grandes innovadores del mundo, que están trabajando ahora mismo en un laboratorio, en una fábrica, en un hangar o una estación espacial, existen por designación divina. Dios es la génesis de la innovación humana y el creador de los inventores humanos. Antes de que haya creadores, los creadores son hechos por Dios.

Pronto veremos cómo surgieron diversas industrias en la historia de la humanidad. Pero antes deberíamos detenernos en algunas enseñanzas del constructor de torres, el herrero y el que forja la espada.

1. Dios no está en la periferia de Silicon Valley; está por encima.

El devastador de Isaías se cree poderoso e intocable porque hace lo que quiere. Pero no sabe que lo que quiere es cumplir su propósito personal en la gran historia de la humanidad. La soberanía de Dios se demuestra más comúnmente, no contradiciendo el libre albedrío humano, sino obrando a través del libre albedrío humano. Gobierna a Sus criaturas gobernando sus apetencias, sus *deseos*. Los fabricantes de espadas *quieren* ser

---

34 Young, *Book of Isaiah, Capítulos 40–66*, 371.

fabricantes de espadas. Los saqueadores quieren ser saqueadores. Así, en la historia de un herrero y un saqueador en particular (en Isaías 54:16), y más ampliamente en todo el clamor de las naciones (en Isaías 40:9-31), la creación implica «control total sobre las acciones de la criatura».[35] En particular, «Yahvéh ha creado y, por tanto, controla al que fabrica armas y las usa para causar devastación y carnicería».[36] Este control se ejerce a través de los impulsos y deseos naturales del corazón.

Por un lado, esto es lo que significa ser salvo. Se nos debe dar un corazón nuevo y un alma nueva que deseen a Dios.[37] Debemos desearlo, y en nuestro pecado naturalmente no lo deseamos. Pero nuestra naturaleza impulsada por el deseo también significa que en el drama más amplio de la historia humana, y particularmente entre los gobernantes más poderosos del mundo: «El corazón del rey es como un arroyo dirigido por el Señor, quien lo guía por donde él quiere» (Prov. 21:1, NTV). Los reyes actúan de corazón, tomando decisiones desde ese lugar donde residen sus poderes de razón, sentimiento y elección.[38] Así, Dios dirige a cada rey y reino en la tierra al dirigir los deseos nativos del rey, su libre albedrío.[39] Esto es cierto para cada rey y para todos los poderosos de Silicon Valley, ya que Dios «hace todas las cosas según el designio de su voluntad» (Ef. 1:11).

Esta concepción de la obra de Dios en el mundo fue la base del discurso que John Piper pronunció en 1993 ante una sala repleta de periodistas evangélicos. Allí les suplicó que su visión del mundo se centrara en Dios. A Dios no le gusta que le den

35 R. N. Whybray, *The Second Isaiah* (Nueva York: T&T Clark, 1995), 57.
36 Paul R. House, *Isaiah: A Mentor Commentary* (Fearn, Ross-shire, Reino Unido: Mentor, 2018), 2:519.
37 Sal. 51:10; Ezeq. 11:19; 36:26; Ef. 4:23.
38 John A. Kitchen, *Proverbs* (Fearn, Ross-shire, Reino Unido: Mentor, 2006), 463.
39 Véanse también Gén. 20:6; Ex. 10:1-2; Esd. 1:1-2; 6:22; 7:27; Isa. 9:11; 13:17.

por sentado en ningún momento de la historia humana, dijo Piper, pero los periodistas dan por sentado a Dios todos los días en sus reportajes. Y no deberían. ¿Por qué? Por Isaías 54:16, la única mención sustancial de este texto en todo el prolífico ministerio de Piper. Piper utilizó el texto para mostrar a los periodistas que detrás de cada noticia importante, detrás de cada acontecimiento importante, encontrarán a Dios. Para argumentar, Piper citó el texto: «He aquí que yo hice al herrero que sopla las ascuas en el fuego, y que saca la herramienta para su obra; y yo he creado al destruidor para destruir». Luego dijo: «Dios es importante porque todo lo que es noticia (inventores, armas, calamidades) ha sido creado por Dios».[40] Piensa en la audacia de esa afirmación. Dios no está lejos de los titulares de Silicon Valley.

Dios ha creado la creación original; Dios creará los nuevos cielos y la nueva tierra; y Dios crea ahora los acontecimientos contemporáneos sobre los que leemos en el periódico matutino.[41] Dios está plenamente presente y controla plenamente el desarrollo del drama de las posibilidades tecnológicas del hombre.

Pero esa no es la única forma en que Dios gobierna la innovación.

2. Cualquier proeza de ingeniería del hombre puede ser aplastada por Dios.

Los periodistas (y algunos cristianos) parecen contentarse con un mundo espiritualizado en el que Dios vive sobre todo en viejas historias y mitología, no dentro de los últimos titulares que salen de la cultura tecnológica. Los humanos con gran conocimiento

---

40 John Piper, «God Is a Very Important Person», sermón, desiringGod.org (11 de mayo de 1993).
41 Young, *Book of Isaiah, Chapters 40–66*, 371-72.

y poder se engañan pensando que Dios se ha vuelto irrelevante e impotente. Le hemos superado. Pero las Escrituras corrigen esto. Porque Dios crea a los innovadores, Dios puede frustrar a los innovadores. El hierro forjado no puede detener la providencia. Dios no tiene ningún problema en romper las restricciones de hierro que se interponen en el camino del ministerio evangélico.[42] Y a una escala mucho mayor, gobierna las estrellas y los planetas, todo el reino cósmico que nos da «una irresistible sensación de maquinaria, de mecanismo de relojería, de elegante precisión trabajando a una escala que, por muy elevadas que sean nuestras aspiraciones, nos empequeñece y nos humilla».[43] Sin embargo, dentro de este elegante mecanismo de relojería, Dios detuvo una vez las órbitas para detener la marcha del sol a través de la línea del horizonte.[44] Este acontecimiento del Antiguo Testamento no fue un largo y oscuro eclipse de sol ni un mito literario sobre antiguos presagios amorreos. Dios logró una imposibilidad física cuando pisó los frenos orbitales sin que todo el mundo en la tierra se deslizara de repente a 1610 km/h (1000 mph). ¿Cómo lo hizo? No lo sé. La cosmología siempre ha sido Su juguete. Pero el resultado fue que Dios interrumpió las grandes ruedas de una gigantesca «máquina» del cosmos, deteniendo la órbita del universo alrededor del sol.[45] Y si Dios puede detener una máquina cósmica como esta, puede pausar o detener cualquier máquina hecha por el hombre.

Del mismo modo, las máquinas de principios de la era industrial proporcionaron a los predicadores una ilustración de la providencia

---

42 Véase Hech. 12:10; 16:26.

43 Carl Sagan, *Pale Blue Dot: A Vision of the Human Future in Space* (Nueva York: Ballantine, 1997), 98.

44 Véase Jos. 10:13; Hab. 3:11.

45 La palabra utilizada por Jonathan Edwards, «"Images of Divine Things" - "Types"» en *Typological Writings*, ed. Wallace E. Anderson, vol. 11, Works of Jonathan Edwards (New Haven, CT: Yale University Press, 1993), 61.

de Dios, como un gran aparato unificado en un millón de piezas móviles. En un sermón sobre cómo la providencia obra, Spurgeon dijo a su congregación que se imaginara que entraba en el taller de un ingeniero mecánico. Todo lo que ves son montones de engranajes. No tienen sentido, esparcidos por mesas y carros. Pero deja que el ingeniero ensamble la máquina, y entonces verás cada engranaje y volante conectados entre sí. Ahora mismo, «tú y yo no podemos ver más que partes de los caminos de Dios. Solo vemos aquí una rueda y allá otra rueda; pero debemos esperar hasta que lleguemos al cielo, entonces veremos... que era una sola pieza de maquinaria, con un fin, una meta y un objetivo».[46]

Pero esta máquina no es un robot. No es autónoma. Dios no dio cuerda al cosmos como a un reloj y se marchó. Todo lo contrario. Dios es a la vez el servo y la fuente de energía, dice Edwards, «dirigiendo todas las diversas ruedas de la providencia por Su hábil mano», y conspirando todas las cosas juntas, como «las múltiples ruedas de una máquina muy curiosa», todo hacia Su fin último: la gloria de Dios en Su pueblo feliz, junto con Cristo en un reino eterno.[47] Dios impulsa todas las cosas y las hace girar según Su gobierno y designio. Toda la máquina de la providencia funciona con un fin único y unificado, según el plan de Dios, Su gloria y el gozo eterno de Su pueblo.

Pero si Dios gobierna la máquina de las órbitas cósmicas, ¿gobierna también el laboratorio de bioingeniería, epicentro de nuestros mayores dilemas éticos? En un estudio sobre los avances de la biotecnología, el teólogo Hal Ostrander examinó las

---

46 C. H. Spurgeon, *The Metropolitan Tabernacle Pulpit Sermons*, vol. 54 (Londres: Passmore & Alabaster, 1908), 498.
47 Jonathan Edwards, *A History of the Work of Redemption*, ed. John F. Wilson y John E. Smith, vol. 9, *Works of Jonathan Edwards* (New Haven, CT: Yale University Press, 1989), 525.

tecnologías de reproducción humana, las promesas de la edición de genes humanos e incluso la clonación humana. Examinó los híbridos transgénicos, el entrecruzamiento de genomas de diferentes animales para crear supercerdos, supervacas y supersalmones. La robótica, la inteligencia artificial y los viajes espaciales también le fascinaban. Pero para la mayoría de nosotros, la ingeniería de la línea germinal, la edición del ADN y la clonación humana marcan los escenarios más aterradores y de pesadilla del futurismo tecnológico. Pero en lugar de avivar el miedo, Ostrander enmarcó la biotecnología en la respuesta de Dios a Babel. En Babel, el hombre jugó a ser Dios, no muy distinto de algunos bioingenieros actuales. Y frente al hombre que jugaba a ser Dios, Dios entró en la historia con medidas punitivas y protectoras, lo que llevó a Ostrander a escribir: «Dios nos permitirá llegar solo hasta donde prescriban Sus medidas providenciales en la historia y Sus decretos soberanos desde lo alto». De hecho, «Dios encapsulará, si no niega rotundamente, los esfuerzos humanos inmorales fuera del alcance de Sus intenciones providenciales». ¿Cómo es eso? Bueno, puede significar que Dios ya ha establecido «barreras científicas que no se pueden cruzar, es decir, límites físicamente ejemplificados con respecto a las potencialidades genéticas mal dirigidas especialmente». Dios ha puesto límites a muchos de Sus patrones de creación, y quizá ya haya puesto límites científicos a lo que puede ser objeto de bioingeniería en un laboratorio. Pero tanto si Su intervención en el mundo ya se ha adelantado a la ciencia, como si repetirá una intervención similar a la de Babel, en todas las predicciones futuristas de la bioingeniería «hay misterio y consuelo por igual en el hecho de que la soberanía de Dios acuna nuestros futuros tecnológicos».[48]

---

48 Hal N. Ostrander, «Technological Futures and God's Sovereignty: How Far Will We (Be Allowed to) Go?», *Southern Baptist Journal of Theology*, vol. 4/1 (2000): 52-54.

Es probable que en un futuro próximo haya robots autónomos que nos lleven por las ciudades. Es más dudoso que los autobots planeen un golpe de estado contra la humanidad, pero es posible en un futuro lejano. Pero nunca aparecerán robots que se liberen del gobierno soberano de Dios. Ninguna máquina inconformista, robot o edición genética puede frustrar el gobierno de Dios. Él puede permitir que se desboquen y hagan verdadero daño, pero también puede detenerlos. Dios ha puesto límites. Puede, y lo hace, y seguirá entrometiéndose en nuestras aspiraciones tecnológicas a Su antojo. ¿Qué innumerables catástrofes ha detenido ya?

3. Dios gobierna incluso sobre las tecnologías de destrucción.

Frente a la idea predominante de que la providencia de Dios solo abarca mariposas, cachorros suaves y tecnologías curativas sin efectos secundarios nocivos, Isaías 54 es un golpe de realidad. Dios reina sobre toda tecnología y sobre todo tecnólogo. La cuestión aquí es que Dios creó a los fabricantes de espadas y a los que las empuñan con el propósito expreso de asolar las ciudades. Él puede manejar tecnologías destructivas a través de la causalidad secundaria, levantándolas y desplegándolas para Sus propios fines.

Por eso, cuando Wendell Berry escribió que amamos a nuestro prójimo cultivando un oficio, se refería a algo muy importante. Amamos a nuestro prójimo a través de las habilidades que aprendemos y desplegamos en diversos campos. Sin embargo, donde Berry y muchos otros se equivocan es en suponer que el uso que Dios hace de las habilidades humanas termina con las virtuosas. El devastador demuestra que esta suposición es falsa. Berry imagina un mundo en el que solo las «vocaciones cristianas» son justificables. «¿Existe, por ejemplo, una mina a cielo abierto cristiana?», pregunta. «¿Una bomba atómica cristiana? ¿Una central nuclear o un vertedero de residuos radiactivos cristianos? ¿Cuál podría ser el diseño de un sistema de transporte o alcantarillado cristiano? ¿No implica el cristianismo limitaciones tecnológicas, arquitectónicas y territoriales? ¿Es cristiano beneficiarse de la violencia?».[49] No, no es cristiano beneficiarse de la violencia. Los cristianos se autolimitarán a vocaciones virtuosas. Pero es miope suponer que a Dios no le sirve para nada un destructor no cristiano con una espada con la que saquea para sacar provecho. Los cristianos limitaremos nuestra adopción de la tecnología, pero las intenciones de Dios no tienen límites. Él crea a cada tecnólogo para servir a Su fin último para la creación.

Berry tiene razón al afirmar que los cristianos no desplegarán una bomba atómica en nombre de Cristo. Las convicciones bíblicas siempre limitarán nuestra adopción de la tecnología. Pero esto está muy lejos de decir que Dios no tiene previsto en Su plan último un fabricante de bombas atómicas. Si Dios creó al herrero y al devastador por intención divina, hoy crea al científico de cohetes y al lanzador de misiles. Ninguno de los dos se libra del poder de Dios. Sí, podría quedarse atrás y permitir que una explosión nuclear humillara la «tecnoarrogancia» del hombre y diera una manifestación física muy real de las quemaduras por radiación de la ira eterna. Pero podemos estar seguros de que Dios, que puede salvarnos de Su propia ira, puede salvarnos de un holocausto nuclear. Estar en manos de Dios es un consuelo para los piadosos y un terror para los impíos.

Nótese de nuevo que no he dicho que Dios *tenga que salvarnos* de una guerra nuclear para ser bueno o soberano. Si lo considera oportuno, Dios podría permitirnos desencadenar sobre nosotros mismos nuestro propio juicio: bombas devastadoras, ciberataques

---

49 Wendell Berry, *Essays 1969-1990* (Nueva York: Library of America, 2019), 525-26.

despiadados, robots autónomos, tecnobarbarie, superbestias, supervirus, cualquier tipo de nuevos devastadores. Por la arrogancia humana, Dios puede suscitar un innovador que desencadene semejante pesadilla, y Dios seguiría siendo bueno, justo y santo. A veces Dios ordena por el decreto de Su voluntad, soberana o secreta, lo que Su carácter moral odia, pero solo si ese mal en particular sirve a un bien mayor que de otro modo no podría obtenerse si el mal no se hubiera producido. Dios siempre tiene algún propósito infinitamente bueno y sabio para lo que ordena. Sin embargo, no siempre podemos saber cuáles son esos bienes y propósitos mayores, a menos que Dios nos los revele. Y la mayoría de las veces no lo hace.

Una vez más, el gobierno de Dios sobre todas estas causas y efectos nunca hará menos culpable al devastador por su ansia de sangre, poder o riqueza. Sabemos que Dios orquesta tecnologías de autodestrucción humana sin socavar Su propia santidad y sin excusar la maldad de los agresores, porque hizo todo esto en la cruz de Jesucristo.[50] Fue gracias a la tecnología del metal que un herrero forjó tres largas puntas de metal y un mazo. Y un devastador tomó estas innovaciones y las empleó para matar al mismísimo autor de la vida. En palabras del apóstol Pedro, en Hechos 2:22-23:

> [22] Varones israelitas, oíd estas palabras: Jesús nazareno, varón aprobado por Dios entre vosotros con las maravillas, prodigios y señales que Dios hizo entre vosotros por medio de él, como vosotros mismos sabéis; [23] a este, entregado por el determinado consejo y anticipado conocimiento de Dios, prendisteis y matasteis por manos de inicuos, crucificándole...

---

50 Hech. 3:11-26.

Los gobernantes de Israel trajeron la condenación divina sobre sus propias cabezas por su pecado. Pero también era el «plan definitivo» de Dios. Como profetizó Isaías, Cristo fue «molido» por nuestros pecados, y fue herido al ser traspasado con clavos de metal.[51] «Jehová quiso quebrantarlo» porque sirvió a Sus propósitos infinitamente sabios y benévolos en la obra de la redención (Isa. 53:10). Cristo se hizo pecado en nuestro nombre para quitar el juicio por nuestros pecados, y por ello fue traspasado por clavos y una lanza de metal.[52] Cristo fue asesinado por saqueadores «impíos», y Su muerte fue el «plan determinado» de Dios (ambas afirmaciones son verdad por igual).[53] Dios orquestó nuestra salvación en la muerte de Su Hijo, a través de una colusión pecaminosa entre un herrero sin nombre y un sistema de injusticia judío y romano que desempeñó el papel de devastador. Dios creó a este devastador con este propósito, para representar el mayor mal de la historia humana, y todo con el fin de redimir a pecadores como tú y como yo.

La cruz de Cristo nos recuerda dos puntos importantes. En primer lugar, el odio humano a Dios domina todas las épocas. «Los hombres que construyeron la ciudad contra Dios [en Babel]... tenían el mismo odio que los que clavaron al Señor Jesucristo en la cruz».[54] Esta misma rebelión contra Dios sigue viva hoy en día. En segundo lugar, y a pesar de este hecho, Dios sigue utilizando las tecnologías humanas tanto para juzgar como para bendecir a la humanidad. Babel y el Gólgota nos obligan a ver la complejidad de la relación soberana de Dios con la innovación humana.

---

51 Isa. 53:4-6.
52 2 Cor. 5:21.
53 Hech. 2:22-23.
54 Donald Gray Barnhouse, citado en Brad Waller, «For the Church: Discipling Every Age», Tabletalk, febrero de 2014 (Sanford, FL: Ligonier Ministries, 2014), 66.

Cada inventor, cada invento, cada uso de cada invento y cada resultado de cada invento: todos están a disposición del Creador. Esto incluye a los herreros anónimos que Dios creó para encender las brasas y fabricar un martillo, tres puntas de hierro y una lanza, para que los saqueadores anónimos pudieran atravesar la carne del Salvador.[55] La humanidad intentó destronar a Dios mediante la tecnología de la construcción en Babel. Y la humanidad intentó destronar a Dios con la tecnología del metal en el Calvario. Pero Dios *jaqueó* la tecnología humana, tomando lo que estaba destinado al mal y convirtiéndolo en bien, la redención de Su Iglesia.

Entonces, cuando el devastador haga estragos, ¿verá la humanidad un «accidente» o un mal uso de la tecnología? O en la lluvia radiactiva de nuestras tecnologías, ¿escucharemos la voz dominadora del Creador, que juzga la arrogancia del hombre? En otras palabras, no temas a la superespecie modificada genéticamente. Y no temas al creador de una superespecie modificada genéticamente. Teme al que puede suscitar a un tecnólogo que manifieste los poderes destructivos de la innovación. Ninguna destrucción sobrevendrá a nuestro mundo excepto aquellas que Dios disponga para Sus propósitos últimos.[56] En otras palabras: teme a Dios, no a los técnicos.[57]

4. La energía para la innovación humana procede del Espíritu.

A diferencia de los animales que nos rodean, que parecen contentos de vivir en la tierra, el hombre utiliza la tecnología para intentar escapar de este planeta caído, para buscar un mundo mejor. Babel revela nuestro malestar fundamental en este lugar y en este tiempo, porque, como dijo un filósofo: «El ser del hombre

---

55 Juan 19:34; 20:25.
56 Amós 3:6.
57 Mat. 10:28.

y el ser de la naturaleza no coinciden plenamente. Porque el ser humano está hecho de una materia tan extraña que es en parte afín a la naturaleza y en parte no, a la vez natural y extranatural, una especie de centauro ontológico, medio inmerso en la naturaleza, medio trascendiéndola».[58] Los animales sienten poca necesidad de innovar para soportar este planeta. Pero nosotros seguimos inventando, evadiéndonos y tratando de escapar.

Gran parte de la tecnología surge de este deseo de trascender la naturaleza, de liberarnos de las circunstancias caídas que nos rodean. La tecnología es una forma de decir «Realmente no encajamos aquí. Debemos escapar. Debemos asaltar el cielo o al menos intentar colonizar Marte».

Babel fue el primer intento del hombre de huir de este planeta, de lanzarse al abismo azul de la atmósfera y de crear su propia entrada en el mismísimo cielo. Toda nuestra exploración espacial tiene algo de eco de Babel (como veremos más adelante). Pero más fundamentalmente, el uso de la tecnología y la ingeniería para trascender esta tierra es una manifestación de la autodefinición humana y de la conformación de la identidad personal. Estos esfuerzos convierten la hazaña ingenieril de Babel en una ambición espiritual. Seamos conscientes o no, buscamos la identidad en nuestras tecnologías. La ingeniería se nutre de un impulso espiritual humano.

Antes de innovar, imaginamos. Nuestra imaginación tecnológica procede de una «naturaleza espiritual» dentro de todos los humanos, no solo de los cristianos.[59] Calvino no temía llamarla *espiritual*, un tipo de fruto de la presencia del Espíritu en las vidas incluso de los no cristianos que no están habitados por el Espíritu.

---

58 José Ortega y Gasset, *Toward a Philosophy of History* (Nueva York: Norton, 1941), 111.
59 Stephen Charnock, *The Complete Works of Stephen Charnock* (Edimburgo: James Nichol, 1864-1866), 1:265.

Dios «llena, mueve y vivifica todas las cosas por el poder del mismo Espíritu [que salva], y lo hace según el carácter que otorgó a cada género por la ley de la creación». El Espíritu que salva es el mismo que hace florecer los dones tecnológicos del hombre. Calvino escribe: «Si el Señor ha querido que seamos ayudados en la física, la dialéctica, las matemáticas y otras disciplinas semejantes, por el trabajo y el ministerio de los impíos, utilicemos esta ayuda. Porque si descuidamos el don que Dios nos ofrece gratuitamente en estas artes, debemos sufrir justo castigo por nuestra pereza».[60] Toda innovación es Espiritual con *E* mayúscula, obra del mismo Espíritu.

Un genio de la tecnología que busca la trascendencia da pruebas de la obra de gracia común del Espíritu. Pero esa misma persona puede estar espiritualmente muerta. Una mente tecnológica vibrante no dice nada sobre la vitalidad del alma. Y, sin embargo, como deja claro Calvino, el mismo Espíritu actúa en el último lanzamiento de un *smartphone* o en la conversión de un alma. Dios inspira y motiva a los innovadores a través de Su Espíritu. De esas innovaciones la Iglesia encuentra dones beneficiosos que adoptar.

5. Cada innovador existe por designación divina.

Muchos de los cristianos más agudos, que celebran con razón el gobierno privilegiado de Dios sobre todas las cosas, tienden a suponer erróneamente (en la práctica) que Su reinado termina en algún lugar en torno a los límites de Silicon Valley. En realidad, los innovadores, tanto los virtuosos como los nefastos, son creados por Dios. Las Escrituras nos protegen del mito de que Dios hace

---

60 Juan Calvino, *Institución de la Religión Cristiana*, ed. John T. McNeill, trad. John T. McNeill, trad. Ford Lewis Battles, Library of Christian Classics (Louisville, KY: Westminster John Knox, 2011), 2.2.16.

todo lo posible por sofocar y someter la ingobernabilidad de la tecnología humana. No, para Sus propios fines Dios *crea* herreros y guerreros, tanto soldadores como empuñadores de nuevas herramientas. Nuestros innovadores más poderosos existen por designio divino.

Y lo que es más preocupante, muchos de los tecnólogos más poderosos del mundo imaginan que han trascendido su necesidad de Dios. Y es su agnosticismo o ateísmo común lo que explica por qué los cristianos de hoy adoptan a menudo una visión negativa de la tecnología. El ateísmo de Elon Musk nos recuerda que cuanto más nos acerquemos a Silicon Valley, menos cristianos encontraremos. El porcentaje de adultos que profesan ser evangélicos en los Estados Unidos (25,4 %) desciende en California (20 %) y cae abruptamente en San Francisco (10 %). Y el porcentaje de adultos que leen las Escrituras al menos una vez a la semana en los Estados Unidos (35 %) desciende en California (30 %) y cae abruptamente en San Francisco (18 %).[61] Pero Isaías corrige esta suposición. Las sociedades paganas donde operaban los antiguos herreros y saqueadores hacen que San Francisco parezca parte del Cinturón Bíblico.

El rechazo de Dios y la acumulación de genialidad innovadora no te dan el poder de operar al margen de Dios, como una reina en un tablero de ajedrez que cree que puede moverse donde quiera, impermeable al plan último del Maestro. Tu esplendor innovador es *la forma* que Dios ha elegido para utilizarte en el mundo. Si encuentras en ti un impulso celoso de renunciar al sueño para hacer nuevas innovaciones, ese celo fue implantado dentro de ti, por el Espíritu, para un propósito final mayor que excede con mucho lo que puedes ver.

---

61 Pew Research Center, «Religious Landscape Study», pewforum.org (2014).

Dios creó a los poderosos innovadores del mundo antiguo que traficaban con la tecnología más peligrosa y destructiva del mundo. Solo Él lo hace. De nuevo, la palabra hebrea para *crear* (*bara*) «se usa en el Antiguo Testamento solo para referirse a la acción divina, para expresar aquellos actos que por su grandeza o novedad (o ambas) requieren un agente divino».[62] En Isaías 54:16 esta palabra se repite delante del herrero y el devastador. Los artífices y portadores de tecnología bélica, en cualquier generación, requieren un artífice. Dios es su creador. Su actividad libre y desenfrenada entre nosotros, y Sus continuos actos creativos dentro de este mundo, se manifiestan incluso hoy, cuando crea nuevos creadores innovadores y levanta nuevos portadores de potentes tecnologías. Dios puebla Dubai, Bengaluru, Silicon Valley, Silicon Alley y Silicon Prairie con sus innovadores más poderosos.[63]

La afirmación de Dios como creador de la industria más poderosa del mundo es un jaque mate cósmico para los brillantes inventores de hoy que imaginan que sus poderes de innovación

---

62 J. A. Motyer, *The Prophecy of Isaiah: An Introduction and Commentary* (Downers Grove, IL: InterVarsity Press, 1996), 66. Véase también 378.

63 Si el dramático origen de los herreros y los saqueadores suena excesivamente espiritual, en realidad ilustra una dinámica más amplia en la sabiduría de Dios. Como dijo un teólogo: «Dios no conoce las cosas porque haya llegado a conocerlas por descubrimiento y deducción. Dios conoce todas las cosas porque se conoce a sí mismo, y todas las cosas son de Él, por Él y para Él» (Samuel D. Renihan, Deity y Decree [autoeditado, 2020], 70). Esto es cierto para toda la creación y todas las criaturas. Incluye todos los dones y propósitos de tu vida y de la mía. La profundidad de la sabiduría de Dios al saberlo todo sobre ti y sobre mí no tiene que ver con Su capacidad de buscar y estudiar las vidas independientes que llevamos. No. La sabiduría de Dios sobre Sus criaturas tiene todo que ver con Su providencia soberana, que crea y coloca y maneja a cada una de Sus criaturas únicas según Su propio designio. Por lo tanto, la «profundidad de las riquezas y sabiduría y conocimiento de Dios» sobre Su creación es porque toda la creación es «de él y por él y para él» (Rom. 11:33-36). Todas las criaturas conscientes «fueron creadas por medio de él y para él» (Col. 1:16). Dios es «sobre todos, por todos y en todos» (Ef. 4:6). El Creador, aún hoy, «hace todas las cosas según el designio de su voluntad» (Ef. 1:11). Dios gobierna a cada una de Sus criaturas hacia fines buenos (directamente). Y gobierna el pecado y el mal (indirectamente). Pero realmente gobierna todas las cosas, incluidas las decisiones vocacionales de Sus criaturas.

han hecho irrelevante al Creador. ¡No! Dios te maneja mientras innovas. Tus innovaciones sirven a Su fin. Elon Musk afirma haber trabajado 120 horas semanales en alguna ocasión, pero dice que normalmente trabaja entre 80 y 90 horas semanales, algo «bastante manejable».[64] ¿Por qué tantas horas? Porque Dios lo creó para trabajar como una mula de labranza. Por lo que sé, el motivo de Musk es la riqueza, el poder o el prestigio. Y no importa. Dios creó a Elon Musk para ser Elon Musk. Tanto si amas a Dios, como si lo odias o lo ignoras; tanto si buscas satisfacer las necesidades de la humanidad en tu trabajo, como si lo único que te levanta de la cama cada mañana es la promesa de que vas a saquear este mundo de tanta riqueza como puedas, con una espada o una *startup*, Dios te maneja para Sus propósitos finales. Dios te hizo para un fin que Él estableció. Y si la tecnología y la innovación son tu campo, aquí es donde cumples ese fin. Dios crea a los creadores, y crea a los que manejan la tecnología con fines hermosos y curativos. Y crea creadores y manipuladores de tecnología con fines groseros y voraces. Él es el alfarero, como se nos dice en Romanos 9. Puede que te utilice para descubrir la cura genética del cáncer, o puede que te utilice para armar un superdestructor, pero se deshace de cada innovador como le place en Su sabiduría. Cada uno de nosotros es responsable de sus decisiones volitivas y pecados. Pero no nos equivoquemos: todos y cada uno de nosotros cumplimos finalmente el propósito del Creador para nuestras vidas.

Isaías 54:16 destruye toda suposición de que mis poderes de innovación hacen a Dios más distante y menos relevante para mi vida. Solo un necio llegaría a esa conclusión. Es exactamente

---

64 Eric Johnson, «Full Q&A: Tesla and SpaceX CEO Elon Musk on Recode Decode», vox. com (2 de noviembre de 2018).

lo contrario. Dios hace a los innovadores. Existen solo por Su designio. Por ellos gobierna el presente y el futuro de la humanidad.

6. Dios controla el futuro creando a los innovadores de ese futuro.

Wendell Berry y otros parten de la base de que el cristianismo es una cosmovisión ética útil para el ascetismo tecnológico. Nuestra fe es ciertamente un marco que nos ayuda a tomar decisiones en la vida. Pero es mucho más que eso. El cristianismo es la revelación del Dios soberano del universo, que creó a Thomas Edison, Steve Jobs y Elon Musk para Sus propios fines, más allá de si sus innovaciones deben o no ser adoptadas en la vida de los cristianos.

Aún con mayor crudeza, uno de los principios fundamentales del teísmo abierto dice que Dios no puede conocer todas las cosas atemporalmente, sino que debe aprender y descubrir a medida que las cosas suceden.[65] Por eso, cuando los cristianos intentan introducir a Dios en el mundo de la innovación moderna, muchos caen en la lógica defectuosa del teísmo abierto. De vez en cuando, piensan, Dios dirige Su atención hacia nosotros para ver qué estamos inventando ahora, para aprender qué innovaciones son posibles, para ver hacia dónde se dirige nuestra trayectoria tecnológica. Dios se inclina a estudiar Silicon Valley para autodescubrirse y autoperfeccionarse a medida que pasa el tiempo, porque Su futuro autodesarrollo depende de la futura innovación humana.

Esta caricatura es una tontería ingenua. Dios hace a los innovadores. El avance tecnológico es evocado por el Espíritu bajo la soberana aprobación de Dios. Lo que significa que Dios no solo

---

65 John M. Frame, *No Other God: A Response to Open Theism* (Phillipsburg, NJ: P&R, 2001), 23.

es soberano sobre el fabricante de la espada y el que la empuña; Dios tiene el control del futuro. Este es el punto de Isaías. Isaías quiere que comprendamos que el Dios vivo del universo controla el futuro, porque es Él quien crea a los inventores de ese futuro. Ninguna invención humana enseña a Dios. Y ningún innovador toma a Dios por sorpresa. Él hace a cada innovador. Es una lógica profunda, providencial. O para hablar más concretamente: en Su sabiduría y para Sus fines, Dios quiso que el mundo tuviera iPhones; por eso creó a Steven Paul Jobs para que naciera el 24 de febrero de 1955. Dios gobierna el futuro creando a los herreros y a los innovadores que dan forma a ese futuro. Queda mucho por decir sobre cómo nacen las industrias, y llegaremos a esa discusión más adelante.

7. Dios reina sobre las tecnologías que curan.

Isaías 54 se centra en las nuevas tecnologías para saquear las ciudades. Pero piensa en la lógica. Si Dios reina tan poderosamente sobre las tecnologías que devastan, ¿cuánto más reinará sobre las tecnologías virtuosas que curan? Pensemos en las operaciones oculares con láser, las bombas de insulina, las luces de bilirrubina, los nebulizadores, los respiradores, las máquinas renales, los marcapasos y los desfibriladores cardíacos. Dios tiene todo el mérito de las innovaciones que curan. Y hay miles de razones para alabar al Espíritu por estos dones y por la amplia gama de innovaciones que nos ha dado para usar cada día en nuestras vidas saturadas de tecnología.

8. Dios centra Su atención en los actores de la tecnología.

La ética de la tecnología no es binaria. No podemos meter un dispositivo en una máquina de ética y esperar a que salga por el otro lado, sellado como «virtuoso» o «pecaminoso». Si determinamos que un teléfono inteligente es inherentemente pecaminoso, entonces tocarlo sería pecado. Pero las Escrituras no permiten una dicotomía tan clara.[66] En realidad, la pecaminosidad inherente o la virtud de una tecnología dada es a menudo vaga hasta que un actor utiliza la herramienta con intención.

Melvin Kranzberg, historiador de tecnología en Georgia Tech, escribió una vez seis leyes de la tecnología. Vale la pena imprimir la ley número uno en una pegatina para el paragolpes de tu coche eléctrico: «La tecnología no es ni buena ni mala; tampoco es neutral».[67] Hablar de la tecnología como algo «moralmente neutro» no nos lleva a ninguna parte. Sin embargo, podemos mantener debates significativos sobre la tecnología que utilizamos y los motivos que nos impulsan. Además, me resulta difícil imaginar una tecnología que no pueda utilizarse tanto *para* el bien *como* para el mal: para alquitranar un arca *y* para alquitranar una torre. En cualquier caso, la neutralidad no es una categoría rectora que nos ayude a progresar éticamente, y ello porque las innovaciones siguen llegando de manos de pecadores rebeldes que rechazan a Dios.

Ninguna tecnología es ambivalente; cada una viene acompañada de ciertos sesgos y tendencias. El verdadero reto de la ética no consiste en determinar qué tecnologías deben hacerse posibles, sino en determinar cómo se esgrimen esas nuevas posibilidades. Así pues, las Escrituras no hacen hincapié en la tecnología, sino en cómo se utilizan esas innovaciones.

---

66 Col. 2:20-23.
67 Melvin Kranzberg, «Technology and History: "Kranzberg's Laws"», *Bulletin of Science, Technology, and Society* 15 (1995): 5.

9. El gobierno de Dios sobre todas las innovaciones humanas está destinado a reconfortar.

En el plan de Dios, la tecnología estará al servicio del florecimiento final del pueblo de Dios. Eso es lo que se desprende de Isaías 54. Dios controla el futuro al crear inventores que den forma al futuro. ¿Por qué? ¿Con qué fin? Fíjate en la segunda mitad del versículo 17. Dios crea tanto a los inventores de armas como a los que las empuñan, y los utiliza y los limita, todo por el bien de «la herencia de los siervos del Señor» y por su «reivindicación» final [bendición, justificación, salvación]. Entonces, ¿quiénes son estos siervos vindicados?

Dos siervos diferentes ocupan un lugar destacado en Isaías. Uno es el pueblo de Dios, Su remanente. Pero hay un segundo siervo, un personaje solitario. Debemos conocer a ambos. Rebobinando unos versículos en el capítulo 53, llegamos a un capítulo increíble, el texto en el que se nos dice que el Señor tiene un siervo, y que este siervo en solitario, quienquiera que sea, será aplastado por nuestras iniquidades.[68] Fíjate casi al final de este pasaje extraordinario, en Isaías 53:11: «Debido a la angustia de Su alma, Él lo verá y quedará satisfecho. Por Su conocimiento, el Justo, mi Siervo, justificará a muchos, y cargará las iniquidades de ellos» (NBLA). El «mi Siervo» (singular) es un personaje que será aplastado por el pecado. Para que los «muchos siervos» (plural) sean justificados.[69] Dios justificará a Sus muchos siervos, mediante la sangre de un siervo: Su Hijo Jesucristo. Un Hijo será asesinado por un herrero y un devastador. Y todo forma parte del plan de Dios para vindicar a Su pueblo y bendecirlo con gozo eterno.

---

68 Isa. 52:13–53:12.
69 House, *Isaiah: A Mentor Commentary*, 2:520-21.

Empalmemos

Así que unamos todas las piezas. Dios crea inventores y puebla Silicon Valley de poderosos gurús de la tecnología. Y Dios se asegurará de que ciertas tecnologías se mantengan bajo control a través de las tensiones interculturales que ha codificado en la humanidad (comenzando en Babel) y ejerciendo un poder soberano directo para interrumpir y aplastar o jaquear la innovación humana cuando sea necesario (probado en Babel y en el Calvario). Por lo tanto, la razón por la que ningún arma fabricada contra el pueblo de Dios resistirá es que Dios es soberano sobre todas y cada una de las armas. Él hace a su fabricante, y Él hace a su portador. Cada arma, cada innovación humana (incluso las innovaciones humanas más destructivas) sirven al plan redentor de Dios. Cada científico motivado, cada innovación humana y cada portador de esas innovaciones operan en subordinación al amor de Dios por Su pueblo. ¿Por qué es importante esto? Porque el pueblo de Dios necesita esta seguridad en un mundo caído. Dios está desarrollando Su plan, que es el bien último y la vindicación final de un pueblo comprado con sangre, ¡pagado en su totalidad por la muerte y resurrección de Jesucristo!

Cristo está construyendo Su Iglesia, y las puertas de hierro del infierno —todas las tecnologías míticas de herrería combinadas, usando todo el hierro disponible en el universo— nunca prevalecerán contra Su novia.[70] Todo poder inherente a las tecnologías del hombre se somete al plan de Cristo para Su novia. Las cadenas de Pablo se mantendrán firmes si Dios lo permite.[71] Pero la puerta cerrada de la prisión se abrirá si Dios lo ordena.[72]

---

70 Mat. 16:18.
71 Hech. 28:20; Ef. 6:20; Fil. 1:13.
72 Hech. 5:17.

Atada o libre, ninguna restricción humana detendrá a la Iglesia aparte del permiso gobernante de Dios. Todo metal de la tierra, endurecido por el fuego, obedecerá la voluntad del herrero. Como dijo el apóstol Pablo, más de setecientos años después de Isaías: «Si Dios es por nosotros, ¿quién contra nosotros?». Nada. Ni el hierro. Ni el fabricante de tecnología. Ni el que maneja la tecnología. Sabemos que Dios está por nosotros, ¡porque Dios envió a Su Hijo! No se detendrá ante nada para redimirnos. Porque «ni la muerte, ni la vida, ni ángeles, ni principados, ni potestades, ni lo presente, ni lo por venir, ni lo alto, ni lo profundo, ni ninguna otra cosa creada (ni siquiera los poderes tecnológicos reunidos de la humanidad) nos podrá separar del amor de Dios, que es en Cristo Jesús Señor nuestro» (Rom. 8:31-39).

Esta es la relación de Dios con la tecnología.

¿Para qué sirve el alquitrán?

Dios llama a cada uno de Sus hijos a tomar decisiones basadas en la fe sobre cómo utilizamos las tecnologías disponibles en este mundo. El alquitrán es la metáfora. La pregunta que cada uno de nosotros debe responder es la siguiente: ¿Para qué sirve el alquitrán? ¿Impermeabilizamos como un acto de fe en Dios o como un acto de rebelión contra Él? Noé utilizó alquitrán porque estaba de viaje para encontrar una promesa futura. El alquitrán selló su barca y reforzó su fe en Dios. Pero los babelitas aplicaron mal el alquitrán, porque en su incredulidad impermeabilizaron sus ladrillos endurecidos al fuego para construir una utopía permanente de glorificación personal.

Así pues, volviendo al punto de partida, la primera docena de capítulos del Génesis nos ofrece dos grandes historias tecnológicas. La primera es una historia de la gracia redentora de Dios en y a través de la innovación tecnológica humana (el arca: primer barco masivo de la historia). En segundo lugar, la humanidad manifiesta su pecado a través de la tecnología (la ciudad-torre de Babel). El primer uso de la tecnología se basó exclusivamente en la fe. El segundo uso de la tecnología se basó totalmente en la incredulidad. Tecnología utilizada por un corazón de carne frente a tecnología utilizada por un corazón de piedra. Y Dios gobernó ambas.

Hasta aquí, nuestra teología de la tecnología ha tenido un buen comienzo. Pero no hemos abordado cuestiones sobre cómo nacen las industrias, o de dónde procede materialmente nuestra tecnología, o cómo se relaciona nuestra tecnología con las posibilidades dentro del orden creado. Con el tiempo tendremos que comprender qué es lo que las innovaciones nunca podrán hacer por nosotros. Y debemos determinar qué tecnologías son destructivas o redentoras, cuáles debemos adoptar o rechazar. Porque en algún momento debemos preguntarnos: ¿para qué sirve el alquitrán? Puedes usar alquitrán para impermeabilizar tu arca (en la fe). O puedes usar alquitrán para impermeabilizar tu torre (en la incredulidad). Pero nuestra discusión sobre la ética debe esperar.

3

¿De dónde proceden nuestras tecnologías?

EX NIHILO ES UNA EMPRESA DE PERFUMES con sede en París. En su página de internet, en un manifiesto escrito, definen acertadamente la frase latina *ex nihilo* como «crear de la nada». Pero solo dos frases después anuncian un compromiso corporativo para fabricar fragancias elegantes para sus clientes a partir de «los materiales de perfumería más exclusivos».[1] (¡Ja!). Ahí está el problema de la innovación humana. Hablamos de crear «desde cero», pero no podemos. Todo lo que podemos hacer es mezclar y combinar, sumar y restar. Nos limitamos a lo que hay disponible.

Así que cuando Steve Jobs «inventó» el iPhone, en realidad no inventó casi nada. Simplemente condensó docenas de tecnologías conocidas (un reproductor de música digital, un teléfono móvil, una agenda, un Rolodex y un navegador *web*) en una PDA (asistente digital personal) con pantalla táctil. En realidad, los innovadores humanos no son más que descubridores, separadores,

---

1 «Manifiesto», ex-nihilo-paris.com (*s. d.*).

fusionadores, replicadores, copistas y refinadores. En términos más generales, la tecnología es como jugar en un cajón de arena creado por otros. Nosotros creamos *nada* de nada: ni coches, ni *smartphones*, ni perfumes. Descubrimos, copiamos, pegamos y reorganizamos. Nos movemos dentro de unos límites establecidos por otros.

Nuestras Biblias nos dicen quién construyó este arenero, en Génesis 1:1: «En el principio creó Dios los cielos y la tierra». Dios lo hizo todo, y lo hizo todo de la nada. Hizo la tierra de la nada. Y todo lo demás, en el cielo y en el espacio, en los animales y en el hombre, lo hizo de la nada. *Bara*.

Luz inaccesible

El apóstol Pablo nos dice que este Creador «habita en luz inaccesible» (1 Tim. 6:16). Dios es indiviso. Es «luz pura, perdurable y original en sí misma».[2] Dios es totalmente autosuficiente y está satisfecho de sí mismo en Su ser eterno, en ausencia de todo lo que no es Dios. No proyecta ninguna sombra.[3] No necesita nada fuera de sí mismo. El hombre no puede crear a Dios, derrocarlo, mejorarlo o limitarlo. La existencia de Dios no está determinada por nada en la creación. No espera que le comprendamos para conocerse a sí mismo. Cada sermón que se pronuncia o cada libro de teología que se publica no añade nada a Su autocomprensión. La innovación humana no tiene nada que añadir a Su plenitud.

En este atisbo de luz inaccesible, cuando todo lo que no es Dios se hace a un lado y todo lo que queda es Dios (cuando no hay ángeles ni seres humanos ni animales ni galaxias en el

---

2 John Webster, *The Domain of the Word: Scripture and Theological Reason* (Nueva York: T&T Clark, 2012), 57.
3 Sant. 1:17.

encuadre), obtenemos una instantánea de Dios, autoexistente en Su fastuosa plenitud, una autosuficiencia gloriosa que trasciende y es anterior al tiempo, al espacio y a todo lo que Él ha creado.[4] Nada fuera de Dios lo completa. Su resplandor inaccesible hace retroceder a todos los demás y a todo lo demás para que podamos maravillarnos de Su autosuficiencia. No necesita nada creado. La creación no disminuye a Dios.[5] «La existencia de la creación no añade nada a Dios, y en su ausencia Dios no se vería disminuido», escribe el teólogo John Webster. «Dios es infinitamente feliz en sí mismo, sin necesidad de nada de la criatura».[6] En palabras de Jonathan Edwards, «Dios es infinitamente feliz en el disfrute de sí mismo» (Dios como Padre, deleitándose en Su imagen exacta, Su Hijo, a través del amor mutuo del Espíritu Santo. El Dios trino es un autodeleite al rojo vivo, algo parecido a la fusión nuclear en un reactor, que produce «una energía purísima y perfecta en la Divinidad, que es el amor, la complacencia y la alegría divinos».[7]

Y, sin embargo, este mismo Dios elige no autolimitar Su gloria autosuficiente como solo inaccesible. El universo material es «una explosión de la gloria de Dios», una detonación intencionada hacia el exterior cuando «la bondad, la belleza y el amor perfectos irradian de Dios y atraen a las criaturas a compartir cada vez más la alegría y el deleite de la Divinidad».[8] La felicidad infinita de Dios dentro de sí mismo estalla y crea un universo totalmente fuera de sí mismo, y lo invita a participar en Su propia vida.

---

4   Juan 17:5.
5   John Webster, *God without Measure: Working Papers in Christian Theology, Vol. 1: God and the Works of God* (Nueva York: T&T Clark), 160.
6   Webster, *God without Measure*, 115–26.
7   Jonathan Edwards, *Writings on the Trinity, Grace, and Faith*, ed. Sang Hyun Lee y Harry S. Stout, vol. 21, *Works of Jonathan Edwards* (New Haven, CT: Yale University Press, 2003), 113.
8   George M. Marsden, *Jonathan Edwards: A Life* (New Haven, CT: Yale University Press, 2004), 463.

Que el mundo exista (que tú y yo existamos) no puede explicarse de otro modo que no sea por la pura generosidad intencionada de Dios. Dios no tiene necesidades, por lo que la creación no puede completarlo. El universo material es un puro y generoso don de la sorpresa, una sucesión de «¡Hágase!» [en varias órdenes divinas expresadas con otras palabras en el español] que dan permiso para que exista la creación, como un secreto largamente guardado que ya no puede ser retenido, un mundo que llega a existir como una realidad totalmente asombrosa debida únicamente a la felicidad desbordante de Dios.[9] Tú, yo, los seres angélicos, este planeta, este universo, la tecnología bajo tus pulgares y en tu muñeca, nada de ello es *necesario* para la radiante vida y felicidad de Dios. Y, sin embargo, aquí estamos, criaturas tecnológicamente avanzadas creadas para ser atraídas a la comunión del Dios autosuficiente.

La materia no puede explicar el origen de la materia. Así que contemplamos el mundo material y nos preguntamos: ¿Por qué hay algo en lugar de nada? Y la respuesta se encuentra en Dios. *Él es.* Está efusivamente encantado de sí mismo. Por eso, todas las cosas existen con total originalidad. Dios no necesita materias primas para crear, ni patrones preexistentes que seguir, ni elementos base para formar compuestos, ni originales que copiar. Esto se debe a que «Él mismo es Su propio modelo y copia en Sus obras».[10] Originándose desde dentro de este deleite trinitario al rojo vivo, Su luz inaccesible, cada elemento de la creación

---

9 N del T. En el original en inglés se lee: «Véanse los quince casos de "*let*" en Génesis 1:3-26. Pero en las traducciones al español de la Biblia, las 15 veces de «let» a las que se refiere el autor se encuentran en las palabras: *sea, haya, separe, júntense, descúbrase, produzca, haya, sirvan, sean, produzcan, que vuelen, multiplíquense, produzca, hagamos y señoree*, en los mismos vv. referidos en el inglés.

10 Stephen Charnock, *The Complete Works of Stephen Charnock* (Edimburgo: James Nichol, 1864-1866), 2:107.

está modelado dentro de Dios y generosamente ordenado a la existencia.

El oxígeno, el silicio, el aluminio, el hierro, el calcio, el titanio, el hidrógeno; los estudiantes memorizan sus propiedades en clase de química porque estos elementos construyen otros compuestos, pero Dios creó cada átomo de la nada. *Bara.* El mundo material existe por designio de Dios, hasta los cuarks, electrones, muones y fotones, los «constituyentes básicos de la materia» que marcan «el límite mismo del ser en su creación a partir de la nada».[11] Por Su sabiduría, Dios fundó toda cosa debajo de nuestros pies, y todo lo que está por encima de nuestro alcance, desde el fondo del océano hasta la cima de una nube de tormenta.[12] Cada constante física que descubrimos dentro de la creación apunta a la gloria de Dios, que sacó a Job del torbellino con una lista de maravillas que los documentales de naturaleza más aclamados intentan captar: depósitos de nieve y huellas de rayos, puertas de profunda oscuridad y cantos de estrellas matutinas, el salto de las langostas y la rareza de las avestruces.[13] Solo Dios puso cada límite en su lugar antes de que existieran los humanos. No tuvimos ninguna influencia en el diseño de la tierra y el universo.

Nacimos como administradores de una creación preestablecida. Así que nuestros químicos pueden separar, replicar, refinar y fusionar lo que ya existe. «Pero cuando Dios pronuncia una palabra poderosa, la nada empieza a ser algo».[14] La nada no es la materia prima de Dios. Dios no necesita la nada para hacer algo.

11 Thomas F. Torrance, *The Christian Frame of Mine: Reason, Order, and Openness in Theology and Natural Science* (Eugene, OR: Wipf & Stock, 2015), 55-56.
12 Prov. 3:19-20.
13 Job 38-39.
14 Charnock, *Complete Works of Stephen Charnock*, 2:111.

La nada no es un *big bang* ni un agujero negro. La nada es nada. Pura ausencia. Inexistencia total. Stephen Charnock escribe: «No se puede imaginar una distancia mayor que la distancia entre la *nada* y *algo*, lo que *no tiene ser* y lo que tiene ser. Y no puede imaginarse un poder mayor que el que hace surgir algo de la nada».[15] Que la *nada* dé paso a *algo* está más allá del alcance de nuestra imaginación humana y, desde luego, de nuestra capacidad innovadora.

Creatio ex nihilo significa que el universo material «no deriva de ninguna necesidad en Dios y no tiene ninguna necesidad intrínseca en sí mismo». Existe por «pura libertad». Dentro de sí misma, la creación «no contiene ninguna razón en sí misma por la que deba ser lo que es y por la que debería continuar existiendo.[16] El no-ser surgió, un nuevo ser distinto del propio ser de Dios.[17] Por eso existimos. Por eso existe la creación. Por eso existen las posibilidades tecnológicas. Toda nuestra ciencia e innovación son el resultado de la no necesidad, de la libertad pura, del diseño intencional y de la pura generosidad de Dios.

Mantén ese pensamiento cósmico mientras volvemos a la historia de la humanidad.

Adán y Eva

En la historia bíblica, los primeros seres humanos fueron creados como mayordomos. Estaban libres de pecado, pero también incompletos. El Creador pretendía que Adán y Eva alcanzaran una glorificación futura, un futuro que no se les ofrecía plenamente en

15 Charnock, *Complete Works of Stephen Charnock*, 2:128; énfasis añadido y lenguaje modernizado.
16 Thomas F. Torrance, *Divine and Contingent Order* (Edimburgo: T&T Clark, 1998), *vii, xi.*
17 Herman Bavinck, John Bolt y John Vriend, *Reformed Dogmatics: God and Creation*, vol. 2 (Grand Rapids, MI: Baker Academic, 2004), 416.

su estado no caído. La humanidad sin pecado era la obra cumbre de Dios, pero, al igual que la creación, era una obra en proceso. La glorificación futura de estos seres tenía que llegar más tarde. Y un paradigma idéntico opera dentro del globo terráqueo. Este mundo fue creado sin pecado y dotado de potencial. La creación no es necesaria; es el producto de la libertad de Dios y de Su inmenso amor, y sin embargo «es un amor que deja a la criatura algo que ser y hacer», para cultivar la creación.[18] Dios creó a los seres humanos para que descubrieran los patrones de la creación y desarrollaran nuevas tecnologías como resultado. Y eso es lo que hicieron.

Entonces, ¿de dónde vienen las nuevas industrias de innovación humana? Para responder a esta importante pregunta, retrocedamos hasta antes de Babel, antes del diluvio y de Noé, hasta la primera pareja y después de su caída en el pecado. Génesis 4:1-2:

> [1] Conoció Adán a su mujer Eva, la cual concibió y dio a luz a Caín, y dijo: Por voluntad de Jehová he adquirido varón. [2] Después dio a luz a su hermano Abel. Y Abel fue pastor de ovejas, y Caín fue labrador de la tierra.

Dios creó al primer hombre, Adán. Eva afirma haber hecho al segundo hombre, Caín, con algo de ayuda de Dios.[19] Dios y la mujer están unidos en la alegre comunión de la cocreación.[20]

El nombre de Caín significa «adquirido», una alusión a su origen y un presagio de su linaje futuro. El nombre de Abel significa

---

18 Colin E. Gunton, *Christ and Creation* (Milton Keynes, Reino Unido: Paternoster, 1992), 77.

19 Para la respuesta de Adán, véase «Obama come on what GIF» en https://tonyreinke.com/2021/12/09/obama-come-on-what-gif/

20 Umberto Cassuto, *A Commentary on the Book of Genesis: Part I, From Adam to Noah* (Genesis I-VI 8), trad. Israel Abrahams (Jerusalén: Magnes Press, 1998), 201-2.

«aliento», presagio de la brevedad de su vida. No se trata simplemente de nuevos hijos, sino de dos nuevos linajes en la historia de la humanidad.

Adán y Eva tuvieron dos hijos. Caín es el mayor. Y si conoces bien la Biblia, los hermanos mayores no suelen relacionarse bien con el resto de sus hermanos. Además, puede haber también una rivalidad profesional: pastores frente a agricultores. En una sociedad posgriega como la nuestra, no llegamos a entender del todo el conflicto. Abel dominaba a los animales y criaba ovejas. Caín dominaba la tierra y cultivaba cereales. Ambos eran competentes profesionalmente. Pero su historia, hermano mayor contra hermano menor, es tensa desde el principio.

> [3] Y aconteció andando el tiempo, que Caín trajo del fruto de la tierra una ofrenda a Jehová. [4] Y Abel trajo también de los primogénitos de sus ovejas, de lo más gordo de ellas. Y miró Jehová con agrado a Abel y a su ofrenda; [5] pero no miró con agrado a Caín y a la ofrenda suya. Y se ensañó Caín en gran manera, y decayó su semblante.

Caín se convirtió en el primer ser humano que llevó una ofrenda a Dios. Posee la patente del primer sacrificio religioso humano, el enigmático iniciador de todo el sistema de ofrendas religiosas.[21] Le siguió Abel. Caín trajo algunas cosechas; Abel trajo el primero de sus rebaños. La ofrenda de Abel fue aceptada. La de Caín fue despreciada.

En este pasaje, no se nos dice por qué Dios aceptó la ofrenda de Abel (de grasa animal) y rechazó la ofrenda de Caín (de grano).

---

21 Rabbi David Fohrman, *The Beast That Crouches at the Door* (Baltimore, MD: HFBS Press, 2012), 97-98.

Ambas ofrendas eran legítimas. Para encontrar la respuesta, nos remitimos al Nuevo Testamento. Allí se nos dice que Dios aceptó el sacrificio de Abel porque Abel confiaba en Dios. Caín no lo hizo.[22] Abel no puso su confianza en su capacidad para criar animales y acumular riquezas. En el centro de su vida, vivía por una recompensa futura. La fe de Abel santificó sus rudimentarios conocimientos sobre la cría de animales. Esperaba que Dios le diera lo que su carrera nunca podría darle. Esto es lo que significa glorificar a Dios en nuestra creación. Se trata de nuestro corazón, de nuestra lealtad y de dónde buscamos nuestra esperanza última y nuestra seguridad final.

Caín no prometió tal lealtad; no consagró su vida e innovación a Dios. Tal vez vivía para la vida presente, confiando en su originalidad y prosperidad. Por fuera, Caín se parecía mucho a su hermano. Parecía un agricultor filantrópico. Pero Dios no tenía el corazón de Caín. Esa es la diferencia. La innovación dirigida a la gloria de Dios frente a la innovación perseguida para el éxito mundano: las ambiciones pueden parecer paralelas, pero sus caminos divergen eternamente. El hermano mayor se puso celoso.

> [6] Entonces Jehová dijo a Caín: ¿Por qué te has ensañado, y por qué ha decaído tu semblante? [7] Si bien hicieres, ¿no serás enaltecido? y si no hicieres bien, el pecado está a la puerta; con todo esto, a ti será su deseo, y tú te enseñorearás de él.

Caín se sintió abatido. Pero Dios salió a su encuentro, lo animó a no rendirse, sino a seguir adelante en su devoción, e instó a Caín a resistirse a ceder a sus celos iracundos. La súplica fracasa.

---

22 Heb. 11:4.

> [8] Y dijo Caín a su hermano Abel: Salgamos al campo. Y aconteció que estando ellos en el campo, Caín se levantó contra su hermano Abel, y lo mató.

En el primer asesinato premeditado de la historia, Caín esperó a quedarse a solas con Abel en un campo lejano. Tal vez Caín utilizó una herramienta agrícola como arma. No lo sabemos. Los forenses hace tiempo que han olvidado el asunto, pero la ofensa está registrada en las Escrituras. Caín mató a su hermano Abel y dejó su cuerpo para que su sangre derramada fuera tragada por la tierra.

Caín y Abel eran hermanos hostiles, «enzarzados en una lucha fratricida que termina con la muerte del *mejor* de ellos», un escenario de pesadilla que es la trágica historia de la humanidad.[23] La maldad dentro del drama de la historia humana es inquietante, y el dolor resultante de esta escena es denso, capturado en muchas pinturas clásicas del horrible momento en que Adán y Eva descubren el cuerpo de su hijo muerto: el escalofriante primer espectáculo de la muerte humana traído al mundo por el primer pecado de sus padres.

En el agonizante drama, Dios intervino y habló con Caín.

> [9] Y Jehová dijo a Caín: ¿Dónde está Abel tu hermano? Y él respondió: No sé. ¿Soy yo acaso guarda de mi hermano? [10] Y él le dijo: ¿Qué has hecho? La voz de la sangre de tu hermano clama a mí desde la tierra. [11] Ahora, pues, maldito seas tú de la tierra, que abrió su boca para recibir de tu mano la sangre de tu hermano. [12] Cuando labres la tierra, no te volverá a dar su fuerza; errante y extranjero serás en la tierra.

---

23 Jordan B. Peterson, «Biblical Series V: Cain and Abel: The Hostile Brothers», youtube. com (27 de junio de 2017).

Un cuerpo asesinado en un campo reclama sangre.[24] Por asesinato en primer grado, Caín merecía ser ejecutado en el acto. Pero se le perdonó la vida. Viviría, pero no se le ofrecería perdón, ni salvación, ni gracia. Su vida agrícola había terminado. La tierra, ya maldita, ahora se negaba a florecer para Caín. No le daría riqueza ni más ofrendas. Caín es expulsado como fugitivo en un exilio perpetuo para cargar con su culpa y su agonizante maldición todos los días que le quedaran en la tierra.

Pero Dios no ha terminado con Caín.

[13] Y dijo Caín a Jehová: Grande es mi castigo para ser soportado. [14] He aquí me echas hoy de la tierra, y de tu presencia me esconderé, y seré errante y extranjero en la tierra; y sucederá que cualquiera que me hallare, me matará. [15] Y le respondió Jehová: Ciertamente cualquiera que matare a Caín, siete veces será castigado. Entonces Jehová puso señal en Caín, para que no lo matase cualquiera que le hallara. [16] Salió, pues, Caín de delante de Jehová, y habitó en tierra de Nod, al oriente de Edén.

Caín no solo *no* es ejecutado, sino que Dios protege su vida y lo marca de alguna manera obvia que dice: No te metas con este tipo. No lo agredas. No le hagas daño. No lo mates.

Entonces, ¿por qué se protege con tanto cuidado el linaje de Caín, cuando este patriarca asesino es tan digno de muerte? La respuesta a esta pregunta acabará determinando si te conviertes en un pesimista tecnológico o en un optimista tecnológico. Verás por qué si seguimos leyendo.

24 Deut. 21:1-9.

[17] Y conoció Caín a su mujer, la cual concibió y dio a luz a Enoc; y edificó una ciudad, y llamó el nombre de la ciudad del nombre de su hijo, Enoc.

En la época posterior a Adán y Eva y anterior al arca de Noé, Caín construyó la primera ciudad mencionada en las Escrituras (una predecesora de Babel). Caín, desterrado de sus campos, se dedicó a la planificación urbana y diseñó lo que se convirtió en la primera ciudad con nombre de la tierra. Su padre y su madre, Adán y Eva, dieron nombre a los animales y a sus propios hijos. Caín dio nombre a su ciudad. Creó algo inanimado, le puso nombre y lo reivindicó como su propia innovación. Su innovación inaugura tanto la construcción de ciudades como la propiedad intelectual.

Ahora, a modo de recordatorio, nos preguntamos: ¿De dónde viene la tecnología humana? Y volvemos al linaje de Caín en busca de algunas pistas.

[18] Y a Enoc le nació Irad, e Irad engendró a Mehujael, y Mehujael engendró a Metusael, y Metusael engendró a Lamec. [19] Y Lamec tomó para sí dos mujeres; el nombre de la una fue Ada, y el nombre de la otra, Zila.

La genealogía se acelera hasta llegar al tataranieto de Caín, Lamec, inventor de la poligamia. Él y sus dos esposas, Ada y Zila, tienen cuatro hijos notables.

[20] Y Ada dio a luz a Jabal, el cual fue padre de los que habitan en tiendas y crían ganados.

Abel criaba ovejas, pero Jabal criaba ganado diverso. Esto es novedoso. Jabal también inventará la vivienda móvil, los tejidos habitables y la cría de animales, básicamente lo que ahora llamamos los inicios rudimentarios de la genética. Y Jabal tenía un hermano.

[21] Y el nombre de su hermano fue Jubal, el cual fue padre de todos los que tocan arpa y flauta.

Jubal era un genio que inventa simultáneamente la música y los instrumentos de cuerda y viento. Nace la industria musical para guiar a la sociedad en el canto. Entonces llega un tercer hermano.

[22] Y Zila también dio a luz a Tubal-caín, artífice de toda obra de bronce y de hierro…

La industria de la fabricación de herramientas comienza con Tubalcaín, un hombre hábil para fabricar y afilar espadas y nuevos aperos de labranza. Nacen simultáneamente la Edad de Bronce y la Edad de Hierro.

Entonces los tres hermanos consiguen una hermana.

La hermana de Tubal-caín era Naama.

La mención de la hermana en esta antigua genealogía es sorprendente. Debía de ser notable. La única prueba que tenemos es su nombre, que sugiere la dulzura de su voz femenina. Tal vez Naama fue la primera cantante profesional femenina.[25] Eso encajaría con la invención de la industria musical por parte de Jubal.

---

25 Nahum M. Sarna, *Genesis, The JPS Torah Commentary* (Filadelfia: Jewish Publication Society, 1989), 38.

Pero tras esta genealogía de notables innovadores, el padre Lamec irrumpió con la primera canción registrada en la historia de la humanidad: un tema de *gangsta-rap* enojado, arrogante y egocéntrico sobre la autoconservación y la venganza (4:23-24). Al parecer, Lamec había matado a alguien, y mataría a muchos más en venganza. El espíritu asesino de Caín seguía vivo; de hecho, parecía amplificarse. Los rápidos avances tecnológicos nunca hacen avanzar la ética al mismo ritmo.[26] Por ahora, el linaje de Caín continuaba, pero no como una historia de herencia espiritual. Su linaje es la historia maldita y espiritualmente disfuncional de la genialidad innovadora. «La familia de Caín es un microcosmos: su modelo de proeza técnica y fracaso moral es el de la humanidad».[27]

Entonces, va de regreso la historia de nuevo con Adán y Eva, que tuvieron otro hijo, Set, el sustituto de Abel, y el antepasado de un ingeniero por venir, un hombre de fe llamado Noé.[28]

El linaje de Caín

Volveremos al linaje de Set y Noé más adelante. Por ahora, debemos apreciar de nuevo que Dios podría haber ejecutado a Caín por el asesinato a sangre fría y premeditado de su hermano. No lo hizo. En cambio, Dios protegió a Caín con un propósito específico. La genealogía deja claro que Dios no estaba simplemente protegiendo a un hombre; Dios estaba protegiendo a un linaje.

De la ascendencia espiritual de Caín surgió la ciudad inaugural. Desde esa ciudad, a través de Lamec y sus dos esposas, se disparó la innovación humana. De repente, en rápida sucesión, apareció

---

26 Cassuto, *Commentary on the Book of Genesis*, 244.
27 Derek Kidner, *Genesis: An Introduction and Commentary*, Tyndale Old Testament Commentaries (Downers Grove, IL: InterVarsity Press, 1967), 83.
28 Gén. 4:25–5:32.

en escena el antepasado de los tejidos duraderos, las viviendas móviles y la cría de animales. Y después apareció el antepasado de los instrumentos musicales y de los músicos. Y luego apareció el antepasado tanto de la Edad de Bronce como de la Edad de Hierro y el inventor original de todas las herramientas metálicas afiladas.

Escucha atentamente los nombres de los hermanos: Jabal, Jubal y Tubal. Esa parte de sus nombres que rima deriva de la palabra hebrea que significa «producir».[29] Eran productores. Su identidad principal estaba ligada a una inventiva inherente en ellos. Cada hijo, ya fuera por su nombre o por su ocupación, remitía a Caín.[30] Por eso se conservó a Caín, para dar lugar a una «cultura material polifacética desarrollada entre sus vástagos».[31]

Nuestros padres tecnológicos

El cuarto capítulo del Génesis ofrece una rápida introducción a nuestros antepasados tecnológicos, que queda clara en tres pequeñas frases del texto: «fue padre de los que», «fue padre de todos los que», «artífice de toda obra» (vv. 20-22). Cada hermano lanzó toda una industria de innovación que el autor del Génesis quiere que rastreemos hasta nuestros días. El progreso tecnológico del hombre es de interés bíblico.[32] La influencia de los hermanos recorre la historia. Desde el Jubal del Génesis hasta el Jobs de Silicon Valley, cada nueva industria ejerce una influencia permanente y perpetua en el desarrollo de toda la cultura humana posterior en el futuro.

---

29 Kenneth A. Mathews, *Genesis 1-11:26*, vol. 1A, New American Commentary (Nashville, TN: Broadman & Holman, 1996), 287-88.

30 Cassuto, *Commentary of the Book of Genesis*, 235.

31 Cassuto, *Commentary of the Book of Genesis*, 230.

32 Herman Bavinck, *Reformed Ethics: Created, Fallen, and Converted Humanity*, ed. John Bolt et al. John Bolt et al., vol. 1 (Grand Rapids, MI: Baker Academic, 2019), 163.

Pero si queremos rastrear la influencia del linaje de Caín en nuestras vidas actuales nos encontramos con un gran problema. Estos tres inventores y toda su industria pronto fueron arrasados por un diluvio universal. Así pues, si la genética animal, la metalurgia y la industria musical deben sus orígenes al legado familiar de tres hermanos cuya progenie fue totalmente arrastrada por un diluvio universal, ¿cómo puede decirse que son los antepasados de estas industrias en la actualidad?

El arca.

En el barco de Noé viajaban la familia elegida por Dios, dos criaturas de toda especie y los conocimientos tecnológicos colectivos de la humanidad. Noé puede ser ignorado en la larga historia de la tecnología, pero él y su familia son parteros esenciales en el desarrollo de la historia de la innovación humana. Noé era uno de los ingenieros más ambiciosos y brillantes de la antigüedad, y fue el hombre elegido por Dios para llevar todas las industrias del linaje de Caín a través del diluvio. Por medio del lenguaje común, Noé y su arca difundieron todos los conocimientos tecnológicos de la humanidad anteriores al diluvio entre toda la población de la tierra después del diluvio. Esos conocimientos acabaron manifestándose en hazañas de ingeniería humana de incredulidad (Babel). Pero no debemos apresurarnos a olvidar el arca demasiado pronto. En la maravilla moderna de su época, Noé llevó las innovaciones del linaje de Caín y las dispersó como conocimiento común en el nuevo mundo. La relación de Dios con la innovación humana no tendrá sentido si no vemos estas conexiones.

La cadena va así. La tierra rechazó a Caín. Dios rechazó a Caín. Pero Dios no mató a Caín. En su lugar, Dios eligió canalizar Su gracia común a través del linaje de Caín para bendecir al mundo. Un rebelde asesino y su pícara familia se convirtieron en la elección de Dios para desatar nuevas innovaciones en el mundo. Industrias enteras fueron llevadas por Noé a un nuevo mundo y transmitidas hasta nuestros días.

La historia de la humanidad comienza en estos dos linajes. El linaje abortado de Abel fue reemplazado por un nuevo hijo, Set, y la historia del pueblo del pacto de Dios continuó. Con la llegada de Set, los fieles empezaron a invocar a *Yahvéh*, «quien es el que es» y «el que causa que sea lo que es». Por primera vez, el creador autosuficiente del universo era invocado por Su santo nombre.[33]

La pregunta

Entonces, ¿de dónde procede el torrente de innovación humana de la antigüedad? Mucha gente supone que los tecnólogos de élite surgen por una ley inevitable. Una persona entre cien millones será un gran inventor, y cada época tiene uno o dos de ellos, virtuosos como Arquímedes, da Vinci, Edison, Franklin, Ford, Tesla o Einstein. Descubren nuevas realidades o montan un montón de cosas vanguardistas. Son raros.

Sin decirlo explícitamente, el consenso es que los inventores son simplemente el producto del azar o el resultado de la crema que sube a la cima. Pero esta idea es errónea. Por lo que aprendimos en Isaías 54, es más exacto decir que Jabal, el antepasado de los pastores nómadas, fue creado por Dios y ordenado para este fin, para inventar la ganadería y comprender la cría de animales y empezar a experimentar con lo que ahora llamamos genética. Y Jubal, el antepasado de la música y los instrumentos, fue creado por Dios y ordenado para este propósito, no simplemente para dar a los aficionados algo con lo que jugar, sino para dar a luz a la industria de los profesionales musicales

---

33 Sarna, *Genesis*, 127.

especializados que dominan los instrumentos para la celebración pública en bandas y orquestas y la industria musical.[34] Y luego Tubal-caín, la primera causa de la Edad de Bronce y la Edad de Hierro, fue creado por Dios y ordenado para este propósito, para ser un herrero que llenaría su comunidad con herramientas de metal afilado y armas como «el forjador de todo instrumento cortante de bronce y hierro».[35] Él martilleó y limó todo lo afilado destinado a cortar: cuchillos, hoces y espadas de guerra. Y no olvidemos al patriarca del principio de la historia, Caín, el antepasado de los promotores urbanos, que fue creado por Dios y ordenado para este fin.

Tan pronto como surgen estos innovadores en el relato del Génesis, no se nos da ninguna otra explicación. Las habilidades para construir una ciudad, criar animales, hacer música y forjar herramientas de bronce y hierro parecía surgir de la nada. Pero entre bastidores, sabemos que fueron ordenadas por Dios. Los innovadores son creados por Dios.

Pero ¿de dónde proceden materialmente sus innovaciones? Esa es la siguiente pregunta que debemos responder.

Agrotécnica

Para comprender el origen material de nuestras innovaciones debemos seguir otra serie de pistas en el texto bíblico. Y las tenemos en Isaías 28:23-29, en los orígenes de la tecnología agrícola. Comencemos en el versículo 23:

> [23] Estad atentos, y oíd mi voz; atended, y oíd mi dicho.

---

34 Sarna, *Genesis*, 37.
35 Jewish Publication Society of America, *Torah Nevi'im U-Khetuvim, the Holy Scriptures according to the Masoretic Text* (Filadelfia, PA: Jewish Publication Society of America, 1917), Gén. 4:22; énfasis añadido.

Isaías nos dice: «¡Dejen lo que estén haciendo y escuchen! Presta atención, porque lo que estás a punto de oír es enorme». Bien, ¿qué es lo que nos quiere decir con urgencia? Nos va a guiar a través de las técnicas agrícolas modernas (modernas para Isaías, al menos).

Lo primero es la preparación. Antes de plantar un cultivo son necesarias ciertas prácticas en el terreno.

24 El que ara para sembrar, ¿arará todo el día? ¿Romperá y quebrará los terrones de la tierra?

¿Abre y cierra el agricultor la tierra una y otra vez? No, ara la tierra unas cuantas veces. Pero ¿quién le dijo al agricultor que hiciera esto unas cuantas veces y no perpetuamente? ¿Quién le enseñó a seguir esta pauta para obtener los mejores resultados? Esa es una pregunta abierta.

Mantén esa pregunta mientras Isaías pasa a las técnicas de siembra.

25 Cuando ha igualado su superficie, ¿no derrama el eneldo, siembra el comino, pone el trigo en hileras, y la cebada en el lugar señalado, y la avena en su borde apropiado?

El campo está liso y labrado. La tierra está suelta. La tierra está lista para la siembra. Ahora es el momento de esparcir semillas de eneldo y comino aquí y allá. Pero labra la tierra para el trigo; crece mejor en hileras rectas. Y en los bordes, planta avena. Cada semilla tiene un *lugar* óptimo para ser plantada y una *forma* específica de hacerlo.

Entonces, ¿quién enseñó al agricultor a «multicultivar»? ¿Quién es el cerebro detrás de las técnicas de siembra humanas? ¿Es el agricultor? No.

[26] Porque su Dios le instruye [al labrador], y le enseña lo recto...

Presta atención a esto. El maestro agricultor aprendió sus técnicas de siembra directamente del Creador a través de Su creación. Ahora mantente en ese punto por un momento mientras pasamos de las técnicas de siembra, saltamos sobre las técnicas de cosecha y estudiamos las herramientas y prácticas de trilla.

[27] que el eneldo no se trilla con trillo, ni sobre el comino se pasa rueda de carreta; sino que con un palo se sacude el eneldo, y el comino con una vara. [28] El grano se trilla; pero no lo trillará para siempre, ni lo comprime con la rueda de su carreta, ni lo quebranta con los dientes de su trillo.

Eneldo, comino, grano: tres cultivos para tres fines, cada uno de los cuales requiere herramientas y técnicas diferentes. El eneldo se trilla con un palo de madera y el comino con una vara de metal. El grano se trilla con un carro tirado por un caballo. Cada técnica se adapta al cultivo para maximizar el rendimiento. La propia cosecha parece enseñar al agricultor. ¿O no?

Cuando se escribieron estos versos, aún faltaba medio milenio para que se publicara el primer volumen de consejos colectivos sobre agricultura.[36] Así pues, ¿quién se lleva el mérito de haber enseñado al agricultor estas herramientas y técnicas de trilla?

[29] También esto salió de Jehová de los ejércitos, para hacer maravilloso el consejo y engrandecer la sabiduría.

---

36 Marcus Cato, *De agri cultura* (160 a. C.).

Entonces, ¿a quién se atribuye el mérito de adecuar exactamente el apero y la técnica agrícola a cada cultivo? ¿Al progreso evolutivo? No. ¿Al antiguo gremio de agricultores? No. ¿Y a la propia creación? No, ni siquiera la creación. El Creador se lleva la gloria, toda ella. ¿Por qué? Porque las técnicas de labranza, siembra y trilla del maestro agricultor son todas las técnicas aprendidas del Creador omnisciente y omnipotente. Contrario a la teoría de que las prácticas agrícolas estables llevaron a la invención de los dioses, fue Dios quien inventó las prácticas agrícolas estables.[37] La existencia eterna de Dios y Sus pautas en la creación son anteriores al agricultor.

La providencia de Dios sobre nosotros

Como veremos más adelante, este texto tiene muchas consecuencias para nuestro debate actual sobre la tecnología. Pero antes, debemos detenernos un momento para hablar de nuevo del pueblo de Dios. Este texto se sitúa en medio de Isaías porque es la llave que abre todo el libro. La relación de Dios con el agricultor es un punto importante, pero secundario. En este texto, Dios cultiva a Israel. Y Él sabe lo que hace. No seguirá abriendo los corazones de Su pueblo con un arado rastrero, ni los trillará continuamente. Él es el maestro agrónomo, y está moviendo a Su pueblo hacia una meta. Está cultivando la historia para producir una cosecha espiritual en Su pueblo. Y si sientes que Dios está sembrando y trillando demasiado tu vida en este momento, no es así. Su trabajo agrícola en nosotros, aunque doloroso, producirá una cosecha de justicia.[38] Nosotros somos Su vid. Él es nuestro viñador. Él sabe exactamente cómo obtener la cosecha óptima de

37 Yuval Noah Harari, *Homo Deus: Breve historia del mañana* (Nueva York: HarperCollins, 2017), 90-91.
38 Heb. 12:11.

tu vida. Él va a rastrillar tu vida, podar tus ramas secas, fertilizar tus raíces, y velar por ti durante cada estación. Dios instruye al agricultor porque Él es el agricultor maestro de nuestras vidas. Él tiene muchas herramientas y técnicas que puede usar en nosotros para lograr Su objetivo. La obra de Dios en nosotros es agrícola.[39]

Un gran obstáculo

Así que Dios enseña al agricultor nuevas técnicas agrícolas. Pero espera. De este enfoque agrícola surgen dos objeciones. El agricultor pregunta: «¿No nos enseñan las Escrituras a no cavar más profundo en la creación que el arado de arrastre, y a no construir más alto en el cielo que un zigurat?». Y el técnico pregunta: «Esto funciona muy bien en la agricultura: plantar semillas, cosechar grano, escuchar la creación. Pero yo trabajo en una sala limpia, herméticamente cerrada y libre de polvo, con una máscara y un mono blanco de Tyvek. Trabajo con cobalto, indio, tántalo, robots y *software*. La voz de Dios es muda donde yo trabajo. No oigo la creación. Isaías 28 puede funcionar en contextos agrarios, pero no dentro de una planta de fabricación de semiconductores. ¿No hay una diferencia insalvable entre una herramienta primitiva-básica, como una azada de jardín, y la tecnología actual, como un *smartphone* o una central nuclear?».

Escucho ambas preguntas, y ambas son importantes. Así que oro: Dios, muéstrame la relevancia de Isaías para la era digital. Al tratar de entender la relación entre la granja familiar y los cohetes SpaceX, he aquí tres respuestas para tener en cuenta: (1) la agricultura es nuestra principal tecnología; (2) toda tecnología tiene antepasados; y (3) toda innovación se inspira en la agricultura.

39 Mat. 13:1-23.

La agricultura es nuestra principal tecnología

En primer lugar, la agricultura es nuestra tecnología primaria. De hecho, la agricultura es probablemente «el más fundamental de todos los avances tecnológicos humanos», la tecnología de base detrás de todas las demás tecnologías. Como la placa de plástico verde sobre la que la mayoría de nosotros apilamos nuestras primeras casas de LEGO, la agricultura es la base tecnológica sobre la que se asientan otras tecnologías. La primera revolución tecnológica de la humanidad fue agrícola, y solo una vez que «la tecnología de producción de alimentos se hubo afianzado, se produjo una reacción en cadena de otros avances tecnológicos a una velocidad cada vez mayor. A la transformación en la producción de alimentos siguió el desarrollo de la metalurgia, la invención de la rueda, el perfeccionamiento de los sistemas de escritura y registro de la información, y otras innovaciones técnicas que tuvieron poderosos efectos en la cultura humana».[40]

Cuando recoges tu comida aquí y allá, necesitas un grupo de búsqueda lleno de recolectores. Pero cuando los alimentos se cultivan en hectáreas al lado de casa, los recolectores pueden dedicar su tiempo a otras actividades. El cultivo sedentario trajo consigo importantes cambios sociales y favoreció la existencia de comunidades más grandes que podían vivir en un mismo lugar. Eso hizo posible poseer más cosas, poseer más herramientas y vivir detrás de las puertas protectoras de la ciudad. La agricultura hizo posible la ciudad, y la ciudad ayudó a liberar a la gente de las preocupaciones alimentarias. La agricultura dio lugar a las ciudades, y las ciudades produjeron innovadores e inventos, todo porque los agricultores podían alimentar a más personas que ellos

---

40 Harvey Russell Bernard y Pertti J. Pelto, *Technology and Social Change* (Nueva York: Macmillan, 1972), 317-18.

mismos. (Hoy en día, por ejemplo, un agricultor estadounidense puede alimentar a unas 160 personas que, ya sin la carga de la preocupación diaria por cultivar sus propios alimentos, pueden desempeñar otras funciones en la sociedad).

El abastecimiento de alimentos proporcionó una base estable para el desarrollo de otras tecnologías. Sin la tecnología agrícola, todos tendríamos que forrajear, cazar y recolectar para mantenernos a nosotros y a nuestras pequeñas comunidades. La agricultura es una tecnología primaria que hace posible todos los demás avances tecnológicos. Sin la hoz y el arado, sin la agricultura primitiva y sus herramientas, no habría catedrales ni «viajes europeos de descubrimiento».[41] La agricultura es un desarrollo primario, y las nuevas posibilidades de descubrimiento humano se apoyan en los hombros de los agricultores.

Toda la tecnología tiene antepasados

En segundo lugar, toda nuestra tecnología tiene antepasados. La propia agricultura es un excelente ejemplo de avance tecnológico e ilustra cómo las tecnologías primitivas se adaptan, modifican, fusionan, mejoran y se convierten más tarde en tecnologías más potentes y complejas. El teórico de la tecnología W. Brian Arthur llama a esto «evolución combinatoria». Todas las tecnologías son mezclas de tecnologías anteriores o «nuevas combinaciones de lo que ya existe», afirma. Es como la tecnocompilación del iPhone. Microcomponentes como cámaras, grabadoras de voz, pantallas táctiles, reproductores de música y altavoces, cada uno de ellos tecnología por sí mismo, combinados en una nueva macrotecnología. El proceso recursivo continúa indefinidamente a medida que herramientas sencillas se fusionan en nuevas tecnologías, que

41 Václav Smil, *Energy and Civilization: A History* (Cambridge, MA: MIT Press, 2018), 52-53.

se convierten en una red de posibilidades, en la que surgen tecnologías aún más complejas en el futuro. En cierto sentido, el progreso tecnológico es orgánico, como si «la tecnología se creara a sí misma a partir de sí misma». La tecnología forma una «rica ascendencia entrelazada» que se hace más compleja y sofisticada con el tiempo. A medida que crece la herencia, nuestras máquinas del futuro pensarán por sí mismas y actuarán por sí mismas, llegando a ser «autoconfigurables, autoptimizables, autoensamblables, autorreparables y autoprotectoras». Se asemejan a una especie de organismo vivo. «Pero solo está vivo en el sentido en que lo está un arrecife de coral».[42]

Así que la ascendencia interrelacionada del iPhone puede remontarse a innovaciones más primitivas. Piensa en la empresa de vidrio Corning, que fue la primera en dominar el vidrio de cocina un siglo antes de dominar Gorilla Glass, que ahora se utiliza en todos los iPhone. La historia de la pantalla del iPhone tiene más de un siglo. Y eso es solo una pequeña parte de la historia completa. Si alguna vez has jugado a un videojuego como *Civilization* de Sid Meier, ya lo sabes. Tú, como gobernante, construyes una civilización basada en un árbol tecnológico en constante evolución. Una tecnología primitiva lleva al descubrimiento de innovaciones más avanzadas, a medida que pasan los siglos, desde el 4000 a. C. hasta el 2100 d. C.

Por ejemplo, el lenguaje. La lengua es una innovación de base, regalada al hombre por Dios desde el principio de los tiempos y multiplicada después en Babel. El lenguaje hizo posible que el hombre hablara con Dios y con otros seres humanos. Hizo posible que los primeros humanos nombraran a los animales,

---

42 W. Brian Arthur, *The Nature of Technology: What It Is and How It Evolves* (Nueva York: Penguin, 2009), 18-24, 189, 207.

e incluso que a veces hablaran con ellos.[43] Hizo posible que nombraran a las estrellas y a los niños, que contaran historias y construyeran ciudades. El lenguaje dio lugar a los jeroglíficos y después a los alfabetos, la escritura, los libros, las imprentas, las bibliotecas, los telégrafos, los textos, los tuits y el código digital de los programadores. El don del lenguaje también significó que Dios podía revelarse de formas increíblemente detalladas e intrincadas que perdurarían durante milenios. El lenguaje es portador de la voluntad y la intención de Dios para la creación, revela el mensaje vivificador del evangelio y sirve de canal para renovar al hombre interior.[44] El lenguaje representa el más antiguo, completo y rico de los árboles tecnológicos.[45] Pero el alfabeto antiguo engendró algo más que palabras: los relatos orales dieron lugar a alfabetos escritos, que dieron lugar a bibliotecas llenas de pergaminos, que dieron lugar a leyes escritas, que dieron lugar al pensamiento democrático, que dieron lugar a técnicas de impresión más accesibles, que dieron lugar al libro códice encuadernado, que dio lugar a la alfabetización generalizada, y así sucesivamente hasta llegar a la Internet. Sin alfabetos antiguos, no existe Internet. Es todo una larga línea ancestral, conectada con comienzos rudimentarios.

El mismo crecimiento constante aparece en la tecnología agrícola, año tras año, generación tras generación, como gruesos círculos arbóreos marcando temporadas de abundancia. Una generación de avances suscita avances más agresivos en el futuro. Por ejemplo, la tierra tiene suficientes nitratos orgánicos en los

---

43 Gén. 3:1-24.
44 Rom. 10:17; Col. 3:10; Heb. 4:12.
45 Un buen tema en el excelente libro de John Dyer *From the Garden to the City: The Redeeming and Corrupting Power of Technology* (Grand Rapids, MI: Kregel, 2011); véanse especialmente las pp. 51-54.

residuos y la composta para cultivar alimentos para unos tres mil millones de personas. Eso es todo. Entonces, ¿cómo puede este planeta proporcionar alimentos a cuatro mil millones, siete mil millones o diez mil millones de personas?

La respuesta está ligada a la siguiente pregunta. ¿Cuál ha sido el invento más importante del siglo xx? La pregunta la formuló el científico Václav Smil ante el público de TED en el año 2000, cuando la población mundial ascendía a seis mil millones de personas. El público respondió a gritos: la penicilina, el aire acondicionado, la radio, la televisión, los ordenadores, Internet, el vuelo humano y la energía nuclear. «Están todos equivocados», anunció Smil desde el escenario. «Tenemos seis mil millones de habitantes en este planeta; la mitad de ellos no estarían aquí sin ese invento que no han nombrado: la síntesis de Haber del amoníaco». Debido a los límites del nitrógeno orgánico en el ecosistema global, sin los fertilizantes nitrogenados de amoníaco, «la mitad de la población de este planeta no estaría aquí». No hay ninguna otra técnica, ningún otro invento, sin el cual hoy no habría aquí la mitad de la gente. Así que, con diferencia, [este es] el invento más importante [del siglo xx]. Y la mayoría de la gente ni siquiera es consciente de ello».[46] Si los científicos están en lo cierto y la tierra puede mantener a tan solo cuarenta millones de cazadores-recolectores, o a tres mil millones de habitantes de las ciudades mediante la agricultura ecológica, entonces el amoníaco producido por el hombre evita que la mayoría de nosotros pasemos hambre hoy en día.[47]

46 Para conocer la historia completa y la ciencia, véase Václav Smil, *Enriching the Earth: Fritz Haber, Carl Bosch, and the Transformation of World Food Production* (Cambridge, MA: MIT Press, 2004).

47 Carl Sagan, *Pale Blue Dot: A Vision of the Human Future in Space* (Nueva York: Ballantine, 1997), 316.

Así que, dada la aparente falta de nitrógeno orgánico de la tierra, ¿quién nos enseña cómo alimentar a cuatro, ocho y diez mil millones de personas en el planeta? Dios lo hace. El Creador nos enseña cómo escalar la agricultura para satisfacer la demanda humana. La tecnología agrícola es dinámicamente progresiva y se basa intencionadamente en los descubrimientos primitivos de Isaías 28. Toda tecnología brota de esta raíz agrícola ancestral.

La agricultura es el patrón de toda innovación

En tercer lugar, toda innovación tiene su origen en la agricultura. Otra forma de decirlo es que toda innovación material está igualmente enraizada en la creación, no solo las tecnologías agrícolas primitivas, sino también la innovación tecnológica moderna. Juan Calvino lo explica muy bien. En primer lugar, tanto si hablamos de «las personas más indoctas e ignorantes», como de agricultores, médicos, científicos o astrofísicos, la sabiduría de Dios se enseña a todos. Tanto si nunca has ido a la universidad como si tienes un doctorado en botánica, tanto si cultivas una maceta de tomates como si cosechas un millón de fanegas de soja, Calvino dice: «Está claro que no hay nadie a quien el Señor no muestre abundantemente su sabiduría».[48] Isaías 28 revela un principio exponencialmente mayor en juego en el mundo. Dios nos enseña a todos, y de forma libre. La salud espiritual del campesino de Isaías es irrelevante. Todo ser humano pensante (creyente, incrédulo, escéptico, agnóstico, ateo) ha sido empapado de sabiduría divina, directamente de Dios, sobre cómo participar en el orden creado.

Un científico con bata de laboratorio no está más alejado del Creador que un agricultor en el campo. De hecho, Calvino

---

48 Juan Calvino, *Institución de la Religión Cristiana*, ed. John T. McNeill, trad. John T. McNeill, trad. Ford Lewis Battles (Louisville, KY: Westminster John Knox, 2011), 1.5.2.

escribe que los científicos se sumergen «más profundamente en los secretos de la sabiduría divina». El agricultor de Isaías es una versión simplificada de un paradigma elástico que se extiende desde la cooperativa agrícola hasta la sala de control de operaciones de la misión de la NASA, como explica Calvino en su nota a pie de página de Isaías 28:26:

Se puede hacer una observación de pasada, y de hecho se debe hacer, que no solo la agricultura, sino también todas las artes que contribuyen a la ventaja de la humanidad, son los dones de Dios. Todo lo que pertenece a la invención hábil ha sido impartido por Él a las mentes de los hombres. Los hombres no tienen derecho a enorgullecerse por ello, ni a atribuirse la alabanza de la invención, como vemos que hacían los antiguos, quienes, por su ingratitud hacia Dios, incluían en el número de los dioses a aquellos a quienes consideraban autores de cualquier ingenio. De ahí surgió la deificación y esa prodigiosa multitud de dioses que los paganos crearon en su propia fantasía. De ahí surgieron la gran Ceres [la diosa de la agricultura], y Triptólemo [el dios de la siembra y la molienda del grano], y Mercurio [el dios de la importación y la exportación], e innumerables [otros dioses], celebrados por las lenguas humanas y por los escritos humanos. El profeta [Isaías] muestra que tales artes deben ser atribuidas a Dios [no a dioses], de quien han sido recibidas, que es el único inventor y maestro de ellas. Si debemos formarnos tal opinión sobre la agricultura y la mecánica, ¿qué pensaremos de las ciencias eruditas y excelsas, como la Medicina, el Derecho, la Astronomía, la Geometría, la Lógica y otras similares? ¿No consideraremos mucho más que proceden de Dios? ¿No contemplaremos y reconoceremos también en ellas Su bondad, para que Su alabanza y gloria sean celebradas tanto en los asuntos más pequeños como en los más grandes?[49]

Durante siglos, las culturas paganas han atribuido impulsivamente a los dioses las innovaciones humanas. Calvino dice que este impulso está erróneamente desviado del único y verdadero Dios. Solo Dios es el creador de los innovadores humanos (como nos enseñó Isaías 54).

Y lo que es más importante, obsérvese cómo la lógica de Calvino pasa libremente de los rudimentarios aperos de labranza del antiguo agricultor a máquinas más complejas, y luego a la ciencia, la medicina, el derecho y la física. Mi primera lectura de esta cita de Calvino puso en marcha lo que se convertiría en una revolución copernicana en mi propia comprensión de Dios, la creación, la agricultura, la ciencia y la ingeniería: cómo nuestras tecnologías modernas orbitan en el mismo sistema. No hay necesidad de separar la técnica agrícola básica de las máquinas más complejas o de las tecnologías médicas, eléctricas e incluso genéticas. La ciencia, como la agricultura, es el arte de escuchar al Creador, el arte de seguir las pautas y posibilidades que Dios codificó en la creación.

El dominio del hombre sobre la tierra «incluye no solo las actividades más ancestrales del hombre, como la caza y la pesca, la agricultura y la ganadería, sino también el comercio, las finanzas y el crédito, la explotación de minas y montañas, la ciencia y el

---

49 Juan Calvino, *Commentary on the Book of the Prophet Isaiah*, trad. William Pringle (Edimburgo: Calvin Translation Society, 1853), 2:306; cita ligeramente modificada para facilitar la lectura. Así también Charnock, que escribe: «El arte de la labranza es fruto de la enseñanza divina (Isa. 28:24-25). Si esas clases inferiores de conocimiento, que son comunes a todas las naciones y fáciles de aprender por todos, son descubrimientos de la sabiduría divina, mucho más lo son las ciencias más nobles, la sabiduría intelectual y política». Charnock, *Complete Works*, 2:20.

arte».[50] La lógica del agricultor de Isaías se extiende a las ciencias eléctricas y digitales y a la informática cuántica. Se traslada a la belleza y el poder de ecuaciones sencillas como $E=mc^2$ o la ecuación de Euler. Se traslada a la ciencia de los cohetes. Konstantin Tsiolkovsky publicó en 1903 lo que se convertiría en la ecuación de Tsiolkovsky para calcular la velocidad de los cohetes. Esta ecuación se aplica a la ciencia del vuelo. Daniel Bernoulli publicó en 1738 lo que se convertiría en el efecto Bernoulli para ayudar a explicar la sustentación de los aviones. Dios nos enseñó a construir cohetes y aviones como enseñó al antiguo agricultor a cultivar. En cada descubrimiento humano encontramos la instrucción del creador. Dios es nuestro tutor y ordena cada eslabón de la cadena de la revolución tecnológica.

Con el tiempo empieza a surgir una unidad en todos nuestros descubrimientos científicos. Empezamos a ver el diseño de un único arquitecto. El esfuerzo científico es como la humanidad construyendo un templo de piedra, escribe Kuyper. «El templo se construye sin planos ni acuerdos humanos. Parece surgir por sí mismo», dijo. «Cada uno extrae su propia piedrecita y la trae para que la cimienten en el edificio. Luego viene otra persona que retira esa piedra, la remodela y la coloca de otra manera. Trabajando separados unos de otros, sin ningún acuerdo mutuo y sin la más mínima dirección de otras personas, con todo el mundo pululando, cada uno yendo a su aire, cada uno construye la ciencia como le parece correcto». A lo largo de los siglos, a medida que las mejoras incrementales modifican partes del edificio, «más allá de este trabajo aparentemente confuso, surge un templo que muestra la estabilidad de la arquitectura, manifestando el estilo»,

---

50 Herman Bavinck, *The Wonderful Works of God* (Glenside, PA: Westminster Seminary Press, 2019), 189.

todo porque hay un «Arquitecto y Artesano a quien nadie vio». Nada de esto surgió por accidente. La ciencia sigue un plan trazado por Dios. Él trazó el fin de la creación y luego dotó a la creación de innovadores con imaginación creadora. La ciencia es invención de Dios. «Esto no significa otra cosa que decir y confesar con gratitud que Dios mismo llamó a la ciencia a la existencia como Su criatura, y en consecuencia que la ciencia ocupa su propio lugar independiente en nuestra vida humana».[51] La ciencia adquiere una vida unificada propia.

Esta ilustración de Kuyper, de la ciencia como un templo de piedra construido a lo largo del tiempo, apoya lo que Juan Calvino enseñó siglos antes. Calvino vivió mucho antes que SpaceX o el Apolo 11, pero ya trazaba la trayectoria desde las primitivas herramientas de construcción hasta la física aeroespacial avanzada. Ya los estaba injertando juntos en un árbol tecnológico ordenado por Dios, argumentando desde herramientas menores hasta tecnologías más potentes y descubrimientos científicos más refinados. Si el agricultor fabricaba un palo para batir semillas de comino, más tarde alguien tomaría las funciones necesarias para cultivar, las combinaría y las automatizaría en un molino de vapor. Este proceso continúa hoy. Cada día escuchamos nuevas posibilidades del Creador. Él nunca deja de enseñar, así que no tenemos excusa para dejar de escuchar Su instrucción o corrección. Cada ladrillo del templo sigue siendo remodelado y mejorado. Varias innovaciones antiguas se funden en innovaciones nuevas y mejores del futuro.

Pero toda esta nueva innovación no significa que nuestras innovaciones pasadas desaparezcan. Al contrario, cuando Kevin Kelly investigó las innovaciones antiguas, desde los martillos de piedra

---

51 Abraham Kuyper, *Wisdom and Wonder: Common Grace in Science and Art* (Bellingham, WA: Lexham Press, 2015), 45-46.

hasta las válvulas de las máquinas de vapor, observó que todas las innovaciones humanas que se han adoptado siguen produciéndose en algún lugar.[52] Podemos pensar que las innovaciones caducan y se sustituyen, pero las más útiles son perennes. Y si todas las innovaciones siguen siendo relevantes, tal vez Dios esté ahora mismo enseñando a pequeñas comunidades remotas a autoabastecerse de alimentos cultivados con herramientas manuales primitivas. La nueva tecnología no elimina la antigua.

Pero a medida que la gente se hacine en las ciudades, estas dependerán de operaciones agrícolas colosales en las que los alimentos puedan cultivarse y procesarse fuera de la ciudad y enviarse a ella. La industria a esta escala siempre será imperfecta. Pero la ciudad exige avances cada vez mayores, por lo que una era de agricultores escucharía al Creador y utilizaría varas y carretas. Una generación posterior escucharía al Creador y utilizaría sistemas de riego con ruedas de paletas y hoces. Otra generación escucharía al Creador y utilizaría aspersores de riego y cosechadoras autoconducidas, y la sintetización de amoníaco para aumentar los niveles de nitrógeno en el suelo. Estas mejoras graduales son el modo en que Dios acomoda este planeta para albergar poblaciones cada vez mayores. Es la pura generosidad de Dios la que hace que el sol y la lluvia, por no hablar del nitrógeno sintético, caigan sobre las tierras de cultivo de Sus enemigos.[53]

Así, mientras el Creador enseña a las comunas de Puerto Rico a cultivar variedades autóctonas de maíz, puede enseñar simultáneamente a los agricultores industriales de Nebraska a cultivar más de mil millones de canastas de maíz. Dios sigue instruyendo a los agricultores todos los días.

---

52 Kevin Kelly, *What Technology Wants* (Nueva York: Penguin, 2011), 53-56.
53 Mat. 5:45.

Catecismo de experimentos

A cualquier escala, estas dinámicas continuas de innovación funcionan porque la creación es un catecismo que leemos mediante la
ciencia y los experimentos. Dios habla a través de la investigación
humana. «¿Recibió el primer agricultor un manual?», se pregunta
Kuyper. «¿Le envió Dios un ángel para demostrárselo todo? ¿Le
dio Dios una revelación oral? Nada de eso. Dios le dio la tierra,
una cabeza con la que pensar, manos con las que trabajar y básicamente (además de esto) *hambre*. Dios le estimuló mediante
este impulso. Dios le enseñó a pensar en las cosas. Y así tuvo que
probar cosas. Primero una cosa, y cuando no funcionaba, otra,
hasta que finalmente uno encontraba esto y el otro aquello, y los
resultados confirmaban que era la solución correcta».[54]

En las sociedades prósperas, el hambre y las necesidades bási-
cas acaban dando paso a otras más complejas y a «necesidades»
más debatibles.[55] Todo cambio tecnológico está dirigido hacia
adelante por necesidades humanas internas, que impulsan una
nueva exploración de las posibilidades dentro de los patrones de
la creación. La tecnología agrícola avanza gracias al hambre. La
tecnología médica avanza gracias a la enfermedad. Nuestras tecnologías también pueden avanzar gracias a ansias menos virtuosas
de comodidad, riqueza, fama y poder. Todo tipo de deseos internos impulsan a la humanidad a experimentar. Pero sea cual sea
el motivo, la innovación solo puede seguir un patrón que Dios
mismo codificó en el orden creado.

Dentro del orden creado, Dios limita todas nuestras posibilidades. Es un mito suponer que toda innovación humana avanzará

---

54 Abraham Kuyper, *Gracia Común: Dádivas de Dios para un mundo caído* (Bellingham, WA:
Editorial Tesoro Bíblico, 2024), 2:585.

55 Arthur, *Nature of Technology*, 174–75.

indefinidamente. Las innovaciones suelen tocar techo, como en la velocidad de las líneas aéreas comerciales. Hemos aprendido a hacer girar vientos huracanados de categoría cinco por la parte trasera de los motores de los reactores, pero a 926 km/h (575 mph), los reactores de hoy navegan más o menos a la misma velocidad que hace sesenta años. Nuestros vuelos son más seguros y consumen menos combustible, pero la velocidad de crucero óptima no ha cambiado en seis décadas. La creación parece haber limitado la velocidad de crucero óptima de los reactores comerciales. El hombre y la máquina optimizados al patrón de la creación de Dios.

Una vez más, dice Kuyper: «A través de un sinfín de experimentos, Dios nos ha enseñado todo lo que ahora sabemos, y a través de todo tipo de experimentos nuestro conocimiento continúa enriqueciéndose».[56] A medida que experimentamos con la creación, a medida que buscamos nuevas formas de hacer las cosas, el Creador nos enseña. «Dios no le da al agricultor una revelación especial sobre cómo debe arar, sembrar, rastrillar, escardar y trillar», escribe Kuyper. «El agricultor debe aprender probando. Pero como experimenta constantemente con nuevas formas y cuando a través de mucho ensayo y error ha aprendido por las malas, entonces es verdad lo que el profeta Isaías dice sobre este proceso: "Su Dios le enseña"».[57] En el mejor de los casos, «nos dejamos instruir más y mejor por nuestro Dios, no solo en el Catecismo de Heidelberg [espiritualmente], sino también en el catecismo de la agricultura, en el catecismo de la industria y en el catecismo del comercio. Es obvio que todo lo que hemos dicho sobre la agricultura basándonos en Isaías 28 es igualmente aplicable al resto

---

56 Kuyper, *Gracia Común*, 2:585-86.
57 Kuyper, *Gracia Común*, 2:616.

de las actividades humanas».[58] Si extrapolamos la dinámica que impulsa la tecnología agrícola, veremos que esos mismos factores están en juego en todas las actividades humanas.

Los ateos afirman que las Escrituras contienen todo lo que Dios tiene que decirnos o enseñarnos.[59] Pero esto es ingenuo. Dios también nos enseña a través del catecismo de la ciencia. El científico se convierte en «el sacerdote de la creación», escribe Torrance, «cuyo oficio es interpretar los libros de la naturaleza escritos por el dedo de Dios, desentrañar el universo en sus maravillosos patrones y simetrías, y llevarlo todo a una articulación ordenada de tal manera que cumpla su fin propio como el vasto teatro de la gloria en el que el Creador es adorado, celebrado y alabado por Sus criaturas».[60]

Incluso nuestros intentos de detener los virus deberían ser motivo de alabanza para Él.

La lucha contra el coronavirus

En marzo de 2020 llevé estas ideas sobre la tecnología a Seattle, en una reunión con vistas a los estadios del centro de la ciudad sobre la bahía. Desde una sala de conferencias del decimocuarto piso, observé a un equipo de hombres pintando las líneas del campo de fútbol para el partido de la XFL del fin de semana. El partido nunca llegó a celebrarse. Toda la temporada se canceló unas horas después debido a la pandemia de coronavirus. Al principio del brote, Seattle fue el epicentro de Estados Unidos. Y mientras la ciudad se cerraba y las calles se vaciaban, fue también un momento extraordinario para abordar la propagación de la

---

58 Kuyper, *Gracia Común*, 2:585-86.
59 Véase, por ejemplo, Harari, *Homo Deus*, 213.
60 Thomas Forsyth Torrance, *The Ground and Grammar of Theology* (Charlottesville, VA: University Press of Virginia, 1980), 5-6.

pandemia desde el sudeste asiático hasta Norteamérica. Vimos cómo este virus se desplazaba de un país a otro, de un estado a otro, marchando hacia una pandemia mundial y todo ante nuestros ojos, en directo, en las redes sociales. A medida que el virus se propagaba, la base de datos del genoma también seguía creciendo. Científicos de todo el mundo rastrearon la estructura del ARN del virus a medida que mutaba y cambiaba de una persona a otra. Estas mutaciones permitieron construir una cadena de transmisión, rastrear las infecciones hasta fuentes anteriores, incluso hasta un posible huésped original. Es asombroso que dispongamos de la tecnología y las plataformas abiertas para rastrear en tiempo real la huella digital de un virus a medida que muta y se propaga por todo el planeta.

También fueron asombrosas las formas en que los investigadores médicos pensaron y colaboraron para combatir el virus. ¿Quién nos enseñó a rastrear y detener los virus? ¿Se llevan toda la gloria los teóricos de los gérmenes del siglo XIX? No. ¿Se llevan todo el mérito los vacunólogos del siglo XXI que desarrollaron las vacunas de ARNm? No. Dios se lleva el mérito y la gloria por cada innovación que cura. Parafraseando el chiste de Isaías sobre el origen divino de la agrotecnología, nuestros últimos descubrimientos sobre enfermedades infecciosas también proceden del Señor de los ejércitos, que es maravilloso en consejo y excelente en sabiduría.[61]

Pero la generosidad de Dios puede ser difícil de ver cuando depositamos tanta confianza en la ciencia y la innovación humanas. En abril de 2020, cuando la primera oleada de casos de coronavirus empezó a disminuir en la ciudad de Nueva York, el gobernador Andrew Cuomo se dirigió a los televidentes para

61 Isa. 28:29.

celebrar el trabajo de su administración y la higiene de los neoyorquinos. «La cifra ha bajado porque *hemos* logrado bajar el número. Dios no lo hizo».[62] La implicación es que siempre que ocurre algo bueno en el mundo que no tiene explicación científica, Dios se lleva el mérito. Bien, si eso es lo que quieres —dice el secularista— dale a Dios el mérito de todo lo que no pueda explicarse. Pero lo que logramos, científica y médicamente, al descubrir cómo ralentizar y detener los virus, todo el mérito es nuestro. Nosotros lo hicimos. Redujimos las cifras. No me estoy metiendo con Cuomo. Él es solo un ejemplo reciente del sentimiento natural de un hombre con poca conciencia de Dios, inconsciente de que la única razón por la que podemos luchar contra un virus es que el Creador está hablando activamente y enseñándonos cómo seguir los patrones creacionales. Dios está trabajando para instruirnos en los laboratorios, a través de experimentos y ensayos clínicos. Las urgencias sentidas que impulsan la ciencia incluyen tratar de salvar vidas, salvar la economía y reabrir las economías locales. Pero con nuestra urgencia, Dios nos está enseñando a combatir las enfermedades infecciosas.[63]

Unos meses después, recuperándose del virus en un hospital, el presidente Trump tomó un video para elogiar los nuevos medicamentos experimentales que le habían administrado. «Francamente son milagros, si quieres saber la verdad. Son milagros. La gente me critica cuando digo eso. Pero están ocurriendo cosas que parecen

---

62 «Governor Andrew Cuomo New York Coronavirus Briefing Transcript», rev.com (13 de abril de 2020).

63 «Todas las catástrofes que amenazan u ocurren proceden de Dios, del mismo modo que todos los medios, ocultos en la naturaleza, para prevenir las catástrofes… Ya no debemos retirar la mitad de vida del honor de Dios. No debemos imaginar que la ciencia pueda hacer algo por sí misma, como si de este modo la ciencia hubiera forjado un arma para desafiar a Dios o como si de algún modo hubiera logrado dejar sin poder al rayo de Dios. La ciencia no tiene poder alguno, y no existe ninguna fuerza en la naturaleza que no sea obra de Dios». Kuyper, *Gracia común*, 2:597.

milagros venidos de Dios».[64] Eso es teología sólida. Los productos científicos de vanguardia son dones divinos.

Cuando las vacunas contra el coronavirus comenzaron a distribuirse en Estados Unidos en diciembre de 2020, apenas nueve meses después de que la pandemia se desatara por primera vez en el país, se le preguntó a la Dra. Kathrin Jansen, científica y jefa de investigación de vacunas de Pfizer, si la nueva y rápida vacuna era un milagro. «Podemos llamarlo milagro», respondió. «Pero un milagro siempre tiene un sentido de, simplemente sucedió. No ha ocurrido porque sí. ¿No es así? Fue algo deliberado. Se hizo con pasión. Con urgencia. Era tener siempre a la vista esa enfermedad devastadora».[65] Sí. ¿Pero quizás podamos preservar un lugar para los milagros descubiertos científicamente? ¿O al menos preservar un lugar para los dones de Dios descubiertos científicamente?

Con el envío de vacunas y la controversia arremolinándose sobre la seguridad de las inyecciones rápidamente desarrolladas, el personal de los Institutos Nacionales de Salud se reunió para ser vacunado en directo por televisión. Uno de los últimos en subirse la manga fue el director de los NIH [National Institutes of Health], el Dr. Francis Collins, cristiano. Un momento después de su inyección, subió a un podio para calificar la vacuna, históricamente rápida, como una luz al final de un largo y oscuro túnel llamado COVID-19, «una luz hecha posible por el poder de la ciencia de los NIH y nuestros muchos socios». Como Pfizer. A continuación, cerró la reunión con una oración de gratitud a Dios recitando el Salmo 103:2-5, el famoso salmo que reitera: «Bendice, alma mía, al Señor», con especial énfasis en el Dios

---

64 «President Donald Trump provides update on health, says he'll "beat coronavirus soundly"», *Global News*, youtube.com (3 de octubre de 2020).

65 «How the Pfizer-BioNTech COVID-19 Vaccine Was Developed», *60 Minutes*, youtube.com (20 de diciembre de 2020).

que «sana todas tus enfermedades» y «colma de bienes tus años, para que tu juventud se renueve como el águila» (NBLA).[66] La innovación científica no es nada menos que un don divino.

Ya sea al agricultor en su campo o el epidemiólogo en su laboratorio, el Creador nos instruye a través de los patrones y facultades que puso intencionadamente en Su creación. Así ocurre con los genes, los gérmenes y los géiseres. Mucho antes de que los humanos imaginaran encerrar el vapor para alimentar el siglo xix, géiseres de poderoso vapor brotaban de la tierra. Y Dios estableció los vientos dominantes en todo el planeta: corrientes de aire predecibles y energía aprovechable para mover enormes barcos de madera a través de las vías fluviales para transportar mercancías y explorar tierras.[67] O pensemos en los relámpagos, que crepitan desde el cielo a un ritmo de unos cien por segundo. Dios hace a mano cada uno.[68] Cada rayo cruje con una declaración: «¡Pueden usar esto para dar energía a sus ciudades!». Ben Franklin se cuestionó: «Me pregunto si los rayos son electricidad». Y entonces atrapó míticamente un rayo con una cometa en 1752 y lo demostró. Sí, el rayo es electricidad, y con él, el Creador enseñó a generaciones enteras a fabricar bombillos, a electrificar ciudades y a inaugurar la era de las computadoras, de los *smartphones* y del coche eléctrico. O pensemos en los científicos de la era espacial que aspiran a aprovechar la fusión nuclear para alimentar nuestras ciudades. ¿La fusión nuclear está inspirada en los efectos CGI [Imágenes Creadas por Computadora] de una película de ciencia ficción? No. Como veremos más adelante, esta forma suprema de

---

66 «LIVE: Anthony Fauci, Alex Azar Receive Covid-19 Vaccine in Washington, D.C.», *Bloomberg Quicktake: Now,* youtube.com (22 de diciembre de 2020).
67 William Bates, *The Whole Works of the Rev. William Bates* (Harrisonburg, VA: Sprinkle, 1990), 3:78-79.
68 Sal. 135:7.

energía fue idea de Dios en la combustión de nuestro sol (y de innumerables estrellas mayores que nuestro sol).

Muchas críticas cristianas respecto de la tecnología suponen que toda innovación humana es una imposición inorgánica forzada sobre el orden creado. Yo sugiero una forma de pensar opuesta. Los sacerdotes de la creación, los científicos, descubren patrones en la creación. Luego, los diáconos del descubrimiento, los tecnólogos, explotan esas pautas para el florecimiento humano. En este sentido, toda innovación humana es orgánica. Al margen de las posibilidades de la creación, la innovación humana es imposible. Para que cualquier medicamento, una vacuna o una tecnología funcionen, tienen que seguir un patrón. Nosotros no creamos los patrones. Solo podemos seguirlos a medida que descubrimos nuevos dones divinos.

Balrogs

Cuando Carl Sagan trató de demostrar la hostilidad de Dios hacia la ciencia humana, lo hizo afirmando que a Adán y a Eva se les prohibió el árbol del «conocimiento y la inteligencia».[69] Supuso erróneamente que el árbol prohibido en el Edén era el intento de Dios de mantener al hombre separado para siempre del aprendizaje científico y el progreso tecnológico. Muchos cristianos también caen en este error, suponiendo que Dios se siente amenazado por la conciencia científica del hombre. La lógica defectuosa piensa que si seguimos innovando, seguro que desenterraremos algo prohibido que hará caer la maldición de Dios sobre todos nosotros.

O, por utilizar una metáfora minera mítica, si seguimos excavando más profundamente en este mundo para encontrar nuevas

---

69 Sagan, *Pale Blue Dot*, 53.

innovaciones, acabaremos desenterrando algún nuevo poder nefasto, como los enanos codiciosos que excavaron demasiado profundamente en la tierra en busca de *mithril*, un metal que valía diez veces más que el oro. Aquellos enanos, advirtió el mago Gandalf, «cavaron con demasiada avaricia y demasiado profundo, y perturbaron aquello de lo que huían: el Daño de Durin».[70] Los enanos avariciosos despertaron una pesadilla, un mal monstruoso, un *balrog*. Muchos cristianos también son tecnológicamente tímidos, temerosos de despertar a un *balrog*, como si pudiéramos violar el orden creado y desenterrar algún poder maligno que nunca debimos descubrir. Por el contrario, si Dios no quisiera que descubriéramos algo (materias primas o leyes naturales o poderes potenciales), simplemente no lo codificaría en el patrón de Su creación. Dios establece la altura, la anchura y la profundidad del arenero de nuestros descubrimientos.

Esto se remonta a la intención del Creador. Dios llenó este globo con una distribución precisa e intencionada de minerales y metales y líquidos y gases y presiones atmosféricas y gravedad y oxígeno y agua para producir el mundo que tenemos actualmente. Cada nuevo descubrimiento de los portadores de la imagen de Dios ilumina la mente del Creador en Su diseño de la creación. Pero también pone de relieve la cúspide de Su creación: los propios portadores de la imagen.

La creación existe porque Dios habló. Ninguna otra causa más allá de Su patrón intencional puede explicar las propiedades microscópicas de los cuarks o los volúmenes expansivos de la masa. Solo Dios midió las distancias en el espacio y repartió el volumen de agua y los materiales necesarios en nuestro planeta.[71]

---

70 J. R. R. Tolkien, *El Señor de los Anillos* (Nueva York: Mariner, 2012), 317.
71 Isa. 40:12.

Dios calculó cada centímetro cuadrado de la creación con un equilibrio perfecto y patrones precisos y lo colocó en su lugar para que lo investigáramos y cultiváramos. Este planeta está lleno de sorpresas para nosotros. Pero no para Él.

LEGOs

He aquí una sencilla ilustración. Imaginemos un barril de 200 litros (55 galones) lleno de 60 000 piezas LEGO de todos los tamaños, formas y colores. Con ese barril podríamos construir lo que quisiéramos, un montón de cosas pequeñas o una cosa grande. Podríamos utilizar algunas de las piezas, la mayoría o todas. Luego podríamos desmontar las piezas y reconstruir algo diferente. Para mentes finitas como la nuestra, ese barril representa un número infinito de combinaciones que podríamos imaginar, construir y reconstruir. Las infinitas posibilidades son lo que hace que los ladrillos LEGO cautiven tanto la imaginación humana. Nunca podríamos calcular en nuestras cabezas todos los resultados posibles.

Pero para una mente infinita, ese barril de LEGOs tiene un número muy finito de resultados, todos ellos predecibles. La relación de Dios con la creación no es finita, como si nos diera un barril de piezas que pudiéramos mezclar y combinar para construir cosas que Él nunca hubiera imaginado. Él es infinito, y ya conoce todas las combinaciones, permutaciones y limitaciones de lo que podemos hacer. No solo conoce las posibilidades, sino que también estableció los límites de esas posibilidades. Conoce las realidades que hemos descubierto. Él diseñó las posibilidades que aún no podemos imaginar. Eligió el número exacto, el tamaño, la concentración y el color de cada pieza. Todos los brebajes que creamos se ajustan a los límites de las piezas que Él puso a nuestra disposición. Y estos patrones no solo se aplican a los ladrillos, sino también a la forma en que las piezas se conectan y se mantienen unidas frente a leyes naturales como la gravedad.

El Creador determina lo que debe hacerse, codifica esas posibilidades en la creación y dirige a Sus portadores de imágenes en un proceso dinámico de descubrimiento, innovación y mejora a lo largo de la historia del hombre. Él ya inventó todas las combinaciones de LEGO y luego lanzó todas esas piezas en un barril. Para una mente finita, estas posibilidades parecen infinitas e ilimitadas.

La ilustración del LEGO es una explicación muy simplificada de algo mucho más complejo. El barril de la creación contiene toda la composición material de la tierra y de nuestro universo, y con ella, cada posibilidad latente guiada por cada ley natural. Dios codificó cada patrón y cada límite en la creación. Nuestras inevitables innovaciones están limitadas por las potencialidades del orden creado. El Creador es libre de crear cosas de la nada. Nosotros no podemos. Inventamos dentro de los estrictos límites de las materias primas y las leyes naturales, límites establecidos por el propio Creador. Dios ordena la creación, hasta todos y cada uno de los elementos de la tabla periódica de elementos y su volumen relativo y disponibilidad para nosotros. Solo Dios establece todas las pautas de descubrimiento humano que seguimos. Él pone a nuestro alrededor límites que, francamente, a una mente finita le parecen ilimitados. Pero los límites están ahí, y son inviolables, porque no tenemos acceso a lo que Dios no pone a nuestra disposición.

De la nada

Así que volvemos a lo que significa que Dios haga todas las cosas de la nada. Dios ordena, y todas las cosas aparecen (Sal. 148:5).

Simplemente «llama las cosas que no son, como si fuesen» (Rom. 4:17). Así, «por la fe entendemos haber sido constituido el universo por la palabra de Dios, de modo que lo que se ve fue hecho de lo que no se veía» (Heb. 11:3). Así, el escritor del Apocalipsis, dirigiéndose a Dios, dice que Dios es digno de toda gloria porque «tú creaste todas las cosas, y por tu voluntad existen y fueron creadas» (Apoc. 4:11). La creación existe por una razón fundamental: Dios quiso. Cristo es el creador, porque, por un lado, «todas las cosas por él fueron hechas» y, por otro, «sin él nada de lo que ha sido hecho, fue hecho» (Juan 1:3). Entiende esa doble negación. Sin Cristo no se hizo nada de lo que se hizo. En Cristo «fueron creadas todas las cosas, las que hay en los cielos y las que hay en la tierra, visibles e invisibles; sean tronos, sean dominios, sean principados, sean potestades; todo fue creado por medio de él y para él» (Col. 1:16).

Creatio ex nihilo significa que la creación está segura y a salvo por Dios, no por sí misma. Ninguna actividad humana puede deshacer la estabilidad definitiva de la creación porque, ahora mismo, Cristo «sustenta todas las cosas con la palabra de su poder» (Heb. 1:3). Su sostén global significa que «puesto que el universo no solo ha sido creado de la nada, sino que es mantenido en su ser de creatura a través de la constante interacción de Dios con él», todo el universo material «recibe una estabilidad más allá de cualquier cosa de la que es capaz en su propio estado contingente».[72]

Cristo sostiene la estabilidad del universo con la palabra de Su poder. Cristo es el origen, el sostén y el fin último de la creación. No ha rechazado a Su creación pecadora, sino que la ha redimido. Cristo, el Creador, restaura el sentido y el propósito del universo

---

72 Torrance, *Divine and Contingent Order*, 21.

material de otras tres maneras importantes. Por la encarnación, Cristo entró en Su creación material para confirmar su valor y significado. Con la crucifixión, Cristo puso fin a la tiranía del pecado y la vanidad sobre Su creación. Con la resurrección, Cristo inauguró la nueva creación, restaurando el destino de Su creación material, de nuestros cuerpos y del cosmos mismo. Desde dentro de la propia creación material, Cristo reafirma su valor, la libera e inaugura su *telos* final. En otras palabras, «el fundamento principal de la ciencia, la tecnología, la artesanía y el arte humanos es, por tanto, cristológico».[73]

Explorar todas las implicaciones de la base cristocéntrica de la tecnología requeriría otro libro. Aquí puedo simplemente afirmar el glorioso hecho. Sin Cristo no hay arte, ni ciencia, ni tecnología, ni agricultura, ni microprocesadores, ni innovación médica. Aparte de Cristo, no tendríamos iPhones. Nada de lo que ahora existe, visible o invisible, puede existir si primero no existió en la mente del Creador. Esto abarca todas las cosas visibles (como los elementos raros de la tierra), invisibles (como el alma) y casi invisibles (como los átomos, el ARN y el ADN). Incluye todas las cosas primarias, como la luna y los océanos, y todas las cosas derivadas, como las técnicas agrícolas y las aplicaciones de los teléfonos inteligentes. Aparte de Cristo no hay nada. El valor de todas las cosas es relativo a Él.

Dios no aprende nada. No descubre nada. No investiga como un científico ni experimenta como un bioquímico. No tiene laboratorio de I+D. No necesita pruebas ni errores. Como creador, Dios ya lo sabe todo sobre Su creación, y lo sabe todo sobre Su creación porque Él es la causa y la génesis de todas las cosas que hay en ella. Dios es el genio de la agricultura, no porque sea el

73 Gunton, *Christ and Creation*, 123–24.

observador más antiguo de los trucos agrícolas humanos. Sabe cómo funciona la agricultura porque todo el proceso del grano, desde la labranza hasta la siembra, el riego, la cosecha y la cocción, fue diseñado por Él y dentro de Él. Cuando Dios creó ese modelo, acabamos teniendo tierra, oxígeno, nitrógeno, agua de lluvia y sol. Él nos da el pan de cada día a través de un modelo de vida que inculcó en la creación. La creación produce estos dones.[74]

Así que no pulverices los granos de pan. No los trilles para siempre. Pasa la rueda del carro sobre estos granos con un caballo, pero no los tritures. Y no recojas el eneldo con un trillo. El eneldo se trilla con un palo, y el comino con una vara. Así que el agricultor de eneldo blanquea un palo, y Dios no está observando y asintiendo y pensando: «Oh, interesante. No me lo esperaba». No, incluso las técnicas y herramientas del agricultor fueron codificadas en el orden creado por el propio Creador. El agricultor empuña el palo, y la única manera correcta de hablar de ese palo es que esta técnica y este proceso fueron aprendidos directamente del Creador mismo, de Su maravilloso consejo y excelente sabiduría. Es un arte que se aprende. Los palos de labranza, las varas, las ruedas, los ejes, las palancas, las manivelas, los engranajes dentados y las poleas existían en la mente de Dios antes de que el mundo fuera creado, porque el Creador los modeló todos en sí mismo antes de que brotara la primera semilla.

Mediante Sus modelos intencionados en la creación, Dios hizo surgir la ciencia y la tecnología. La ciencia descubre los modelos. La tecnología explota los modelos. Dios es la génesis de toda la tecnología humana. Esto es válido tanto para las antiguas palas como para las cosechadoras y los tractores actuales. Dios creó las herramientas primitivas y creó tecnologías más avanzadas para

74 Gén. 1:11.

producir alimentos. Dios llenó el barril de LEGO, y nosotros jugamos con las posibilidades. Jugar es la palabra adecuada. La ciencia y la tecnología no son campos abstractos que funcionan por sí mismos, sino el producto de portadores de imagen que utilizan el universo material con la razón, la imaginación y la creatividad. El espíritu lúdico de la creación se refleja en el espíritu lúdico del descubrimiento humano. De modo que cualquier tecnología que traiga prosperidad a este planeta y a nuestras vidas existió primero en la mente de Dios, mucho antes de que se convirtiera en un descubrimiento del inventor, que normalmente se lleva toda la gloria y el dinero.[75]

A la luz del diseño de la creación, no me sorprende que Einstein estallara en un «eufórico asombro ante la armonía de la ley natural, que revela una inteligencia de tal superioridad que, comparada con ella, todo el pensamiento y la acción sistemáticos de los seres humanos son un reflejo totalmente insignificante».[76] El Creador es un ser omnisapiente que llenó intencionadamente la creación de fuerzas y materiales naturales, diseñó intencionadamente todo un reino para el aprendizaje, la exploración y el asombro del hombre. El diseño es tan inteligente que ningún invento humano sorprende al diseñador. Y el diseño es tan intencional que cada patrón cumple los designios eternos del Creador. Así pues, Calvino puede llamar a Dios «inventor solitario» porque ya ha diseñado en sí mismo toda posibilidad tecnológica que pueda imaginarse o producirse en Su creación. Ninguna posibilidad tecnológica, ninguna mezcla de materias primas o materiales sintéticos, puede sorprender a Dios. Él no solo creó las innumerables

75 Petrus Van Mastricht, *Theoretical and Practical Theology* (Grand Rapids, MI: Reformation Heritage, 2019), 2:251-291.
76 Albert Einstein, *The World as I See It*, trad. Alan Harris (Londres: Bodley Head, 1935), 28.

posibilidades de la innovación humana; también creó cada posible inevitabilidad mucho antes del momento de «¡ajá!» del propio inventor. Y si todo invento concebible que podamos imaginar ya estaba diseñado en la mente de Dios desde la eternidad pasada, cada uno de nuestros descubrimientos debería maravillarnos ante la profundidad ilimitada de lo que Él es.[77]

Hoy en día, pocos agricultores trillan el grano con un mayal manual en una era. En su lugar, las gigantescas y verdes cosechadoras John Deere siegan, trillan y avientan en un solo proceso, guiadas por coordenadas GPS, arrastradas por más de 500 caballos de potencia y conectadas a una red automática de soporte inalámbrico. Nuestras tecnologías siempre cambiantes son como los carteles al final de una hilera de maíz que anuncian la semilla que se ha plantado allí. Los carteles no señalan al agricultor, y las tecnologías no señalan a los inventores. Toda la tecnología apunta al inventor de todos los inventores, el que hizo todas las cosas de la nada, y que trazó de antemano los límites de cada uno de nuestros descubrimientos hasta ahora y en el futuro. Innovamos porque Él sigue hablándonos y enseñándonos hoy. Así pues, el fin último de la tecnología (en cualquier época) es remitirnos a la gloria, la generosidad, la majestad y la autosuficiencia del propio Creador. Y el fin último de la tecnología es adentrarnos más en el genio creador de Dios, dirigir nuestros corazones hacia Dios, adorarlo y agradecerle el pan nuestro de cada día. La gloria de Dios es el fin de la creación y el objetivo de todas nuestras innovaciones. Él es digno de nuestras vidas, digno de nuestros mejores inventos, digno de toda alabanza.

---

77 Van Mastricht, *Theoretical and Practical Theology*, 273.

En espera

A pesar de los mayores rendimientos por fanega o del mejor pan para hornear, no adoptamos todas las posibilidades tecnológicas en nuestras vidas. Y el pueblo de Dios tampoco venera a los habitantes de las ciudades de Jabal, Jubal y Tubal-caín. Celebramos a los primeros hombres que evitaron las ciudades: Abraham, Isaac y Jacob. En la Biblia, las ciudades son el lugar donde las personas acumulan y proliferan las tecnologías con el fin de protegerse de Dios.[78] Hoy en día, las ciudades son epicentros de poder tecnológico, que otorgan a cada uno de sus ciudadanos la creciente ilusión de que controlan el mundo. El tecnodominio es la atmósfera de la ciudad, y engendra ateísmo. Solo desde el interior de una ciudad puede el hombre «declararse impunemente dueño de la naturaleza. Solo en una civilización urbana tiene el hombre la posibilidad metafísica de decir: "Yo maté a Dios"».[79] Por eso, los hijos fieles de Dios han evitado a menudo las ciudades.

Mucho más se dirá sobre las ciudades más adelante. Pero Babel es un prototipo de lo que mejor hacen las ciudades: crean altares para que el hombre adore al hombre. Y, sin embargo, después de acabar con esta única ciudad, Dios llenó el mundo de otras metrópolis: Tokio, Delhi, Shanghái, El Cairo, Pekín, Nueva York, Estambul y Moscú. La mayoría de nosotros vivimos ahora en ciudades. Pero incluso cuando gravitamos hacia los grandes centros urbanos, las Escrituras nos señalan una ciudad mejor por venir.[80]

Y así esperamos. La espera es pertinente en nuestra era de maravillas tecnológicas. La fe está viva en una persona que ve

---

78 Daniel J. Treier, «City», *Evangelical Dictionary of Theology*, ed. Daniel J. Treier y Walter A. Elwell (Grand Rapids, MI: Baker Academic, 2017), 190.

79 Jacques Ellul, *The Meaning of the City* (Eugene, OR: Wipf & Stock, 2011), 16.

80 Apoc. 21:1-4.

los avances de la humanidad (las ciudades, las innovaciones y la tecnología futura) y aún espera una ciudad invisible por venir. El cristiano vive entre el «ya» y el «todavía no» de nuestra salvación, un alegre deleite en nuestra salvación presente con una expectativa esperanzada de una ciudad celestial venidera hecha por Dios. Más adelante nos ocuparemos más detenidamente de esta nueva ciudad. Pero la historia de la creación de Dios es Su obra para crear un pueblo, y creará una ciudad deliciosa para que Su pueblo pueda disfrutar de Su ciudad creada para siempre, y para que pueda deleitarse en la alegría de Su pueblo mientras se deleita en lo que ha hecho.[81]

Así que ahora nos enfrentamos a la pregunta: ¿Estoy obsesionado con las tecnologías terrenales y las ciudades terrenales diseñadas y construidas por la innovación de hombres y mujeres? ¿O mi esperanza está puesta en una ciudad venidera, diseñada y construida por Dios mismo? Babel nos muestra con qué facilidad los pecadores fijamos nuestras aspiraciones inmediatas en los productos de nuestra propia innovación y creatividad. Abraham nos muestra un camino diferente, el camino de la fe. Y nos muestra por qué, incluso en esta era de innovación, deberíamos sentir una incomodidad de bajo grado. No nos sentimos en casa en esta era tecnológica.

Para llevar

La tecnología representa una parte importante del drama de la historia de la humanidad. Pero tiene límites. Pronto veremos lo que la tecnología no puede lograr. Pero antes deberíamos extraer algunas conclusiones de este punto del debate.

---

81 Isa. 65:18-19.

1. Solo descubrimos lo que Dios infundió en la creación.

A los humanos se nos da muy bien soñar e hipotetizar sobre posibilidades fantasiosas de lo que podría ser, pero todas esas ideas se limitan a lo que es posible dentro del orden creado. La humilde verdad es que los humanos «no pueden introducir nada en la naturaleza; solo pueden derivar cosas de la naturaleza, ya que no es el hombre sino Dios quien hace que esté presente en la naturaleza y quien creó la naturaleza». Solo la intención de Dios puede hacer posible el descubrimiento científico. Dentro de esa historia de innovación está la realidad de que «los seres humanos trabajaron durante muchos siglos con herramientas extremadamente inadecuadas, mientras que todo lo que necesitábamos para el avance de nuestra empresa estaba a nuestros pies todo el tiempo, por así decirlo. Pero no somos conscientes de ello; en efecto, estamos ciegos». Hasta que en algún momento, en el momento oportuno de Dios, nos señala una nueva innovación o descubrimiento. Y entonces «la ciencia y el saber comienzan a jactarse de sus descubrimientos y a darse aires de haber sido ellos los que realmente lo han logrado, aunque con todos sus descubrimientos no podían crear ni producir nada; solo podían trabajar con poderes que habían descubierto tal como habían sido creados por Dios».[82] Esta es la trama básica de la innovación humana.

A cada paso en la innovación tecnológica, los nuevos avances nos permiten vislumbrar la mente del Creador. Si los descubrimientos humanos no son más que el modo en que descubrimos las posibilidades latentes y las inevitabilidades codificadas en la creación, deberíamos maravillarnos, no de la innovación humana, sino del Creador. Cuando los hermanos Wright consiguieron por fin que su avión cubierto de tela rozara la superficie

---

82 Kuyper, *Gracia común*, 2:586.

terrestre durante unos cientos de metros, Dios no estaba sentado disfrutando de una novedosa innovación humana. Y no estaba observando el resultado final de un avión que podría atribuirse simplemente a años de ensayos y errores, victorias y fracasos. No. En ese momento, estaba viendo a los humanos aplicar algo que se había explicado 165 años antes con el efecto Bernoulli, otro descubrimiento de los patrones codificados en la creación para que los descubriéramos y utilizáramos más tarde. ¿Cómo volaron los hermanos Wright en 1903? ¿Cómo podemos volar hoy? Porque el Creador nos lo enseñó.

Por eso el evolucionista Kevin Kelly puede decir: «El *technium* no puede hacer todos los inventos imaginables ni todas las ideas posibles. Más bien, el *technium* está limitado en muchas direcciones por las restricciones de la materia y la energía».[83] Sí, pero debemos añadir que estas restricciones son dadas por Dios.

Si inventamos algo que mejora nuestras vidas, es gracias a la gracia común de Dios, que creó esa posibilidad en la creación desde el principio de los tiempos y, mediante Su Espíritu, creó a las personas para que trabajaran en pos de un descubrimiento en el momento oportuno del Creador. Cuando hacemos un descubrimiento tecnológico, simplemente aprendemos lo que Dios ya sabía desde el principio. Descubrimos las posibilidades latentes y las inevitabilidades codificadas por el Creador en la creación. ¿Qué millones de posibilidades en este planeta y en la exploración espacial quedan por descubrir?

---

83 Kelly, *What Technology Wants*, 119.

2. Dios envía la innovación a través de genios y de manera inevitable.

Los debates sobre el origen de las innovaciones humanas han dado lugar a dos teorías dominantes. Algunos apoyan una «teoría heroica de la invención» y afirman que las nuevas innovaciones proceden de los genios que las descubren. En otras palabras, un descubrimiento no se produciría sin un descubridor único, como un Einstein o un Edison. Otros defienden la teoría del «descubrimiento múltiple» o de la «invención simultánea» y afirman que, en cualquier momento dado del desarrollo de un árbol tecnológico, hay un tiempo justo para un descubrimiento inevitable, tan inevitable que varias personas harán el mismo nuevo descubrimiento, de forma independiente, a distancia, más o menos al mismo tiempo.[84]

El difunto cosmólogo Stephen Hawking no era religioso, y sus conceptos de Dios existían en un plano científico abstracto e impersonal. Sin embargo, al final de su vida dijo: «Conocer la mente de Dios es conocer las leyes de la naturaleza».[85] Eso es absolutamente cierto, si no exhaustivamente cierto. A medida que descubrimos las leyes naturales, y lo que esas leyes hacen posible o imposible, hacemos más descubrimientos sobre los patrones de la creación puestos ahí por el Creador mismo. Thomas Edison, un inventor que obtuvo más de mil patentes a lo largo de su ilustre carrera, entre ellas la bombilla incandescente, el fonógrafo, la pila alcalina y el fluoroscopio de rayos X, hizo una observación similar. Edison era un librepensador, más agnóstico que creyente. Pero creía en la naturaleza y una vez admitió: «No tengo imaginación. Nunca sueño. Mis supuestos inventos ya existían en el medio

---

84 Véase un excelente estudio de las innovaciones simultáneas en Kelly, *What Technology Wants*, 131-55.

85 Stephen Hawking, *Brief Answers to the Big Questions* (Londres: Bantam, 2018), 28.

ambiente. Solo los tomé. No he creado nada. Nadie lo hace. No existe ninguna idea que nazca del cerebro. El trabajador de la industria lo obtiene del entorno».[86] Entonces, ¿dónde se originan los inventos, si no es en la cabeza del inventor? Son seducidos desde la creación. Vienen del barril de LEGO y a menudo son construidos al mismo tiempo por varios inventores.

Isaías 28:23-29 es un gran ejemplo de invención simultánea. El agricultor no era un inventor heroico. No era Einstein. Ni siquiera era uno de los famosos tataranietos de Caín. Era un simple agricultor, y Dios le enseñó a arar, sembrar y cosechar. El texto implica que Dios estaba enseñando a miles de otros agricultores las mismas habilidades, al mismo tiempo, en todo el mundo, y tal vez a través de herramientas más avanzadas o rudimentarias. Dios establece el momento en que se descubren las innovaciones.

La energía de vapor se comprendió mucho antes de que se pusiera en funcionamiento por primera vez en 1712. Pero no hay ninguna razón por la que la energía de vapor no pudiera haberse aprovechado de esta forma siglos antes, escribe Kuyper. El largo retraso del vapor «muestra conmovedoramente cómo es Dios mismo quien guía todos los asuntos humanos, dando a la civilización humana un impulso totalmente nuevo solo cuando, según Su consejo, estaba destinado a suceder».[87] El calendario de nuestras inevitables innovaciones espera el calendario de Dios. Solo Dios gobierna el volumen, la velocidad y el calendario de nuestros descubrimientos científicos y tendencias tecnológicas.

Esto es cierto en la era digital. Cuando le preguntaron por qué creó Twitter, el cocreador y CEO Jack Dorsey admitió que no lo hizo. Twitter «no fue algo que realmente inventamos», dijo, «fue

---

86 Edmund Morris, *Edison* (Nueva York: Random House, 2019), 12.
87 Kuyper, *Common Grace*, 3:498.

algo que descubrimos». Él y su equipo se limitaron a desplegar la tecnología de los primeros SMS, utilizada en los mensajes de texto, para difundir mensajes de texto no a unos pocos elegidos, sino a un número ilimitado de personas. El pequeño equipo de Twitter empezó a utilizar la nueva tecnología para informarse en directo del paradero de los demás cuando estaban fuera de la oficina. «Era una sensación increíble saber que yo enviaba una actualización y que podía zumbar en el bolsillo de alguno de mis amigos, que la sacaban y entendían (en ese momento, inmediatamente) por lo que estaba pasando, lo que estaba pensando». La conexión instantánea unió al equipo. «Fue eléctrico. Nos pareció muy poderoso». Pero la potente plataforma digital no surgió de la nada, *ex nihilo*. Twitter fue descubierto. A su debido tiempo, Twitter fue inevitable.[88]

Entonces, ¿qué teoría es la correcta: la teoría heroica de la invención o la invención simultánea? Las Escrituras parecen zanjar el debate mostrando cómo ambas operan simultáneamente. En el linaje de Caín, vemos lo heroico con individuos selectos que marcan la génesis de nuevos campos de innovación humana. Y en el antiguo agricultor vemos lo *simultáneo*, con agricultores desconectados de todo el mundo descubriendo nuevas prácticas agrícolas al mismo tiempo. Dentro de la línea de tiempo de Dios para la invención humana, ambas teorías funcionan en concierto.

3. El progreso tecnológico se mueve a lo largo de los carriles guía de posibilidades del Creador.

Los descubrimientos múltiples se producen cuando los seres humanos se inspiran en la creación, a menudo al mismo tiempo, pero no siempre en el mismo lugar. El largo proceso de la ciencia humana,

---

88 «Jack Dorsey on Twitter's Mistakes», pódcast *The Daily*, 7 de agosto de 2020.

la ingeniería y el avance tecnológico se desarrollan a medida que el hombre emplea sus poderes intelectuales para leer las posibilidades inherentes al orden creado. Dios da al hombre las facultades intelectuales para descubrir las posibilidades de la creación, y pensamiento a pensamiento y experimento a experimento, la ciencia, la ingeniería y la tecnología avanzan. Los nuevos descubrimientos no son accidentes, ni mero producto de la genialidad humana. Dios gobierna la historia del progreso tecnológico estableciendo los carriles guía de la posibilidad en la creación a través de la escasez y la abundancia de materias primas y de los límites de la ley natural. En primer lugar, el Creador establece los límites del cajón de arena y, a continuación, revela al hombre las herramientas para excavar, descubrir y diseñar en su interior.

Aquí es donde los evolucionistas darwinistas resultan muy útiles, porque aunque niego que su teoría sea una forma adecuada de entender la historia biológica, creo que los evolucionistas nos dan el lenguaje adecuado para hablar de evolución tecnológica. Las tecnologías se construyen a través de la evolución combinatoria. Las tecnologías antiguas se funden en tecnologías nuevas, pero también evolucionan según la «captura y aprovechamiento constantes de los fenómenos naturales». Toda innovación humana contribuye a aprovechar o resistir las leyes naturales. «Una tecnología siempre se basa en algún fenómeno o tópico de la naturaleza que puede explotarse y utilizarse para un fin». Es una afirmación bastante obvia pero realmente notable en sus implicaciones cuando Arthur dice: «Si hubiéramos vivido en un universo con fenómenos diferentes, habríamos tenido tecnologías diferentes».[89] Las pautas naturales de *esta creación* condujeron a *estas* tecnologías que ahora tenemos entre manos.

89 Arthur, *Nature of Technology*, 22, 46, 172.

Así, el evolucionista Kevin Kelly afirma: «Nuestro papel como humanos, al menos por el momento, es persuadir a la tecnología para que siga los caminos que quiere seguir de forma natural».[90] La innovación humana es como una presa de inevitabilidad, «como el agua detrás de un muro, un impulso increíblemente fuerte reprimido y esperando a ser liberado».[91]

El potencial de la creación no significa que los descubrimientos tecnológicos estén libres de los deseos pecaminosos del hombre. Nunca lo están. Sin embargo, de la propia creación surge la inspiración que necesitamos para nuevos descubrimientos. Desde los primeros capítulos del Génesis, los seres humanos respondieron a la creación creando nuevas industrias. Nuestro impulso nativo de cultivar la creación parece funcionar en concierto con una fuerza contenida en el interior de la creación que suscita nuevos descubrimientos. Las posibilidades de la creación ordenan nuestro comportamiento y dan forma a nuestras técnicas. La creación encierra una especie de proyecto para la innovación humana y un calendario ordenado de cuándo surgirán ciertas innovaciones. Inventamos porque la propia creación suscita en nosotros ciertas invenciones en el momento oportuno.

La tecnología humana solo es posible gracias a las posibilidades de la creación. Llámalo «descubrimiento», llámalo «invención», llámalo «innovación»: los comportamientos humanos son precodificados en la creación por el Creador y descubiertos por los humanos a través de la experimentación.

Dios y Su creación esperan nuestra innovación. En el Salmo 104:14-15 se nos dice que el Creador hizo que las plantas surgieran de la tierra para que tuviéramos pan, vino y aceite,

---

90 Kelly, *What Technology Wants*, 269.
91 Kelly, *What Technology Wants*, 273.

porque Dios pretende alegrar, vigorizar y fortalecer nuestros cuerpos. El objetivo de Dios comenzó con tres dones orgánicos (grano, uvas y aceitunas). A cada don corresponde un resultado (pan, vino y aceite). Entre el don y el resultado está el proceso o la técnica humana (cocción, fermentación y prensado). El Creador se lleva todos los elogios por los efectos de nuestro pan, vino y aceite (para alegrar, vigorizar y fortalecer nuestros cuerpos), no solo porque diseñó los ingredientes crudos que necesitábamos, sino porque cultivó exactamente las plantas adecuadas para producir estos refrescantes resultados finales. Las técnicas humanas que utilizamos para producir los resultados finales fueron codificadas por el Creador en la propia creación. Los recursos naturales y las leyes naturales son guías que limitan nuestras posibilidades innovadoras y moldean providencialmente la trayectoria de las innovaciones que mejor funcionan. Así que es totalmente correcto decir que las técnicas agrícolas del agricultor se aprendieron directamente del Creador a través de la creación. Lo mismo podemos decir del panadero, el vinicultor y el fabricante de aceite de oliva. La voz del Creador, que se escucha en la creación, suscita las habilidades humanas.

4. La creación es un parque infantil de código abierto para público adulto.

Dios creó la tierra y la llamó buena. Disparó electricidad por el cielo, esparció depósitos de uranio por el suelo e introdujo códigos genéticos en las células. La termodinámica fue Su idea, la fusión nuclear Su diseño y los suplementos de nitrógeno Su provisión. Toda esta tecnología estaba destinada a ser descubierta. Para bien o para mal (y pronto hablaremos del mal), el Creador nos entregó una creación de código abierto. Nos dotó de la tabla periódica de los elementos y de lo que nos parece un número infinito de formas de mezclar y combinar elementos del orden creado. Este mundo está cargado —y da un poco de miedo— de posibilidades. El Creador nos dio fuego, electricidad, carbón, cobre, hierro meteórico, lodo de petróleo, uranio y el genoma para investigar. Si el descubrimiento humano dentro de alguna de estas zonas te inquieta, debería. Tuve la misma sensación la primera vez que alguien puso un rifle en mis manos cuando era pequeño en una granja para disparar a blancos. La sensación de estar mal preparado para el poder potencial que poseía me recuerda a los seres humanos que poseen los poderes de la nueva innovación. Somos niños pequeños finitos, a los que no se nos ha dado simplemente un barril de LEGOs o un rifle cargado, sino un montón de granadas de mano. Se nos han confiado poderes explosivos que pueden destruir cuerpos y mutilar la creación. Ejercemos poderes que requieren gran diligencia y sabiduría.

Y, sin embargo, estamos hablando sobre todo de materiales al alcance de palas, retroexcavadoras y plataformas de perforación. No puedo imaginar lo que se infunde en las profundidades de este globo, por no hablar de los mundos que nos rodean: nueva energía y nuevos metales para que miles de millones de seres humanos florezcan en este planeta, y en otros planetas, en los siglos venideros. La forma correcta de hacer nuevos descubrimientos no es con el puño codicioso sino con la mano abierta, como si se recibiera un regalo.

5. La tecnología nace del polvo y vuelve al polvo.

Tanto si se trata de traer el cordero para la ofrenda como de crear el vino y el pan que se utilizan en la Santa Cena, incluso los actos creativos más sagrados del hombre son fundamentalmente actos de destrucción. Nosotros creamos, y por eso los animales, las uvas y el grano deben morir.[92] Pero la mayoría de nuestras tecnologías están hechas de lo inanimado, tomadas de la suciedad de las materias primas de esta tierra (excavadas, refinadas e innovadas por los cuidadores de la tierra, nosotros). Nuestra tecnología, como nosotros mismos, procede de la tierra y volverá a ella convertida en polvo. Los inventos no son eternos, sino que brotan de un árbol tecnológico en la línea temporal de la creación. Cada uno de ellos comparte un ciclo vital, similar al de los humanos. La creación de Adán y Eva por parte de Dios fue un paradigma de la innovación humana. Adán y Eva fueron tomados de la tierra, se les dio vida de Dios, y se les ordenó trabajar la tierra. Debido a su pecado, sus cuerpos volverán a entrar en la tierra.

Nuestros aparatos vienen de la tierra y, por así decirlo, les damos vida. Lo ideal sería que esas tecnologías sirvieran para el florecimiento de la humanidad antes de que acabaran volviendo a la tierra o recicladas en otra cosa. Pero un ciclo de futilidad empaña todas nuestras innovaciones. Eclesiastés habla de nuestra era tecnológica cuando nos dice: «¿Qué es lo que fue? Lo mismo que será. ¿Qué es lo que ha sido hecho? Lo mismo que se hará; y nada hay nuevo debajo del sol» (Ecl. 1:9). No podemos escapar a la futilidad. Ninguna de nuestras tecnologías escapará al encanto del poder humano sobre todas las cosas. Estamos ciegos a nuestra propia vanidad a través del espejismo del progreso tecnológico. No avanzamos, sino que damos vueltas en un bucle de nada nuevo que no puede redimirnos. La honesta realidad que debería regir nuestras aspiraciones (junto con nuestros consumos) es que todas nuestras innovaciones se dirigen en última instancia a un centro de reciclaje o a un vertedero. No pueden servir como objetos de la esperanza perdurable de nuestro corazón.

---

92 Gunton, *Christ and Creation*, 125.

6. La provisión de Dios es visible en lo microscópico.

El ciclo de vida de la innovación no significa necesariamente que las nuevas tecnologías generen más residuos. En cierto sentido, la tecnología nos hace menos dependientes de ciertas materias primas a granel. Pensemos en los discos de vinilo sustituidos por casetes sustituidos por CD sustituidos por MP3 intangibles. Y, sin embargo, a medida que nuestros avances tecnológicos se reducen a la nada digital, perdemos de vista realidades creadas y damos por sentados los recursos físicos que necesita el planeta.

El 31 de mayo de 1988, el presidente Ronald Reagan viajó a Rusia para ayudar a que cayera el Muro de Berlín (y así fue, a mazazos, diecisiete meses después). Pero en ese viaje, Reagan argumentó que el muro tenía que caer porque toda la humanidad estaba al borde de una «revolución tecnológica» mundial, como él la llamaba, una revolución del «minúsculo chip de silicio, no mayor que una huella dactilar», un chip que podría sustituir a salas llenas de viejos sistemas informáticos. La humanidad estaba a punto de experimentar un tecnorrenacimiento. «Como una crisálida, estamos saliendo de la economía de la Revolución Industrial, una economía confinada y limitada por los recursos físicos de la tierra, y entrando en una economía mental», dijo. «Pensemos en ese pequeño chip de ordenador. Su valor no está en la arena de la que está hecho, sino en la arquitectura microscópica diseñada en él por ingeniosas mentes humanas... en la nueva economía, la invención humana hace cada vez más obsoletos los recursos físicos. Estamos traspasando las condiciones materiales de la existencia hacia un mundo en el que el hombre crea su propio destino».[93]

93 Ronald Reagan, «Remarks and a Question-and-Answer Session with the Students and Faculty at Moscow State University», reaganlibrary.gov (31 de mayo de 1988).

Los acontecimientos no estaban desvinculados. La democratización del chip informático en las computadoras personales y luego en los *smartphones* condenaría al comunismo.[94] Pero las audaces palabras de Reagan se hacen eco de una falsa suposición sobre las microtecnologías: que a medida que nuestra tecnología se hace más pequeña, los propios elementos naturales pierden importancia. Creo que esta lógica es errónea. En primer lugar, la reducción de la tecnología nunca disminuye la demanda de recursos naturales. Aunque nuestros aparatos se reduzcan, generamos montañas de residuos electrónicos cada año. En segundo lugar, aunque la tecnología se encoge, nunca trascendemos la riqueza de los recursos naturales de la tierra. Al contrario, los apreciamos más, especialmente los elementos más raros. Las microinnovaciones no disminuyen la creación, sino que nos hacen más dependientes de los elementos más preciados de la tierra. La nueva tecnología crea la necesidad de más minas, no de menos.

Pensemos en las glorias materiales en pequeñas proporciones, como microhilos metálicos de cuatro micrómetros de diámetro, que son recubiertos con un polímero resistente a la corrosión y clavados en la superficie del cerebro para hacer posibles las interconexiones neuro-máquina. O pensemos en el *smartphone*. El iPhone toma sus señales de posibilidad del orden creado. Desde la pantalla hasta la batería, pasando por el procesador, el sonido o la carcasa, cada *smartphone* combina más de sesenta elementos.[95] En palabras de un amigo de la industria tecnológica: «Me parece increíble que todos esos elementos oscuros de la tabla periódica que tuve que aprender en la clase de química

---

94 Harari, *Homo Deus*, 377.
95 Véase Andy Brunning, «The Chemical Elements of a Smartphone», compoundchem.com (19 de febrero de 2014); y Jeff Desjardins, «The Extraordinary Raw Materials in an iPhone 6s», visualcapitalist.com (8 de marzo de 2016).

en el instituto en 1977, una tarea que entonces parecía inútil, sean ahora fundamentales en la era de los *smartphones*. Y los elementos estaban ahí desde el principio. Dios creó un vasto mundo de elementos diversos, petróleo crudo y silicio, a pesar de que durante casi toda la historia apenas se utilizaron». Y si no podíamos predecir el iPhone hace cuarenta años, imaginemos lo que nos espera en el futuro. Sean cuales sean las maravillas tecnológicas que nos aguardan, ya están latentes en la tabla periódica, en la tierra, en el cajón de arena que Dios nos dio.

En la disponibilidad de microelementos, puede que seamos incapaces de concebir límites a nuestras posibilidades innovadoras. Pero los límites persisten. Y por pequeñas que sean nuestras tecnologías, no podemos perder de vista los elementos materiales que hacen posible cada nuevo logro en primer lugar.

7. La tecnología es un regalo de Dios a la humanidad para hacer retroceder la maldición.

Un agricultor sabe mejor que nadie que la tecnología es un regalo de Dios para hacer retroceder la maldición. Recuerda la maldición que Dios pronunció sobre Adán, que maldijo la agricultura y a todos los agricultores que nacieran después:

> [17] Y al hombre [Adán] dijo [Dios]: Por cuanto obedeciste a la voz de tu mujer, y comiste del árbol de que te mandé diciendo: No comerás de él; maldita será la tierra por tu causa; con dolor comerás de ella todos los días de tu vida. [18] Espinos y cardos te producirá, y comerás plantas del campo. [19] Con el sudor de tu rostro comerás el pan hasta que vuelvas a la tierra, porque de ella fuiste tomado; pues polvo eres, y al polvo volverás. (Gén. 3:17-19)

¿Cómo lidiar con las espinas y los cardos? Esta es una de las novedades tecnológicas de la historia de la agricultura. Las nuevas técnicas agrícolas nos ayudan a arrancar cosechas de la corteza maldita.

En el jardín, Adán y Eva disponían fácilmente de alimentos. Después de la caída, la comida sería arrancada de la tierra con gran sudor y trabajo. Aquí es donde vemos la gracia de Dios al enseñar al agricultor en Isaías 28. La tecnología es un don que nos hace retroceder los efectos de la caída. De hecho, «el impulso de prácticamente toda la actividad humana nace de la necesidad de combatir el pecado o sus efectos».[96] Esta es la gracia común de Dios en nuestra innovación humana. Dios puso este universo, y nuestros propios cuerpos, bajo una maldición para que pudiéramos vivir con la esperanza de la resurrección.[97] Por Su gracia, también nos dejó posibilidades innovadoras como regalo misericordioso para resistir algunos de estos efectos, sanar parte de la creación que está rota y darnos nuevas formas de gestionar el dolor de la vida en un universo caído.

Jesús nos recordó que Dios «hace salir su sol sobre malos y buenos, y que hace llover sobre justos e injustos» (Mat. 5:45). Todas las cosas buenas de la creación son bendiciones de la mano de Dios. ¿Podemos extender esta benevolencia a las tecnologías que construimos a partir de la creación? Si es así, a través de nuestras mejores tecnologías, Dios derrama bendiciones sobre justos e injustos en forma de electricidad, televisores, coches, *jets*, ordenadores, Internet, aire acondicionado, analgésicos, café expreso y toda la cocina internacional que puedas imaginar. Nuestro exceso de bendiciones muestra maravillosamente la bondad de Dios para con los pecadores que soportan esta existencia caída.

96 Kuyper, *Gracia común*, 2:582.
97 Rom. 8:18-25.

8. Las tecnologías permanecen bajo la inutilidad de la maldición.

La tecnología puede contribuir a hacer retroceder la maldición, pero, de nuevo, la tecnología sigue estando bajo la maldición. La tecnofutilidad es ineludible. ¿Qué significa esto para nosotros?

La innovación humana está cargada de ironías. Si cavas un pozo, puedes caerte dentro.[98] Si extraes piedras, pueden rodar sobre ti y aplastarte. Si partes troncos, el hacha puede cortarte un miembro.[99] O, como dijo Paul Virilio: «Cuando se inventa el barco, también se inventa el naufragio; cuando se inventa el avión, también se inventa el accidente aéreo; y cuando se inventa la electricidad, se inventa la electrocución… Cada tecnología conlleva su propia negatividad, que se inventa al mismo tiempo que el progreso técnico».[100] Este es el peligro de nuestra creación de código abierto. Todo nuestro progreso tecnológico permanece bajo la maldición. Entonces, ¿deberíamos dejar de crear tecnologías? Entonces, ¿el mundo sería más seguro? No. Aunque Virilio tiene razón, la realidad es que las muertes relacionadas con el cielo se remontan a antes de los inventos de los vuelos, a asteroides y volcanes anteriores a los hermanos Wright (pensemos en Pompeya). El ahogamiento por inundación catastrófica es anterior al *Titanic* (pensemos en el diluvio). Y la muerte por la caída de un rayo es anterior a la electrificación de las ciudades (pensemos en los incendios forestales). La maldición de la creación es milenios anterior a Chernóbil. Los peligros mortales, en todas direcciones, son las consecuencias de la vida en el mundo caído, tanto si creamos inventos como si no.[101]

---

98 Sal. 7:15.

99 Ecl. 10:8-10.

100 Paul Virilio, *Politics of the Very Worst* (Cambridge, MA: MIT Press, 1999), 89.

101 También suele ocurrir con las innovaciones más antiguas. Como dijo Spurgeon en una época temerosa de los trenes: «Si nunca se hubiera conocido la máquina de vapor, y si nunca se hubiera construido el ferrocarril, habría habido muertes repentinas y accidentes

Los pesimistas de la tecnología dirán que las nuevas innovaciones siempre introducen más problemas que soluciones. Los optimistas dirán que las mejores innovaciones resuelven más problemas de los que crean. Pero ambos coinciden en que las nuevas innovaciones traen consigo nuevos problemas y complejidades. Eso forma parte de la maldita realidad de la vida en la caída. Por eso, aunque la tecnología es un don de Dios para ayudarnos a lidiar con los dolores cotidianos de la vida, al final esas mismas tecnologías nos recuerdan que seguimos viviendo bajo la maldición. En Su soberanía, Dios sabía que los potenciales que cargó en la creación introducían tanto recompensas como riesgos. Eso se debe a que, en el proceso de inventar tecnologías constructivas, Sus portadores de imagen caídos también descubrirán tecnologías destructivas. Como vimos en el último capítulo, Dios es soberano incluso sobre las tecnologías dañinas, aunque las consecuencias morales no recaen sobre el Creador, sino sobre quien las usa. Parte de la maldición que nos vemos obligados a cargar en este planeta caído y tecnológicamente avanzado es que no podemos desinventar nada.

9. Los avances de vanguardia llegarán sobre todo a través de los que rechazan a Dios.

Que los avances se deben al rechazo de Dios aparece directamente en Génesis 4. En la «lista de héroes antediluvianos que fundaron las artes de la civilización humana, la construcción de ciudades, el pastoreo, la metalurgia y la música» vemos un vínculo: «La urbanización y el nomadismo, la música y la metalurgia» están

---

terribles, a pesar de todo. Al retomar los viejos registros en los que nuestros antepasados anotaron sus accidentes y calamidades, encontramos que la vieja diligencia producía un botín tan pesado de muerte como el veloz tren». C. H. Spurgeon, *The Metropolitan Tabernacle Pulpit Sermons*, vol. 7 (Londres: Passmore & Alabaster, 1861), 481.

vinculados al linaje de Caín, lo que sugiere que «todos los aspectos de la cultura humana están contaminados de algún modo por el pecado de Caín».[102] Sí, la tecnología primitiva estaba contaminada por el pecado de Caín. Pero eso no disminuye el hecho de que Dios introdujera esos avances industriales en la historia de la humanidad por el linaje de Caín, por Su propia misericordia e intención protectoras.

Demasiados cristianos malinterpretan este punto. Las aspiraciones urbanas de Caín no fueron su desvío «para tomar el camino equivocado, donde cada paso lleva más lejos de Dios», ni su «piratería prepotente de la creación».[103] Todo lo contrario. El linaje de Caín fue preservado divinamente y elegido para impulsar la innovación humana. El refinamiento genético, la metalurgia y la música (una tríada de innovaciones que cambiaron para siempre el curso de la historia de la humanidad y de cada una de nuestras vidas) fueron el propósito mismo de preservar el linaje de Caín. En las contundentes palabras de Juan Calvino:

> Sepamos, pues, que los hijos de Caín, aunque privados del Espíritu de regeneración, estaban, sin embargo, dotados de dones nada despreciables; del mismo modo que la experiencia de todas las épocas nos enseña cuán ampliamente han brillado los rayos de la luz divina sobre las naciones incrédulas, en beneficio de la vida presente; y vemos, en la actualidad, que los excelentes dones del Espíritu se difunden por todo el género humano.[104]

---

102 Gordon J. Wenham, *Genesis 1–15*, vol. 1, Word Biblical Commentary (Dallas: Word, 1998), 110–11.

103 Ellul, *Meaning of the City*, 5–7.

104 Juan Calvino y John King, *Commentary on the First Book of Moses Called Genesis*, vol. 1 (Bellingham, WA: Logos Bible Software, 2010), 217–18.

El principio del linaje de Caín sigue siendo válido hoy en día. El Espíritu derrama generosamente Su brillo innovador sobre aquellos que no confían en el Dios vivo ni lo valoran.

En la cúspide de su gloria nacional, el pueblo de Dios nunca fue reconocido por ninguna proeza de la ciencia o la ingeniería. Los barcos de Israel «eran insignificantes comparados con las flotas de Tiro y Sidón». Los egipcios, asirios, babilonios, persas, griegos y romanos «superaban a Israel en todos los campos de la ciencia y la aptitud tecnológica». En nombre del mundo, Israel contribuiría con su Salvador, no con sus últimos avances mecánicos. Las innovaciones de hoy pueden provenir del pueblo de Dios, pero en general, «los dones y talentos para el desarrollo humano general se dispensan en mucha mayor y más fuerte medida a los hijos del mundo que a los hijos de la luz».[105] Eso era cierto en Génesis 4, y lo sigue siendo hoy.

En Su sabiduría, Dios elige enviar las ideas e innovaciones más poderosas a este mundo principalmente a través de los que rechazan a Dios, a través de agnósticos y ateos y deístas que se aferran a alguna apariencia de religión (como hizo Caín en su ofrenda). Pero por la razón que sea, Dios ha elegido no enviar muchos avances tecnológicos a través de Su novia, la Iglesia. El despertar espiritual y la proeza innovadora, ambos obra del Espíritu de Dios, rara vez van unidos en la economía del plan de Dios.

Esta es la más alta ironía humana: poseer una creciente riqueza de conocimiento del Creador y usar esos poderes de innovación para descubrir los patrones del Creador en Su creación; mientras que utilizan el fruto de esas innovaciones para deshonrar a Dios a través del orgullo, la codicia y la búsqueda de poder. Muchas

---

105 Abraham Kuyper, *Pro Rege: Living under Christ's Kingship* (Bellingham, WA: Lexham Press), 1:168, 171.

de las mentes más grandes e inventivas pertenecen a verdaderos cretinos, traidores y abusadores que desgastan a sus cónyuges, cansan a sus hijos y agotan a sus colegas y empleados.

Así que si me dijeras que muchos de los grandes descubridores, físicos, inventores y gurús de las *startups* de Silicon Valley son un montón de narcisistas egocéntricos que buscan fama, poder, riqueza y prestigio, te diría que sí. «Así es, tal cual». No digo que no haya excepciones maravillosas; digo que no debería sorprendernos que su arrogancia sea la norma. Aún podemos glorificar a Dios por la innovación que llega a través de incrédulos extraordinariamente dotados y poderosos, porque la gracia común del descubrimiento tecnológico sigue fluyendo especialmente espesa a través de los no cristianos.

El pueblo de Dios se beneficia de las habilidades de los no creyentes, y esto queda claro en el Antiguo Testamento. Me viene a la mente el rey y arquitecto gentil Hiram, rey de Tiro, a quien el rey David pidió que le diseñara y construyera su propia casa.[106] Más tarde, Salomón llamó a otro Hiram de Tiro, un medio judío que aprendió metalurgia de su padre gentil, para que dirigiera la construcción del templo de Jerusalén.[107] El pueblo de Dios no se avergonzaba de recurrir a las habilidades de los gentiles. Pero hoy en día muchos cristianos quieren descartar la tecnología sobre la base de la impiedad que ven dentro de la industria. Si la innovación procede del linaje de Caín, no debería sorprendernos la incredulidad de los innovadores. Por el contrario, podemos maravillarnos de la intención divina en sus vidas.

Los cristianos son más necesarios que nunca en la ciencia y la innovación. Y cada vez más los grandes descubrimientos de la

106 2 Sam. 5:11.
107 1 Rey. 7:13-14.

ciencia *son* liderados por cristianos. Y, sin embargo, en estos campos de la ciencia y la innovación, la Iglesia no dominará, sino que reaccionará sobre todo a la innovación. En la era de la tecnología, la Iglesia está «más ocupada en operaciones de retaguardia que en ser pionera en nuevas tecnologías», dice Harari, con intención indirecta. Entonces el ateo pregunta: ¿Qué innovación inventó un pastor cristiano en el siglo XX que pueda rivalizar con los antibióticos o la computadora? ¿Y qué tiene que decir la Biblia sobre la ingeniería genética o la inteligencia artificial?[108] Es cierto que los cristianos son más reactivos que innovadores. Pero esto no es un fallo de la relevancia del evangelio; este fue el patrón del Creador establecido desde Caín. Harari está confundido, como muchos. Dejando a un lado la cartografía del genoma humano, uno de los grandes avances científicos de nuestra era (y encabezado por un cristiano), la Iglesia no se legitima en la medida en que puede ofrecer al mundo nuevas innovaciones. El mismo Espíritu que convierte almas es el que inspira computadoras, antibióticos y un mapa del genoma humano. Sin embargo, sigue siendo concebible imaginar un futuro en el que la ciencia y las ciudades sigan una trayectoria tecnológica tan agresiva a la que la Iglesia solo pueda reaccionar, extrayendo lo bueno y rechazando lo malo, hasta que todo el sistema culmine en una red global que Dios deba acabar con todo al final de la historia humana. Pero nos hemos adelantado.

10. La ciencia no lleva a los innovadores al arrepentimiento.

Es lógico preguntarse: ¿No debería la innovación humana, inspirada por el Espíritu, siguiendo patrones de posibilidad divinamente ordenados en el orden creado, llevar a los innovadores de

---

108 Harari, *Homo Deus*, 276–78.

vuelta a Dios? La respuesta es una de las grandes paradojas de la era tecnológica. Muchos de los mayores inventores del mundo se alejan de Dios, no se acercan a Él. Debido al poder trágico y deformador del pecado, cuanto más ingenioso es el inventor, más ingeniosos son los ídolos que crea su mente. «Como el agua que brota de un manantial grande y copioso, una inmensa multitud de dioses han surgido de la mente humana, cada hombre dándose plena licencia, e ideando alguna forma peculiar de divinidad, para satisfacer sus propios puntos de vista», escribe Calvino. Y «cuanto más dotado de genio estaba alguien, y más pulido por la ciencia y el arte, más engañoso era el colorido que daba a sus opiniones».[109] Los genios de la técnica son los idólatras más elocuentes. Su genialidad les hace rechazar la revelación y cocinar un dios elaborado en sus propios cerebros innovadores pero caídos. El esplendor que conduce a los avances tecnológicos es el mismo esplendor, manchado por el pecado, que lleva a las mentes de Silicon Valley a fabricar novedosas vanidades espirituales en el culto a la autoexpresión (Burning Man) o en una visión sin Dios de la existencia (hipótesis de la simulación).

El descubrimiento tecnológico solo se produce cuando oímos la voz de Dios en la creación, pero esa voz no es garantía de que nos acerquemos a la palabra del Creador en las Escrituras. Más a menudo hace lo opuesto, moviendo al innovador hacia vanidades que sustituyen a Dios. Esa es una verdadera paradoja en la era tecnológica. Los hombres y las mujeres pueden estar dotados de tremendas facultades para descubrir nuevos patrones en la creación, y hacer nuevos inventos como resultado, pero aun así pueden permanecer ciegos a la gloria del Creador.

109 Juan Calvino, *Institución de la Religión Cristiana*, trad. Henry Beveridge (Edimburgo: Calvin Translation Society, 1845), 1:77-78.

Lo normal es que los mayores innovadores del mundo no trabajen para el Creador. Quizá por eso Dios decidió, desde el principio, bendecir a los no cristianos con mayores grados de brillantez innovadora. Esa es su vocación en este mundo, una vocación que no se le concederá al pueblo de Dios, en general.[110] Por un lado, es innegable que «los hijos de este siglo son más sagaces en el trato con sus semejantes que los hijos de luz» (Luc. 16:8-9). Sin embargo, las Escrituras dicen que toda la sabiduría y los descubrimientos tecnológicos del hombre son necedad comparados con la cruz de Cristo.[111] Para el mundo, la crucifixión de Cristo es necedad, una necedad que ningún innovador multimillonario de Silicon Valley celebra en público.

11. Los avances tecnológicos existen para la Iglesia.

Permítanme que me meta por un momento y pregunte: ¿por qué existe el mundo? La respuesta más sencilla es que el mundo existe para demostrar el amor del Padre por Su Hijo.[112] Y el Hijo tendrá una esposa, la Iglesia. Y el Hijo será engendrado para ella; vendrá del cielo a la tierra y la redimirá. El mundo existe para que Cristo tenga una novia feliz, todo para gloria de Dios.

Por amor del Padre al Hijo, Dios mostrará Su amor a la Iglesia de varias maneras. Una forma es a través del descubrimiento científico en el mundo a través de pecadores endurecidos; no en amor a los pecadores, sino en amor a Su Iglesia. Dios ama a la Iglesia cuando despliega innovaciones humanas que darán trabajo a los cristianos para mantenerse a sí mismos y a sus familias. La misma herramienta que puede destruir al pecador con ambiciones

---

110 Kuyper, *Gracia común*, 1:337.
111 1 Cor. 1:18–2:16.
112 Robert W. Jenson, *Systematic Theology, vol. 2: The Works of God*, ed. rev. (Nueva York: Oxford University Press, 2001), 48.

mundanas puede proporcionar al cristiano una vocación. Como dice Charnock sobre los dones de las innovaciones: «Estos dones son ciertamente la ruina de los hombres malos, a causa de su orgullo, pero la ventaja de la Iglesia está en su excelencia, y a menudo son tan provechosos para otros como peligrosos para ellos mismos. Como todo lo bueno que hay en las plantas y en los animales es para el bien del hombre, así todos los dones de los hombres naturales son para el bien de la Iglesia; porque son para ese fin principalmente, junto a la gloria de Dios».[113]

Las plantas existen para alimentar a los animales y al hombre. Los animales existen para alimentar al hombre. Todo en la creación existe para servir a un propósito superior a sí mismo. Esta misma dinámica funciona en la innovación humana. La genialidad innovadora del hombre natural existe para un fin superior a sí misma, a saber, para que otros la utilicen para glorificar a Dios al servicio de Su misión en la tierra. Este principio procede directamente de Pablo, que confirma que todo lo que se encuentra en este mundo (incluidos, podemos suponer, todos los dones de innovación concedidos a la humanidad) existe como don para la Iglesia. Toda innovación es un don que nos recuerda que no debemos vanagloriarnos de la genialidad innovadora del hombre. Esa genialidad es dada por Dios y orquestada por Dios para servir a la Iglesia en su misión. Haga lo que haga, toda innovación humana que beneficie al mundo es un don de Dios, para Su gloria, al servicio de Su pueblo.[114]

Mientras escribo, mi familia está encerrada en casa en cuarentena por el coronavirus, deseando «reunirse» con el pueblo de Dios virtualmente el domingo a través del video en directo por YouTube. Al pensar en esta situación temporal, me viene a

---

113 Charnock, *Complete Works*, 1:67–68.
114 Rom. 8:28; 1 Cor. 3:21-23.

la mente cuántos millonarios (y multimillonarios) se necesitaron para crear YouTube, por no mencionar el número de hombres y mujeres que acabarán arruinados por la riqueza y el poder que les ha dado el dominio de esta plataforma de video. ¿Y si Dios ordenó todo esto para crear una plataforma de video vanguardista y fiable para que la Iglesia la utilizara de forma redentora? Si los creadores de las redes sociales ganan miles de millones de dólares, eso es una consecuencia temporal de la tecnología que existe para la novia. Estas plataformas destruyen a los «hombres malos» con riquezas mundanas. Pero sirven a la Iglesia y por eso son necesarias.

El mundo está lleno de artilugios, herramientas y medios de comunicación cautivadores, todo ello como un desbordamiento de posibilidades. Y la Iglesia está llamada a discernir cuáles de esos artilugios, herramientas y medios sirven realmente a su misión de búsqueda del reino de Dios. Así que necesitamos discernimiento para saber cuándo Dios ha permitido que las posibilidades tecnológicas superen las necesidades de la Iglesia. Pero esto es lo esencial: los innovadores que rechazan a Dios reciben sus dones, no como amor de Dios al innovador, sino en última instancia como don de Dios a la Iglesia. No es muy diferente del esplendor metalúrgico del linaje de Caín, un don divino que Noé utilizó para construir y mantener unida su arca.

12. El abuso tecnológico debe escuchar la voz de la creación.

Al hacer malabarismos con todas estas posibilidades de la tecnología, cometeremos errores. En este mundo caído, nuestras tecnologías dañarán la creación y a los demás. Esto forma parte de la condición humana. Estamos llamados a inventar, y eso incluye los errores de los que debemos aprender. Ser libre para crear es ser libre para fracasar.

No solo cometeremos errores, sino que nuestro planeta también sufrirá grandes cambios, a medida que nuestra población siga creciendo de siete a diez mil millones de personas. Algunos animales se extinguirán. Los hábitats nativos se verán alterados. Todos los ciclos vitales y los patrones de la tierra cambiarán. En otras palabras, «la ecología *siempre* será un problema. Toda actividad humana altera el equilibrio de lo que hay, y debería hacerlo, a menos que consideremos que el objetivo de la actividad es la consecución de un equilibrio estático».[115] No es así. Los humanos alteramos necesariamente los equilibrios. Eso es lo que hacemos.

Pero aquí podemos detenernos y apreciar que el riesgo se amplifica en la era de la tecnología. Los medicamentos defectuosos, las centrales nucleares defectuosas, las presas hidroeléctricas, contención defectuosa de patógenos experimentales: todas estas tecnologías son riesgos amplificados con consecuencias mucho mayores. Por eso, mientras innovamos, debemos escuchar atentamente a la creación. Seguirá siendo difícil *no oír* a la creación. La oigo ahora mientras escribo, encerrado en casa en una pandemia, en cuarentena por un virus en una ciudad desértica sin precipitaciones mensurables durante 140 días seguidos en el verano más caluroso jamás registrado. La oigo mientras más de 500 incendios forestales queman millones de hectáreas de bosque en California, enviando humo a los cielos de las grandes ciudades del estado para hacerlas brillar de un rojo oscuro bajo el sol del mediodía, mientras llueve ceniza como si fuera nieve. La oigo cuando una tormenta tropical azota Texas y Luisiana un día antes de que un huracán de categoría cuatro azote las mismas tierras, dos tormentas gemelas gestadas simultáneamente en el Golfo de México. Por muy protegidos que nos sintamos por nuestras innovaciones,

115 Gunton, *Christ and Creation*, 125.

pasará mucho tiempo antes de que dejemos de oír los gemidos de la creación.[116] Por mucho que innovemos, no podremos escapar de la furia de la naturaleza. Tal vez invitemos a su furia.

Con el tiempo nos volvemos más susceptibles a los cambios de la naturaleza. Cuando las cenizas de un volcán en el sur de Islandia paralizaron el transporte aéreo en toda Europa, Slavoj Žižek se dio cuenta de que las consecuencias económicas se *debían* únicamente al transporte aéreo. «Hace un siglo, una erupción así habría pasado casi desapercibida», afirma. «El desarrollo tecnológico nos ha hecho más independientes de la naturaleza y, al mismo tiempo, a un nivel diferente, más dependientes de sus caprichos».[117] Solo los aviones comerciales pueden hacer que nuestras economías sean susceptibles a los cambios de humor de la naturaleza a 30 000 pies de altura.

La naturaleza nos perturba y nosotros le devolvemos la perturbación. Perturbamos la creación *necesariamente* y la perturbamos *innecesariamente*. Y nosotros necesitamos discernimiento para desenmarañar las dos cosas. Necesitamos el debate científico, voces discrepantes en nuestro diálogo con la creación, para que con el tiempo aprendamos los pros y los contras, los usos y los abusos, las ayudas y los perjuicios de nuestras nuevas tecnologías. A medida que imaginamos, creamos, probamos y liberamos nuevas tecnologías en el mundo, siempre será necesario realizar ajustes.

Si estamos dispuestos a escuchar, el cáncer nos dirá cuándo nuestras tecnologías han ido demasiado lejos para el cuerpo humano. La contaminación del aire y del agua nos dirá cuándo nuestras tecnologías han ido demasiado lejos para el planeta. «El ser humano siempre ha sido mucho mejor inventando herramientas que utilizándolas con sensatez».[118] Los seres humanos demuestran resistencia

---

116 Rom. 8:22.
117 Slavoj Žižek, «Joe Public V. the Volcano», newstatesman.com (29 de abril de 2010).
118 Yuval Noah Harari, *21 Lecciones para el siglo XXI* (Nueva York: Random House, 2019), 7.

para superar el abuso de las herramientas y para corregir carcinógenos como los aditivos alimentarios, los clorofluorocarbonos, el amianto y la pintura con plomo. Si estamos dispuestos a escuchar, haremos caso y corregiremos y escalaremos nuestras ambiciones a la salud de nuestros cuerpos y a la salud de nuestro planeta.

13. *Toda innovación debe fijar nuestro asombro y agradecimiento en el Creador.*

También abusamos de la tecnología cuando la utilizamos para alejar a Dios de nuestra vida cotidiana. A medida que nuestras innovaciones reducen el peligro, también reducen la oración, la fe y la gratitud. El antiguo agricultor llevaba sacrificios a Dios. Pero ahora, la agricultura industrial moderna «no necesita dioses, porque la ciencia y la tecnología modernas otorgan al hombre poderes que superan con creces los de los antiguos dioses».[119] Los antiguos marineros, en embarcaciones desvencijadas y sin instrumentos de navegación, marcaban sus peligrosas travesías oceánicas primero con «sacrificios propiciatorios» y luego, con un poco de suerte divina, regresaban a casa «adornados con coronas y filetes dorados para dar gracias a los dioses» en el templo más cercano. Los barcos de vapor cambiaron todo eso. Los barcos de vapor «acabaron con toda gratitud en el corazón de los marineros».[120] Una tecnología más segura ofrece más control, presume de mayor previsibilidad y mata cualquier agradecimiento divino.

Pero los cristianos somos personas agradecidas, o al menos deberíamos serlo. Podemos resistir la tentación de olvidar al Dador por el señuelo de dones cada vez más poderosos, de descuidar al Creador por el control de nuestros propios pequeños

---

119 Harari, *Homo Deus*, 99.
120 Julio Verne, *Veinte mil leguas de viaje submarino* (Nueva York: Grosset & Dunlap, 1917), 213. Véase Salmos 107:23–32.

mundos. Mostramos nuestra gratitud al Dador negándonos a convertirnos en adictos a Sus dones. En lugar de eso, oramos por la sabiduría para usar Sus dones con un espíritu de gratitud hacia Dios y de moderación hacia las cosas preciosas con las que nos ha bendecido, como los teléfonos inteligentes y el potente acceso digital que tenemos los unos a los otros. No estamos llamados a encontrar nuestro consuelo en el control de este mundo. En la vida no se trata de aprovechar todas las comodidades y controlar todas las variables. Si la comodidad personal es la motivación que te impulsa a adoptar la tecnología, es una trampa que mata la adoración. Pero todas las tecnologías que nos hacen la vida más cómoda (lavavajillas, aire acondicionado, coches seguros y ciudades electrificadas) siguen siendo tremendos dones de Dios, y Él se lleva la gloria por modelar la creación para que estos dones puedan ser nuestros. Por eso oramos: «Señor, libérame de los ídolos de la comodidad, y lléname de temor centrado en Dios por los dones de este mundo que me has dado para que los use y disfrute». Todos los modelos y posibilidades de la creación son dones divinos que debemos administrar con cuidado.

Con la ayuda del Espíritu, podemos detener por un momento nuestra tecnoautonomía. Podemos confesar nuestra idolatría de la comodidad y la pereza espiritual que nos hace perder de vista la gloria de Dios reflejada en las innovaciones que utilizamos cada día. En su lugar, podemos recargar nuestras almas con el asombro centrado en Dios. El mismo Dios que plantó las primeras secuoyas cargadas de piñas también enseñó al innovador cómo despulpar árboles para que las Escrituras pudieran imprimirse y estar en nuestras manos. El mismo Dios que creó los mares y enterró un lodo amarillo-negro en las profundidades de la tierra, enseñó al innovador cómo utilizar ese combustible para hacer girar hélices y llevar misioneros a pueblos no alcanzados de todo el planeta. El mismo Dios que enterró volcanes en los océanos también esparció uranio en el suelo para ser excavado y refinado en energía de fisión nuclear para encender las luces de millones de iglesias los domingos por la mañana.

La electricidad es un don divino del Creador. Dios mismo crea cada rayo.[121] Cada uno de Sus rayos podría alimentar la ciudad de Nueva York durante un instante. El reto de ingeniería consiste en crear un rayo artificial que funcione continuamente, y hace tiempo que desciframos ese secreto. Pero el rayo natural fue creado por Dios y nos fue dado como primera causa de la era digital. Solo porque Dios creó la electricidad tenemos ahora hogares electrificados, ciudades electrificadas y la proliferación de la era digital.

Una de las promesas que Dios hizo a Israel sobre la tierra prometida es que en los límites de Israel Su pueblo encontraría todo lo necesario para su florecimiento. La tierra prometida manaría leche, miel, pan y aceitunas, y también florecería con hierro en la superficie y cobre en el subsuelo.[122] A Dios le encanta obsequiar a Su pueblo tierras cargadas de grandes cantidades de hierro y bronce.[123] Pero Dios también sabe que estas bendiciones pueden amenazar con sustituirlo. Por eso advierte a Su pueblo: ¡Cuidado!, no sea que las comodidades que crean con estas tecnologías metálicas los hagan olvidarse de mí y de mi bondad para con ustedes en estos dones.[124] Abusamos de la tecnología cuando olvidamos al Dador que nos dio todas estas bendiciones materiales en primer lugar.

A muchos cristianos les cuesta hacer inventario de las decenas de miles de innovaciones que Dios nos ha dado para que las

121 Sal. 135:7.
122 Deut. 8:7-9.
123 1 Crón. 22:3-4.
124 Deut. 8:10-14.

utilicemos cada día. Muchos cristianos, como los no cristianos, separan las tecnologías que les rodean de la gran metanarrativa de la generosidad de Dios. Pero si la gloria de Dios brilla en la creación intacta (en el sol, la luna y las montañas), también brilla en las innovaciones que concentran y refinan la creación en nuevas formas. Sesenta de los elementos de la tierra, comprimidos en nuestros *smartphones*, nos dan una perspectiva de la creación que ninguna otra generación ha visto. Ninguna de nuestras innovaciones es perfecta. Todos los dones materiales de esta vida están manchados por la caída. Sin embargo, parece que bastantes cristianos están reteniendo su gratitud tecnológica por alguna innovación futura que caerá de los cielos, incorruptible por el mal uso humano y sin posibles efectos secundarios.

Si una tecnología viola tu conciencia, abstente de ella. Pero si no lo hace, y la adoptas en tu vida, dale gracias a Dios por ello. Dale tu adoración y tu gratitud. Niégate a ser un agnóstico de la tecnología, alguien que usa los dones pero ignora al Dador. El tecnólogo puede ser sordo al Creador, pero las ovejas de Dios oyen Su voz.[125] Podemos oír la extravagancia del Creador en cada don tecnológico que usamos: nuestros coches, ordenadores, *smartphones*, casas electrificadas, agua corriente, electrodomésticos, libros, revistas, plásticos, Internet, Wikipedia, televisión, música, medicina, aviones y zapatos deportivos Nike Air Jordan. Incluye las 150 000 cosas que puedes comprar en un Walmart y los 12 millones de cosas que puedes encargar en Amazon. Haz una lista de todo aquello a lo que tienes acceso gracias a la innovación. Cuenta todos tus microprocesadores, si puedes. Toda bendición debe recibirse con acción de gracias, como un regalo de nuestro Dador radicalmente generoso.

125 Juan 10:27.

¿Harías el cambio?

En 2016, el economista y profesor Donald Boudreaux dio un ultimátum a sus alumnos: seguir viviendo sus mediocres vidas actuales o cambiarlas por la vida del primer multimillonario de Estados Unidos en 1916, el magnate del petróleo John D. Rockefeller. Su patrimonio neto de 1000 millones de dólares en 1916 se traduce en 23 000 millones en la actualidad: más dinero del que podrías gastar, todo tuyo. ¿Apetecible?

Con tanta riqueza se podían tener grandes casas por todo el país, incluso una isla privada. Pero en 1916 no había jets privados. Para llegar a cada casa había que viajar durante días en un vagón privado, sin aire acondicionado. Podían disfrutar de aire acondicionado en sus casas, pero en ningún otro sitio, ni en los bancos, ni en las tiendas, ni en la oficina, ni en casa de sus amigos. Su chofer podía llevarlo por las ciudades en un cupé o una limusina, pero el viaje era lento y relativamente incómodo. Las carreteras estaban en mal estado y hasta los trayectos más sencillos sufrían averías mecánicas.

Podrías fijar tu vista en el horizonte y viajar por el mundo en barcos lentos, pero tardarías una semana o más en alta mar para llegar a cualquier parte. Como la persona más rica del país, podrías soportar condiciones de vida inferiores a la media para viajar por el mundo y probar la cocina internacional. Pero ninguno de estos manjares estaría disponible en casa. Incluso para ti, la comida se limitaría sobre todo a la oferta local. Los restaurantes de cocina internacional no existían.

Las casas estaban electrificadas, pero no había mucho que hacer con la electricidad. Más allá de las lámparas y tostadoras, había muy pocos electrodomésticos disponibles.

No había emisoras de radio ni televisión. Podrías tener una buena colección de discos, pero en un chirriante monoaural. Podrías construir un cine privado, pero solo habría unas pocas películas mudas para ver, suponiendo que pudieras encontrar copias. El teléfono estaría conectado a la pared. Podrías comprar los mejores relojes del mundo, pero serían más bonitos que precisos.

La farmacología y los procedimientos médicos eran rudimentarios. No se disponía de antibióticos, ni siquiera para ti. Incluso una pequeña infección podía amenazar tu vida. Uno de cada diez bebés moría en el primer año, una estadística que se aplicaría a los hijos nacidos de tu mujer y de tus hijas. Los procedimientos dentales no podrían salvar tus dientes. La dentadura postiza sería inevitable. No había lentes de contacto.

«Sinceramente, no estaría ni remotamente tentado de renunciar al yo de 2016 para poder ser un yo más rico con un billón de dólares en 1916», dice Boudreaux. En contraste con las comodidades, «casi todos los estadounidenses de clase media de hoy son más ricos que el hombre más rico de Estados Unidos hace apenas 100 años».[a] Nuestros aviones seguros, coches fiables, teléfonos inteligentes, opciones médicas, electrodomésticos, video en *streaming*, música digital, comodidades sin fin e incontables consumibles nos han llevado a una riqueza tecnológica que supera la imaginación más descabellada de Rockefeller.

a   Don Boudreaux, «Most Ordinary Americans in 2016 Are Richer Than Was John D. Rockefeller in 1916», cafehayek.com (20 de febrero de 2016).

La respuesta

Entonces, ¿el uranio se esparció en la creación por accidente o de forma intencionada? ¿La energía atómica llegó a nuestras manos por casualidad o a propósito? ¿Se olvidó Dios de esconder las reservas de petróleo a suficiente profundidad para mantenerlas fuera de nuestro alcance? ¿Se olvidó alguien de hacer este lugar a prueba de niños?

Las tecnologías que tenemos en nuestras manos surgen de los patrones de la tierra. El Creador controla las materias primas depositadas en la tierra para que las descubramos y las utilicemos. Él controla las leyes naturales de las tecnologías que creamos. Nos da científicos que exploran los patrones e innovadores que explotan los patrones en nuevas tecnologías para que las utilicemos. El proceso funciona porque sigue la voz del Creador.

Dios hace cosas de la nada. Nosotros las hacemos a partir de lo que existe. Él es soberano; nosotros, limitados. Sin embargo, hemos conseguido inventar potentes innovaciones. Hemos multiplicado los poderes a nuestra disposición para satisfacer muchas de nuestras necesidades y deseos. Pero la tecnología no puede resolver nuestra mayor necesidad.

4

¿Qué es lo que la tecnología nunca podrá conseguir?

DIOS CODIFICÓ TODAS LAS POSIBILIDADES TECNOLÓGICAS en el orden creado. Y dentro de cada uno de nosotros codificó el deseo de trascendencia. Dios «ha puesto la eternidad en el corazón» del hombre, lo que significa que siempre buscamos más.[1] Por eso no sorprende que el primer empeño humano fuera construir una torre hacia el cielo, entrar en los cielos, viajar al espacio. Estamos predestinados a construir altas torres y disparar enormes cohetes para trascender este planeta.

La motivación de nuestra aspiración está en todas partes. En una reciente tarde de primavera, mi familia salió al patio trasero para contemplar el cielo nocturno despejado. La mayor superluna del año estaba en su punto más alto y brillante, como un foco en el cielo negro: la creación de Dios, brillando radiante en la oscuridad. Unos quince minutos más tarde, miramos en la dirección opuesta y vimos la Estación Espacial Internacional surcar el cielo

---

1 Ecl. 3:11.

a 27 359 km/h (17 000 mph), a 402 km (250 millas) por encima de nuestro patio trasero.[2] La gloria de Dios brillaba en los cielos a mi derecha. La gloria del hombre surcaba el cielo a mi izquierda.

En 1958 los soviéticos pusieron el primer satélite en el espacio. Por primera vez, la humanidad podía mirar hacia arriba y reclamar un artefacto tecnológico en los cielos. El Sputnik despertó la esperanza de que algún día los humanos pudiéramos escapar del confinamiento de esta tierra, y una década más tarde, Neil Armstrong y Buzz Aldrin pisaron con sus botas el polvo de la luna. El Apolo 11 captó la atención del mundo. Los viajes espaciales alcanzaron alturas similares a las de Babel, reuniendo las aspiraciones colectivas de la humanidad. Por fin, decían algunos, el hombre podía desprenderse de los viejos mitos tradicionales de este planeta y alcanzar nuevos planetas. El hombre podría desechar los viejos y anticuados rituales religiosos y aspirar a la inmortalidad a través de los descubrimientos científicos y los viajes espaciales.[3]

Momentos después del alunizaje del Apolo 11, un entusiasmado novelista de ciencia ficción vio el lanzamiento de la paz mundial. Ray Bradbury pensaba que el cohete reuniría a la humanidad. «Porque cuando nos adentremos en el misterio, cuando nos adentremos en la soledad del espacio, cuando empecemos a descubrir que realmente somos tres mil millones de personas solitarias en un mundo pequeño, creo que eso nos unirá mucho más», dijo Bradbury a Mike Wallace en televisión. Los viajes espaciales energizarían a la humanidad de un modo que antes solo podía hacerlo la guerra:

---

2 Al atardecer del 7 de abril de 2020.

3 Sobre el cautivador asombro de los viajes espaciales a la luz de la monotonía de la religión, que en última instancia conduce a la desilusión de no encontrar nada en la luna, véase «Moondust», *The Crown*, temporada 3, episodio 7, producido por Netflix, 17 de noviembre de 2019.

Siempre hemos querido algo por lo que gritar y saltar. Y la guerra es un gran juguete con el que jugar. A los hombres y a los niños les encantaba la guerra. A veces fingían que no la amaban, pero lo hacían. Ahora hemos encontrado un amor más grande, uno que puede unirnos a todos, uno que puede fundir a toda la raza en una masa sólida de personas que siguen un único ideal. Ahora usemos esta cosa. Nombremos este ideal y eliminemos la guerra porque el enemigo adecuado está ante nosotros. A todo el universo no le importa si existimos o no, pero a nosotros sí. Ahora hemos nombrado al universo como el enemigo y salimos a librar batallas con él. Ese es el gran enemigo. Y esta es la guerra que hay que librar.[4]

La humanidad asistió en directo a la primera caminata lunar. Pero no unificó a las naciones. Tampoco lo han hecho desde entonces otros descubrimientos cósmicos. En múltiples misiones espaciales, los astronautas han experimentado lo que se denomina «efecto de visión de conjunto», el choque metafísico de distanciarse de la Tierra y volver la vista atrás para contemplar nuestro globo giratorio como un todo: una unidad sin límites, protegida por una fina atmósfera y rodeada por un vasto vacío de negrura en todas direcciones. El «efecto de visión de conjunto» hace que los astronautas se cuestionen las guerras territoriales y las tensiones internacionales de la humanidad. Si todos pudiéramos ver la Tierra desde el espacio, dicen, nos llevaríamos bien. Puede que la NASA ofrezca «experiencias místicas extremadamente caras a los astronautas», pero esto nunca se traduce en paz global.[5] Desde

4 Tony Reinke, «Ray Bradbury on Space Travel», tonyreinke.com (28 de enero de 2020).
5 Wendell Berry, *Essays 1993-2017* (Nueva York: Library of America, 2019), 140.

la distancia, el mundo parece pacífico, pero está sacudido por discordias humanas localizadas.

Es cierto que desde que el hombre pisó la luna no ha habido guerras mundiales. Pero esta relativa paz mundial se debe al auge de la economía del conocimiento, afirma Harari. A medida que la ciencia y la innovación se convirtieron en los recursos más lucrativos de una nación, las guerras se fueron limitando a las pocas regiones donde subsisten economías basadas en la materia. Hoy es más probable que las guerras se produzcan cerca de los campos petrolíferos de Oriente Medio o de las minas de coltán de Ruanda. Pero para muchos países, el conocimiento humano es su mayor tesoro. Y no se puede invadir una nación con un ejército de soldados de infantería para saquear sus conocimientos.[6]

Más drástico que una guerra mundial, el propio planeta se está muriendo y se está convirtiendo en un lastre para el futuro de la humanidad. O eso nos dicen. Y, sin embargo, hay optimismo en los exploradores espaciales actuales, como Elon Musk. Cuando le preguntaron: «¿Qué hará del mundo un lugar mejor?», respondió: «Despertarse por la mañana y mirar hacia un futuro en el que seamos una civilización espacial, entre las estrellas, es muy emocionante. Por otro lado, si supieras que estamos confinados para siempre a la tierra, eso sería muy triste».[7] Crear una nueva arca en forma de cohete SpaceX que nos lleve a Marte no es un pasatiempo para Musk. Según su biógrafo, Marte es el «objetivo general» y el «principio unificador de todo lo que hace».[8]

---

6 Yuval Noah Harari, *Homo Deus: Breve historia del mañana* (Nueva York: Random House, 2017), 14–21.

7 «Joe Rogan Experience #1169–Elon Musk», pódcast PowerfulJRE, youtube.com (7 de septiembre de 2018).

8 Ashlee Vance, *Elon Musk: Tesla, SpaceX, and the Quest for a Fantastic Future* (Nueva York: HarperCollins, 2015), 16.

Los viajes espaciales sacan a los tecnólogos de la cama por las mañanas. Despiertan nuestra creatividad. Unificarán a la humanidad, acabarán con las guerras y darán felicidad y sentido a nuestras vidas. Proporcionarán a la humanidad una cápsula de escape antes de que nuestros océanos se evaporen, nuestras rocas se conviertan en nada y nuestro planeta sea absorbido por el sol. Son nuestra única esperanza para salvarnos de este planeta en decadencia. Viajando por el espacio nos salvaremos a nosotros mismos.

Estas son las esperanzas tecnológicas del hombre. Confiamos mucho en los cohetes.

Pero incluso cuando Neil Armstrong dio su «gran salto para la humanidad», John Updike relató así el momento en una novela:

Las noticias de las seis solo hablan sobre el espacio, sobre el vacío: un hombre calvo juega con pequeños juguetes para mostrar las maniobras de acoplamiento y desacoplamiento, y luego un panel habla sobre la importancia de esto para los próximos quinientos años. No dejan de mencionar a [Cristóbal] Colón [pero todo lo que puedo] ver es exactamente lo contrario: Colón voló a ciegas y le dio a algo, estos tipos ven exactamente dónde están apuntando y es una gran nada redonda.[9]

Estamos rodeados por entre 100 000 millones y 2 billones de galaxias en un espacio físico que abarca al menos 90 000 millones de años luz. Dentro de esta insondable extensión llamamos hogar a una diminuta canica azul. Podemos propulsarnos a 40 234 km/h (25 000 mph) hasta otra enorme roca, pero allí solo encontraremos otra roca, otra gran nada redonda, otro recordatorio de la desolación y el vacío. Para algunos, estos nuevos globos son

9   John Updike, *Rabbit Redux* (Nueva York: Random House Trade, 1971), 23.

lienzos en blanco para que el ser humano se haga a sí mismo. Pero incluso con este anhelo de trascendencia dentro de nosotros, e incluso en la ambición de los viajes espaciales, nos encontramos con más oscuridad.

Aparte de Dios, los viajes espaciales nos lanzan a un abultado vacío que sigue expandiéndose a la velocidad de la luz. Cuando miramos a través de los telescopios, nos encontramos una y otra vez con un horizonte infinito de grandes globos inexplorados y desolados. Cuanto más nos adentramos en la negrura del espacio exterior, más nos encontramos con nuestra soledad y aislamiento.

Salmo 20

Como cohetes atornillados a un transbordador espacial, los corazones humanos se aferran a la innovación para encontrar esperanza en el futuro. Vemos esta esperanza equivocada en la historia de la exploración espacial, y también la vemos en las Escrituras. Para entender por qué la humanidad es tan susceptible a la confianza en la tecnología, volvamos al Salmo 20, escrito por el rey David, el maestro de la tecnología. Recordemos su famoso encuentro con Goliat en 1 Samuel 17, no un enfrentamiento entre una máquina de guerra y un pastor sin tecnología, sino más bien la historia de una máquina de guerra reforzada contra un francotirador lleno de fe y tecnología. David era el francotirador, y sabía cómo amplificar el poder del brazo humano con una honda. Pero cuando David escribió el Salmo 20, ya era un hombre adulto, muy versado en la técnica de la espada y la armadura, un rey célebre que dirigía su ejército a la guerra.

Permíteme presentarte el Salmo 20. En una mañana normal de domingo en mi iglesia, cuando entras por la puerta principal, te entregan un boletín de una página impreso con el orden del servicio y las lecturas responsivas, una liturgia para la mañana. El Salmo 20 es así. Concretamente, es un boletín para una reunión especial de la congregación del templo para adorar y orar en los momentos finales antes de que el rey y el ejército de Israel sean enviados a la guerra.[10]

Así que el rey y sus soldados se preparan para la guerra, portando armaduras y blandiendo espadas. Pero antes de partir, todos se reúnen en el templo para pedir el favor de Dios. En los versículos 1-5 (NBLA), la congregación comienza a cantar unánimemente sobre el rey y el ejército.

[1] Que el SEÑOR te responda en el día de la angustia;
   Que el nombre del Dios de Jacob te ponga en alto.
[2] Que desde el santuario te envíe ayuda
   Y desde Sión te sostenga.
[3] Que se acuerde de todas tus ofrendas,
   Y halle aceptable tu holocausto. (*Selah*)

[4] Que te conceda el deseo de tu corazón,
   Y cumpla todos tus anhelos.
[5] Nosotros cantaremos con gozo por tu victoria,
   Y en el nombre de nuestro Dios alzaremos bandera.
Que el SEÑOR cumpla todas tus peticiones.

El canto y la súplica de la congregación para que Dios traiga la victoria terminan aquí. A continuación, el rey (el propio rey David, el autor de este salmo) se levanta para dirigirse a la asamblea del

---

10 Para este esquema estoy en deuda con Derek Kidner, *Psalms 1-72. An Introduction and Commentary*, vol. 15, Tyndale Old Testament Commentaries (Downers Grove, IL: Inter-Varsity Press, 1973), 118.

templo con un cántico de confianza centrado en Dios. Esto es lo que declara al Señor en el v. 6.

> [6] Ahora sé que el SEÑOR salva a Su ungido;
> Le responderá desde Su santo cielo
> Con la potencia salvadora de Su diestra.

El Salmo 20 es la declaración de confianza del rey en el gobierno soberano de Dios sobre la guerra. Y es cierta a pesar de las diferencias espaciales. En la extensión del universo, y sea cual sea la distancia que haya entre nosotros y Dios en «su santo cielo», Jehová está cerca (v. 6). El Dios infinito del universo no tiene límites físicos. Es omnipresente. Siempre está con Su pueblo. Podríamos colonizar Marte, y Él está allí. Está presente en el cielo, está presente en la Tierra y está presente en cada una de las miles de millones de galaxias. No está limitado por el tiempo y el espacio. Podríamos viajar años luz en el espacio profundo, y desde Su santo cielo estaría tan presente para nosotros como lo está en Su templo.[11]

Y, sin embargo, Dios es también nuestro Redentor invencible. Está a la vez cerca de nosotros y, también indiscutiblemente, en el cielo. Dios está tan lejos del alcance de la rebelión colectiva de la humanidad que no le afecta la torre de Babel. Existe en una luz inaccesible, que no se ve empañada por los avances tecnológicos de ninguna época. Y, sin embargo, también está cerca.

A partir de esta teología, de nuestro conocimiento del Dios soberano, seguro, misericordioso y omnipresente, nos mantenemos confiados frente a toda tecnología bélica humana. David proclama su convicción en los versículos 7-8.

---

11 1 Rey. 8:29; Sal. 139:7-10; Jer. 23:23-24.

⁷ Algunos *confían* en carros y otros en caballos,
Pero nosotros en el nombre del SEÑOR nuestro Dios
confiaremos.
⁸ Ellos se doblegaron y cayeron,
Pero nosotros nos hemos levantado y nos mantenemos
en pie.

Entonces David retrocedió del centro del escenario, y toda la congregación terminó el acontecimiento anterior a la guerra en el versículo 9.

⁹ ¡Salva, oh SEÑOR!
Que el Rey nos responda el día que clamemos.

¡Qué escena!

Ahora volvamos al solo de David sobre las máquinas de guerra en los versículos 7-8. Algunos confían en los carros y otros en los caballos. Los carros tirados por caballos «representaban los recursos militares más poderosos disponibles en la práctica de la guerra en el antiguo Cercano Oriente».[12] Los carros eran el equivalente antiguo de un tanque, la potencia más dominante en un arsenal de guerra. Podemos recordar Isaías 54 y preguntarnos: ¿Quién hizo el caballo de guerra? Dios lo hizo. ¿Y quién hizo al fabricante del carro y al jinete del carro? Dios. Él ordenó al fabricante del carro y al jinete del carro y al caballo del carro, todo para sus propios propósitos. Desde los antiguos carros de guerra de David hasta el F-22 Raptor, Dios es soberano sobre cualquier poder de innovación humana.

---

12 Peter C. Craigie, *Psalms 1–50*, 2.ª ed., vol. 19, Word Biblical Commentary (Nashville, TN: Nelson Reference & Electronic, 2004), 187.

En las máquinas confiamos

De modo que si todo esto es cierto, si Dios *es* realmente soberano sobre todas las tecnologías, *solo tal vez* podríamos concluir que, después de todo, deberíamos confiar en ellas. Dado que Dios está detrás de su origen, ¿podemos «redimir» estos poderes para proteger al pueblo de Dios? Esa conclusión sería un gran error. Eso es pensar como las naciones. Ante las máquinas de guerra, ¿qué hacen los reyes? Se apoderan de todas las que pueden. Acumulan poder. Y, sin embargo, en marcado contraste, a los reyes de Israel se les prohíbe expresamente acumular máquinas de guerra en forma de caballos.[13] El versículo 7 del Salmo 20 nos muestra un contraste de confianza, la confianza del mundo frente a la confianza del pueblo de Dios. «Algunos *confían* en carros [...] pero nosotros en el nombre del SEÑOR nuestro Dios confiaremos».

El mundo se viste con la falsa confianza de la riqueza, el poder y el poderío militar. La sociedad camina con la fanfarronería antinatural de la autosuficiencia: «¡Nada es imposible para nosotros!». No así el pueblo de Dios. Nuestra confianza suprema está en Dios. La autoconfianza carnal ignora a Dios. La confianza solo en Dios es la muerte de la vana confianza en uno mismo, el colapso de la artificiosa tecnoconfianza. Por eso el salmista, ante la guerra, nos exhorta a desechar toda confianza que nos impida poner nuestra confianza exclusiva en Dios.

Si parece extraño oponer el poder militar a la fe religiosa (algunos confían en los misiles balísticos y otros en Cristo), esta contradicción no es extraña para el salmista. Las máquinas de guerra colectivas de cualquier nación, sus bombas y balas y misiles, rápidamente se convierten en la esperanza y la seguridad de la gente, sobre todo en tiempos de guerra. Esta urgencia de grado religioso

---

13 Véase Deut. 17:16.

se siente dentro de la rivalidad mundial por reducir el tamaño de los chips informáticos. Solo los chips más pequeños y más rápidos pueden hacer funcionar la potente IA, una de las principales preocupaciones de seguridad nacional en la rivalidad entre China y Estados Unidos. La IA puede desencadenar miles de ataques simultáneos contra un enemigo, mucho más allá del alcance y la velocidad de la respuesta humana. A su vez, la autodefensa de una nación debe hacerse aún más sobrehumana. La IA será más poderosa en manos de la primera nación que acapare el mercado de los chips más rápidos del mundo.

Cada vez que la inseguridad sacude a una nación, sus dirigentes echan mano de la tecnoseguridad. Recurren a un salvador. Cuando la vida es incierta, la palabra de Dios nos recuerda que debemos confiar en la seguridad de Dios, no en el arsenal del hombre. «Se prepara al caballo para el día de la batalla, pero la victoria es del SEÑOR» (Prov. 21:31, NBLA). Los que buscan la victoria en caballos y carros de guerra «no miran al Santo de Israel, ni buscan al SEÑOR» (Isa. 31:1). Este es el gran fallo del hombre. Dios es quien puede dar la victoria y quien puede traer el desastre. Incluso con sus arsenales cargados, todas las superpotencias humanas son carne falible. Dios es Espíritu eterno.[14] Las máquinas de guerra son falsos salvadores.[15]

A pesar de estas advertencias, «los estadounidenses adoran la tecnología», admite el novelista de ciencia ficción Max Brooks. «Es un rasgo inherente al espíritu nacional. Seamos o no conscientes de ello, ni el más infatigable de los luditas puede negar el avance tecnológico de nuestro país. Hemos dividido el átomo, hemos llegado a la luna, hemos llenado todos los hogares y

---

14 Isa. 31:1-3.
15 Sal. 33:17.

empresas con más aparatos y artilugios de los que los primeros escritores de ciencia ficción podrían haber soñado jamás».[16] Sí, y cuando Estados Unidos se quedó rezagado en el mundo de las telecomunicaciones, era solo cuestión de tiempo que se hiciera con el liderazgo mundial mediante el lanzamiento del iPhone.[17] Por eso, cuando Kevin Kelly buscó comunidades similares a los *amish* en todo el mundo, no encontró nada. No pudo encontrar ninguna otra sociedad intencional, a gran escala y con tecnología minimalista fuera de Norteamérica. ¿Por qué? Porque «fuera del Estados Unidos tecnológico, la idea parece descabellada».[18] Todas las sociedades se aferran a falsos salvadores en forma de caballos, carros, torres, robots, cohetes o drones. Pero Estados Unidos lleva el culto a la tecnología a nuevas alturas.

El evangelio de la tecnología

La humanidad puede volverse secular, pero nunca deja de ser religiosa. El Salmo 20 nos recuerda que la tecnología humana es más que la suma de sus poderes mecánicos. La tecnología bélica siempre tiene que ver con la fe, con la fe en algo. La tecnología busca llenar un vacío espiritual en nosotros, hacernos sentir seguros. En todas sus esperanzas y grandes aspiraciones, la tecnología moderna se hace eco de la idolatría de Babel, amplificada un millón de veces en lo que yo llamo el «evangelio de la tecnología».

El evangelio de la tecnología, al igual que el evangelio de Jesucristo, se rige por su propia visión del mundo y tiene su propia concepción de la creación, la caída, la redención, la fe, la ética, la escatología, su propio *telos* y final. El alcance completo

---

16 Max Brooks, *World War Z: An Oral History of the Zombie War* (Nueva York: Broadway Paperbacks, 2006), 166.

17 Vance, *Elon Musk*, 350-51.

18 Kevin Kelly, *What Technology Wants* (Nueva York: Penguin, 2011), 231.

de nuestros salvadores tecnológicos requeriría un libro entero. He aquí solo un esbozo.

El evangelio de la tecnología comienza con el origen del hombre en la evolución. El hombre surgió de la nada y no tiene que rendir cuentas a nadie. Lleva miles de millones de años perfeccionándose y seguirá haciéndolo millones de años más. A lo largo de la historia de la humanidad, la naturaleza se ha convertido en uno de nuestros principales enemigos, una fuerza que quiere matar a nuestra especie con catástrofes y enfermedades. Resistimos el impulso asesino de la naturaleza controlando la propia naturaleza. Intentamos someter y controlar incluso el universo vacío como un nuevo lugar de autoconservación.

Esta visión evolucionista del mundo, sin Dios ni alma, del azar y la probabilidad, acorrala la esperanza humana en los poderes de la ciencia, la técnica y las máquinas. La gente ya no busca la perfección en lo divino sino en el *technium*, poniendo todo el progreso en manos de los tecnólogos. Incluso en las primeras ferias mundiales, cuando los inventores alardeaban de los nuevos poderes de la electricidad, esa tecnología eléctrica se presentaba en exposiciones para contrastar la nueva iluminación con la fabricación primitiva de fuego y la vida en las cavernas, para situar los nuevos avances electrificados del hombre en un contexto de avance darwiniano.[19] El progreso tecnológico es simplemente el siguiente paso en la evolución del hombre.

Según el evangelio de la tecnología, no hay caída del hombre, sino impedimentos para su ascenso. La lucha es contra el control de mí mismo, de mi imagen, de mi cuerpo, de mi sexo, de mi espacio vital, de mi expresión sexual, de mi esperanza de

---

19 David E. Nye, *Electrifying America: Social Meanings of a New Technology, 1880-1940* (Cambridge, MA: MIT Press, 1990), 35-36.

vida, de mi productividad, de mi potencial. Hay que acabar con todo lo que obstaculiza la construcción de uno mismo. En última instancia, lo que se entromete en la autonomía de cada persona es el enemigo, y la oposición puede ser derrotada mediante la innovación.

Las esperanzas de la humanidad se extienden incluso a la manipulación de la genética para su descendencia, en una carrera por la supervivencia del más adaptado tecnológicamente. Las esperanzas de la humanidad empujan contra los límites de la vida. En una carrera por la supervivencia de los más adaptados tecnológicamente, los padres pronto empezarán a refinar la descendencia con genética avanzada. Y la ciencia antienvejecimiento se desarrolla rápidamente en el campo de los senolíticos, descubriendo formas de prolongar la vida por medio de la eliminación de las células «zombis» del organismo, para mantener el cuerpo joven.[20] Muchos avances médicos nos ayudarán a cuidar nuestros cuerpos, y podemos celebrarlos. Pero en la medida en que el bienestar, la nutrición y el entrenamiento se convierten en una forma de autosalvación, un sustituto de Dios, el bienestar se convierte en un ídolo de un falso evangelio.[21]

Así, el tecnólogo crea una especie de redención. La tecnología médica se convierte en soteriología, y el cuerpo en templo del evangelio del bienestar. ¿Quiere tener hijos sanos y dotados? La genética puede ayudarle a predecir y abortar las debilidades. ¿Busca un nuevo sexo? La tecnología moderna permite cambiar el género del cuerpo, al menos en lo que se refiere a la apariencia

---

20 Amy Fleming, «The Science of Senolytics: How a New Pill Could Spell the End of Ageing», theguardian.com (2 de septiembre de 2019).
21 Kevin J. Vanhoozer, *Oidores y Hacedores: Una guía pastoral para hacer discípulos por medio de las Escrituras y la doctrina bíblica* (Bellingham, WA: Editorial Tesoro Bíblico, 2023), 20.

externa. En muchos sentidos, la era tecnológica erosiona importantes distinciones biológicas entre hombres y mujeres, relativiza el género, hace que las diferencias sexuales sean maleables y, en última instancia, elimina el valor de la familia nuclear.[22]

Tradicionalmente, la medicina nos ofrecía lo curativo, lo paliativo y lo preventivo. Ahora nos ofrece lo aumentativo. La tecnología médica y la digital se están fusionando. Las interfaces cerebro-máquina ya no son argumentos de literatura barata ni de las películas de ciencia ficción. Como Neo en Matrix, ahora la actividad neurológica humana puede conectarse a receptores digitales y traducir la intención humana en señales digitales en tiempo real. Neuralink, la empresa de Elon Musk, lo hace insertando diminutos hilos metálicos flexibles en la superficie del cerebro. Más comúnmente, las interfaces neuronales no invasivas se llevarán como pulseras que leen la mente. Gracias a estos nuevos poderes telequinéticos, puede que un día nos olvidemos de teclados, ratones y pantallas táctiles. Controlaremos nuestros mundos digitales mediante órdenes verbales o intenciones silenciosas.

Si las predicciones no fallan, algún día nuestra materia neurológica se duplicará en un clon mental (ya sea un escáner digital del almacenamiento del cerebro o un cerebro digital aumentado que observa y escucha todo lo que decimos y hacemos para crear una inolvidable base de datos digital de recuerdos; y quizá incluso una conciencia digitalizada que se convertirá en nuestro yo eterno).

Todo este progreso lleva incorporada una ética. La cultura tecnológica es la cultura de la aceleración, en la que la optimización se convierte en su propio fin. Todo gira en torno a la eficiencia

---

22 Véase la historia de Carl Trueman, *The Rise and Triumph of the Modern Self* (Wheaton, IL: Crossway, 2020), 225–64.

y la potencia. El *biohacking* pretende hacernos físicamente más fuertes y cognitivamente más rápidos. Es el peaje humano de la economía de la aceleración. En el lado de la producción de nuestra economía, se recurre a las tecnologías para que podamos fabricar más cosas, más barato y más rápido. El consumismo impulsa el crecimiento económico y la cultura de la aceleración se refuerza a sí misma. Nadie se pregunta por qué. La pregunta se ignora mientras la velocidad y la eficacia sigan avanzando. O dicho de otro modo, aquí «el mandamiento del amor se sustituye por el mandamiento de la eficacia y la eficiencia».[23] El evangelio de la tecnología alimenta la cultura de la aceleración, pero en última instancia se trata de una aceleración sin rumbo hacia ninguna parte.[24]

El evangelio de la tecnología también predica la comodidad. Haz lo que haga falta, adopta lo que sea necesario para preservar tu propia seguridad y comodidad en este mundo. Ponte lo más cómodo posible. Minimiza los riesgos. Aíslate de lo que no sabes y de lo que no puedes controlar. Presérvate a toda costa.

Al final, el evangelio de la tecnología es la supervivencia del más fuerte. Tiene ganadores y perdedores, los usuarios y los usados, los adeptos y los ingenuos, los programadores y los programados.[25] Y aunque la igualdad puede ser un ideal, la desigualdad es inevitable.

Dado que la tecnología se nutre de esperanzas y aspiraciones trascendentes, empiezan a surgir algunos finales. En términos teológicos, el evangelio de la tecnología tiene una escatología, un

---

23 Egbert Schuurman, *Technology and the Future: A Philosophical Challenge* (Grand Rapids, MI: Paideia Press, 2009), s. e.

24 Hartmut Rosa, *Social Acceleration: A New Theory of Modernity* (Nueva York: Columbia University Press, 2015).

25 Douglas Rushkoff, *Program or Be Programmed: Ten Commands for a Digital Age* (Nueva York: Soft Skull, 2011).

fin último. Y se ramifica en dos formas distintas, la encarnada y la desencarnada.

En primer lugar, el objetivo de una forma de tecnología es conseguir un cuerpo totalmente aumentado. Por ejemplo, el *biohacking* CRISPR promueve el objetivo final de la evolución, de la búsqueda por parte de la humanidad de una especie posthumana superior. Si podemos imaginar un mundo de dinosaurios, y nuestra superioridad intelectual sobre ellos, pensemos en un lugar donde la humanidad actual será reemplazada por una especie sobrehumana, y la humanidad no modificada (lo que ahora consideramos vida «normal») solo se conservará en los museos. El posthumanismo hará alarde de una especie de superhumanos hechos a sí mismos, una nueva raza de *neonefilim*, tan maravillosos que superarán a la humanidad primitiva en todos los sentidos, tan excelentes que se convertirán en una nueva raza del ser. La tecnología genética ya está escalando esta trayectoria transhumana. El hombre ya puede editar óvulos, espermatozoides o embriones en ingeniería de la línea germinal, un intento de editar los cambios del ADN en un linaje. Su objetivo será regenerarse mediante bebés «de diseño» fabricados genéticamente y, finalmente, mediante niños ectogenéticamente engendrados sin útero, purificados de enfermedades, defectos y profanaciones.

Pero una segunda forma de esta escatología es incorpórea. El transhumanismo es la promesa de que un día el hombre evolucionará por fin y por completo hasta el punto de encontrar la manera de eludir esta biológica existencia, no solo con un enchufe neurológico al mundo digital, sino con una transferencia completa de la conciencia humana fuera del cerebro y hacia una conciencia digitalizada. La tecnología promete exhumar algún día nuestra capacidad cerebral de este amasijo moribundo de células biológicas que llamamos cuerpo.

El posthumanismo encarnado o el transhumanismo incorpóreo son la aspiración de los futuristas tecnológicos. La sociedad tecnológica aspira a la autotransfiguración, a una nueva creación fabricada y a una escatología de su propia creación.[26]

La evolución se ha convertido en autoevolución. A mediados del siglo pasado, con todas las innovaciones introducidas por el hombre en la Revolución Industrial, quedó claro que la evolución ya no era una fuerza invisible, sutil y lenta que había guiado al hombre durante miles de millones de años. El hombre había tomado las riendas de su autotransfiguración. En 1969, Victor Ferkiss calificó al hombre de «animal tecnológico», la primera criatura que hizo del cambio tecnológico «el factor fundamental de la evolución humana». La evolución es autodirigida. «Solo el hombre ha evolucionado culturalmente hasta el punto de poder alterar de forma consciente y radical su entorno físico y su propia constitución biológica».[27] Cuarenta años más tarde, Kevin Kelly calificó la tecnología de «la fuerza más poderosa que se ha desatado en este planeta, y en tal grado, que creo que se ha convertido en lo que somos. De hecho, nuestra humanidad y todo lo que pensamos de nosotros mismos, es algo que hemos inventado. Nos hemos inventado a nosotros mismos».[28] La evolución nos ha traído hasta aquí: al pináculo de la autoevolución humana, miles de millones de años en la creación: el hombre tecnológico. Nunca dejará de reinventarse, de rehacerse en algo tan glorioso y superior que solo podemos llamarlo posthumano.

---

26 «La escatología auténticamente cristiana debe distinguirse de lo que podríamos llamar futurismo, asignando papeles y prediciendo resultados en lo que no es más que una especie de tecnología escatológica». John Webster, *Word and Church: Essays in Christian Dogmatics* (Nueva York: T&T Clark, 2001), 274.

27 Victor C. Ferkiss, *Technological Man: The Myth and the Reality* (Nueva York: Braziller, 1969), 27.

28 Kevin Kelly, «Technology's Epic Story», ted.com (noviembre de 2009).

El *evangelio* frente al evangelio de la tecnología

Si todas las aspiraciones del evangelio de la tecnología suenan nuevas, no lo son. En julio de 1945, C. S. Lewis publicó una novela distópica de ciencia ficción para explorar este mismo impulso transhumanista en el hombre. El título, *That Hideous Strength* [Esa horrible fuerza], es un guiño a la ambición de Babel. El transhumanista de la novela, el Dr. Filostrato, busca un mundo en el que se eluda la muerte y en el que la conciencia humana sea exhumada de todos los límites biológicos. Está en guerra contra el desorden de la vida biológica. El doctor aboga por «la conquista de la muerte: o por la conquista de la vida orgánica, si se prefiere», en palabras del Dr. Filostrato. «Son la misma cosa. Se trata de sacar de ese capullo de vida orgánica que cobijó la infancia de la mente al Hombre Nuevo, al hombre que no morirá, al hombre artificial, libre de la Naturaleza».[29]

Un mes después de la publicación de la novela de Lewis, Estados Unidos lanzó una bomba atómica sobre Hiroshima, y el hombre recordó que la vida eterna es un logro mucho más difícil que la muerte masiva. Hemos dominado el poder de masacrar. Pocos días después de los bombardeos, George Orwell reflexionó sobre la novela. «De hecho, en un momento en que una sola bomba atómica (de un tipo ya declarado "obsoleto") acaba de volar en pedazos a probablemente trescientas mil personas, suena demasiado actual. Mucha gente de nuestra época alberga los monstruosos sueños de poder que el Sr. Lewis atribuye a sus personajes, y estamos a punto de llegar al momento en que esos sueños se hagan realidad».[30] Simultáneamente, la ciencia desata nuevos

---

29 C. S. Lewis, *That Hideous Strength*, vol. 3, Space Trilogy (Nueva York: Scribner, 2003), 173–74.
30 George Orwell, *I Belong to the Left: 1945, The Complete Orwell* (Londres: Secker & Warburg, 2001), 250-51.

poderes para destruir la vida y nuevos sueños de convertirse en seres eternos.

Pero a pesar de su creciente poder, el evangelio de la tecnología se enfrenta al evangelio de Jesucristo. Para que la tecnología alcance sus últimas esperanzas escatológicas, debe hacer a un lado a Cristo. Y ahora puede hacerlo, dice el historiador futurista Yuval Noah Harari. «No necesitamos esperar a la Segunda Venida para vencer a la muerte. Un par de cerebritos en un laboratorio pueden hacerlo. Si tradicionalmente la muerte era la especialidad de sacerdotes y teólogos, ahora los ingenieros están tomando el relevo».[31] Un evangelio sustituye al otro al superar la muerte. La tecnología sustituye al cristianismo por necesidad, dice el transhumanista Ray Kurzweil, porque «una función primordial de la religión tradicional es la racionalización de la muerte, es decir, racionalizar la tragedia de la muerte como algo bueno».[32]

En primer lugar, es una mala interpretación del cristianismo. Nunca relativizamos la muerte. La muerte es nuestra némesis, nuestra tiranía y nuestro enemigo al que hay que derrotar definitivamente.[33] Creemos que un día se hablará de la muerte como hoy se habla del mito de Tánatos, una tragedia que solo se encuentra en viejas historias como *Otelo*, alguna catástrofe inimaginable de una época pasada.

Pero la muerte es una línea de batalla principal en la era de la tecnología. ¿Tenemos la esperanza eterna a través de la tumba o evitando la tumba? Son evangelios opuestos. En 1939 Lewis dijo que «una esperanza "científica" de vencer a la muerte es un

---

31 Harari, *Homo Deus*, 23.
32 Ray Kurzweil, *The Singularity Is Near: When Humans Transcend Biology* (Nueva York: Penguin, 2006), 372.
33 1 Cor. 15:26.

verdadero rival para el cristianismo».[34] Y, sin embargo, desde entonces, «en ningún caso la ciencia ha vencido la inevitabilidad de la muerte. El hombre moderno solo ha encontrado diversiones más fascinantes de la contemplación sobria de este hecho».[35] La magia tecnológica distrae al hombre de su mortalidad, pero aún no ha acabado con la muerte.

Aquí es donde el evangelio de Jesucristo y el evangelio de la tecnología se encuentran en un callejón sin salida. Los tecnólogos dicen que no necesitamos a nadie que haya muerto para vencer a la muerte. Todo lo que necesitamos son un par de cerebritos en un laboratorio para detener el reloj de la muerte dentro de nuestras células. El salvador de la humanidad será la humanidad. No necesitamos dioses. Necesitamos ingenieros. Estamos al borde de la autorredención. Con esta creencia, cerramos el círculo y nos encontramos de nuevo en la cima de Babel, entre una multitud de las mentes más poderosas del mundo: superhombres hechos a sí mismos listos para asaltar el cielo y usurpar a un Dios innecesario. Al romper las riendas del desarrollo evolutivo, el hombre está en pleno galope para hacer realidad el sueño de Nietzsche de un mundo en el que «los seres humanos están llamados a trascenderse a sí mismos, a hacer de sus vidas obras de arte, a ocupar el lugar de Dios como autocreadores e inventores, no descubridores, de sentido».[36] Todos nos convertiremos en *Übermensch*. Superhombres. Seres superiores. Autoinventados. Autoglorificados. Autoentronizados. Ciudadanos de Babel autoinmortalizados.

Para todo este progreso tecnológico, ¿qué se necesita? Fe. El evangelio de la tecnología solo pide que pongamos nuestra

34 C. S. Lewis, *The Collected Letters of C. S. Lewis*, 3 vols., ed., Walter Hooper (Londres: HarperCollins, 2004-2007), 2:262.
35 Carl F. H. *Henry, Christian Personal Ethics* (Grand Rapids, MI: Baker, 1977), 47.
36 Trueman, *Rise and Triumph of the Modern Self*, 41-42.

confianza en el pleno control técnico de toda la realidad. Confía en las mejoras tecnológicas. Síguelas. Adóptalas. Adáptate. No te resistas. No cuestiones. Y no te preocupes si el progreso tecnológico supera al ético. Da a los tecnólogos tu fe, o al menos tu confianza ciega.

Deus Ex Machina

La tecnología se convierte en una religión arraigada en un deseo cada vez más profundo de controlarlo todo sobre nuestro mundo y sobre nosotros mismos. «Así como hay fundamentalismo religioso, existe un fundamentalismo técnico», escribe Paul Virilio. «El hombre moderno, que mató al Dios judeocristiano, el de la trascendencia, inventó un dios máquina, un *deus ex machina*».[37] Un «dios de la máquina», un salvador tecnológico. Nuestras máquinas surgirán en el momento oportuno para redimirnos, o eso nos prometen.

Este tecnoevangelio de la autoevolución exige el fin de la salvación en Jesucristo. La doctrina del pecado y la depravación debe desaparecer. Treinta años antes que Lewis, Herman Bavinck olió esta misma tendencia cultural en el aire. La idea de que «el hombre es radicalmente corrupto, que debe ser salvado por Cristo, y que nunca puede llegar a ser santo y feliz por sus propias fuerzas, es el más desmoralizador de todos los artículos de la fe cristiana, y debe ser combatido y erradicado con firmeza». Así que, desafiando el evangelio, el hombre tecnológico avanza hacia el *Übermenschism*, la redención de sí mismo que se extiende «no solo hacia delante, sino también hacia arriba, para encontrarse con la luz, la vida, el espíritu».[38] Durante más de un siglo, el evangelio

---

37 Paul Virilio, citado en James Der Derian, «Speed Pollution», wired.com (1 de mayo de 1996).
38 Herman Bavinck, *The Philosophy of Revelation* (Nueva York: Longmans, Green, 1909), 274.

de la era tecnológica ha sido el evangelio de una autoliberación posthumana.

Más recientemente, Schuurman predijo: «La sociedad del futuro es una sociedad técnica; la ética del futuro es una ética de sistemas; la religión del futuro es la expectativa de redención técnica. La humanidad confiará en la tecnología, se maravillará ante ella y la adorará, pero no pocas veces también temerá a los medios técnicos como a dioses». La obra de creación (*bara*) «ya no es obra de Dios, sino del hombre». El hombre es ahora el único creador relevante. La caída en el pecado «no es un acto de falta de fidelidad a Dios, sino un acto de falta de fidelidad a nosotros mismos como humanos». La redención no es «la confesión de que Cristo restablece la comunión con Dios, sino la llamada a los humanos para volver a valerse por sí mismos». La fe se sustituye por «confianza en sí mismo». La libertad no es libertad en Cristo, sino «independencia absoluta». La escatología no consiste en recibir un don de Dios, sino en doblegar el mundo conocido a nuestra voluntad humana.[39] El mundo de la tecnología engendra una cultura que «no reconoce ningún sentido ni dirección normativa desde el exterior».[40] El tecnicismo, nuestro intento de controlar lo incontrolable de la naturaleza y la providencia, conduce a una consecuencia inevitable, la incapacidad de asombrarse ante el Dios del universo, el artífice de la creación. El misterio perece, y también las relaciones. «El amor muere; la empatía y la simpatía y el contacto con el otro desaparecen. Aumentan el distanciamiento y la soledad».[41] El evangelio de la tecnología es un pacto fáustico de poder, dominio y superioridad. Nos roba la alegría, la fe y la propia vida.

39 Egbert Schuurman, *Faith and Hope in Technology* (Carlisle, Reino Unido: Piquant, 2003), 53-54.
40 Schuurman, *Faith and Hope in Technology*, 87.
41 Schuurman, *Faith and Hope in Technology*, 101.

Decepción histórica

Los sueños tecnoutópicos de la humanidad acaban convirtiéndose en pesadillas tecnodistópicas. Abundan los programas de televisión y las novelas que muestran cómo las consecuencias de nuestra tecnología acechan cada vez más a la imaginación moderna. Pero las predicciones sobre cómo nos decepcionará la tecnología en el futuro se basan en la observación de que la tecnología ya nos ha decepcionado en el pasado.

Tomemos como ejemplo el siglo XIX, una época que marcó el siglo más radical de innovación humana que el mundo haya visto jamás. Los inventos nacidos en la Era Industrial llenan una larga lista de regalos que ahora damos por sentados: máquinas de escribir, cámaras, películas, videos, electricidad conductiva, bombillos incandescentes, pilas, telégrafos, teléfonos, cafeteras, máquinas de coser, escaleras mecánicas, ascensores, chicles, Coca-Cola, máquinas de vapor de alta presión, trenes, barcos de hierro, motores de combustión interna de gas y automóviles. ¿Qué tal para un siglo? Y fueron algo más que pequeñas mejoras. Es decir, un día nunca has hecho una llamada telefónica, y al día siguiente puedes hablar con tu hermana, en tiempo real, desde el otro lado de la ciudad. Nunca has visto una foto tuya, y al día siguiente puedes ver tu pelo en una fotografía borrosa. Nunca has usado electricidad ni has visto un bombillo, y entonces entras en París por la noche y toda la ciudad está iluminada.

Como señala Smil, hubo grandes avances tecnológicos en siglos anteriores, como durante la dinastía Han en China. Pero los descubrimientos tecnológicos se aceleraron en los siglos XVIII y XIX debido a una matriz de nuevos factores. Los inventos se globalizaron y fueron descubiertos, propuestos, adoptados y difundidos por toda la cultura occidental con más rapidez que nunca en la historia de la humanidad. ¿Por qué? Por primera vez, la innovación generalizada fue impulsada por proyecciones ideadas en la ciencia, las matemáticas y la física. Basándose en lo aprendido y confirmado en el pasado, los seres humanos podían imaginar nuevas posibilidades físicas, incluso antes de que esas posibilidades fueran autentificadas en los laboratorios. Por primera vez en la historia, los avances tecnológicos globales se basaban en teorías científicas que podían probarse sistemáticamente, mejorarse con rapidez y repetirse exponencialmente. Lo más revolucionario del siglo XIX fue que los seres humanos podían compartir, probar y mejorar colectivamente sus descubrimientos basados en la ciencia.[42]

Smil ofrece un ejemplo:

La bombilla de [Thomas] Edison no fue un producto (como pretenden algunas caricaturas de los logros de Edison) de la intuición de un inventor inexperto. Las lámparas eléctricas incandescentes no podrían haberse diseñado y producido sin combinar un profundo conocimiento de la investigación más avanzada en este campo, conocimientos matemáticos y físicos, un intenso programa de investigación apoyado por la generosa financiación de los industriales, un discurso de ventas bien definido a los usuarios potenciales, una rápida comercialización de las técnicas patentables y la adopción continua de los últimos avances de la investigación.[43]

Especialmente en el siglo XIX, la ciencia y la física propusieron nuevas posibilidades. Los inventores llevaron esas teorías a la

---

42 Václav Smil, *Creating the Twentieth Century: Technical Innovations of 1867–1914 and Their Lasting Impact* (Nueva York: Oxford University Press, 2005), 7-13.
43 Smil, *Creating the Twentieth Century*, 18.

realidad, y las industrias escalaron esas realidades y continuaron mejorándolas. El siglo XIX trajo consigo una difusión radical de la tecnología nunca vista en la historia de la humanidad. En lugar de baratijas hechas a mano por habilidosos o pociones mezcladas a mano por alquimistas, surgió una nueva era de ingenieros químicos y físicos atómicos, de teoría de gérmenes y termodinámica, y de matemáticos y científicos que trataban de comprender mejor y captar y manipular las posibilidades mecánicas de este mundo. La tecnología se convirtió en un dinámico proyecto comunitario, lo que llevó a Smil a calificar la época comprendida entre 1867 y el comienzo de la Primera Guerra Mundial como «el mayor hito técnico de la historia de la humanidad».[44]

Otra forma de clasificar este periodo de tiempo es superponerlo con los principios de Isaías 28. El auge de los descubrimientos científicos en el siglo XIX fue consecuencia de que muchas personas encontraran nuevas formas de trazar nuevos patrones en la creación. Con teorías objetivas, artículos científicos y experimentos simultáneos, las mentes científicas de todo el mundo colaboraron para comprender mejor los diseños de Dios en Su creación. No fue un accidente. Era la tienda de campaña de Dios para la ciencia desde el principio: modelos de creación descubiertos, codificados y comunicados dentro de un coro de muchos hombres y mujeres, en generaciones sucesivas, todos escuchando más claramente las instrucciones del Creador.[45]

No es de extrañar que el siglo XIX también marcara avances en la medicina. Las prácticas médicas habituales de 1800 eran totalmente distintas de las de 1899. En 1800 se pensaba que la enfermedad estaba causada por un desequilibrio en el *interior del*

---

44 Smil, *Creating the Twentieth Century*, 13.
45 Abraham Kuyper, *Abraham Kuyper: A Centennial Reader*, ed. James D. Bratt (Grand Rapids, MI: Eerdmans, 1998), 445.

cuerpo y sus fluidos. Pero la práctica era tan inexacta que el mismo desequilibrio de raíz podía manifestarse en dos pacientes distintos como enfermedades completamente diferentes. En 1899, sin embargo, las enfermedades se vincularon a microbios concretos, invasores enemigos procedentes del *exterior del cuerpo*. En menos de un siglo, las soluciones para las enfermedades pasaron de la etiología del desequilibrio (que exigía sangrías) a la etiología de la invasión (que exigía antibióticos). La teoría de los gérmenes se extendió por todo el siglo y dio lugar a vacunas contra el paludismo, el cólera, el carbunco, la viruela, la rabia, el tétanos y la difteria. En el mismo siglo se desarrollaron por primera vez analgésicos (aspirina), antisépticos (alcohol en gel) y anestésicos (morfina). Al hilo de estos descubrimientos, la lejía de cloro, utilizada durante mucho tiempo con fines estéticos en la industria textil, se convirtió en un desinfectante de primer orden.

En el siglo XIX todo cambió: la vida doméstica, la salud, la industria, la agricultura, las comunicaciones, los viajes y la navegación. Fue el mayor siglo de avance tecnológico jamás presenciado en la historia del mundo. Nunca se había oído tan claramente la voz del Creador en la creación. Por eso, en 1900, cuando el periodista científico Edward Byrn publicó un resumen de quinientas páginas sobre las innovaciones del siglo XIX, abrió con una alabanza:

La mente filosófica está acostumbrada a considerar todas las etapas del crecimiento como procesos lentos y uniformes de evolución, pero en el campo de la invención el siglo XIX ha sido único. Ha sido algo más que un crecimiento meramente normal o un desarrollo natural. Ha sido un gigantesco maremoto de ingenio y recursos humanos, tan estupendo en su magnitud, tan complejo en su diversidad, tan profundo en su pensamiento, tan fructífero en su riqueza, tan benéfico en sus resultados, que la mente se ve forzada y avergonzada en su esfuerzo por expandirse para apreciarlo plenamente. De hecho, el periodo parece un gran clímax de descubrimiento, más que un incremento de crecimiento. Ha sido una campaña espléndida y brillante de cerebros y energía, que se ha elevado hasta el logro más encumbrado en medio de los recursos más fértiles, y ha sido conducida por el equipo más fuerte y mejor del pensamiento moderno y la fuerza moderna.[46]

Unos años más tarde, en 1908, el teólogo Herman Bavinck, de cincuenta y cuatro años, echó la vista atrás a este mismo siglo de descubrimientos, gran parte del cual vio desarrollarse con sus propios ojos, y escribió: «Todavía hay muchos que se entusiasman con la ciencia y anticipan la salvación de la humanidad a partir de sus aplicaciones técnicas».[47] Sí, pero ¿cumplió el evangelio de la tecnología en la época de Bavinck? He aquí su actualización: «A finales del siglo XIX, la vida intelectual de la gente experimentó un cambio notable. Aunque se había logrado una serie de resultados brillantes en las ciencias naturales, en la cultura y en la tecnología, el corazón humano había quedado insatisfecho».[48]

Las creaciones técnicas, las casas grandes, los jardines fructíferos y la acumulación de poderes que ahorran trabajo para iluminarlas, regarlas y limpiarlas, todo ello combinado no puede satisfacer el alma humana.[49] Hay belleza divina que disfrutar en la creación, y hay creatividad divina que celebrar en la tecnología. Podemos ver

---

46 Edward W. Byrn, *The Progress of Invention in the Nineteenth Century* (Nueva York: Munn, 1900), 3.
47 Bavinck, *Philosophy of Revelation*, 300.
48 Herman Bavinck, *Reformed Dogmatics: God and Creation*, vol. 2 (Grand Rapids, MI: Baker Academic, 2004), 515.
49 Ecl. 2:4-11.

el poder eterno de Dios y Su brillo divino cuando descubrimos avances en la ciencia y desenterramos misterios en la creación. Pero incluso cuando ven la evidencia de Dios, los pecadores se vuelven sordos a Dios como el tesoro que todo lo satisface. Aunque sigan sus pautas y descubran sus dones, lo rechazan y se niegan a honrarlo como Creador.[50]

Así funciona el evangelio de la tecnología. Dice: «Vengan y encuentren seguridad y protección en lo que no es Dios, en lo que hemos hecho e inventado». La distorsión es más antigua que los carros, más antigua que las máquinas de vapor, y mucho más antigua que las redes sociales y los teléfonos inteligentes con una manzana mordida en ellos (un ícono para recordarnos las falsas promesas en el Edén). Estas mismas falsas promesas, predicadas en el evangelio de la tecnología no pueden salvar nuestros cuerpos ni satisfacer nuestras almas. La innovación humana satisface las comodidades humanas, pero mata de hambre los corazones humanos. Los pecadores siempre están tratando de fabricar un nuevo sustituto de Dios.[51] Y el último y mejor sustituto de Dios nunca cumple. Si estás tratando de encontrar la alegría en la tecnología (y no me importa si se trata de un coche nuevo, una plataforma de medios sociales, un dispositivo de juego, o un robot sexual) el evangelio de la tecnología drenará tu alma como una cisterna rota.

Ninguna innovación satisface al corazón. De hecho, todos los avances tecnológicos del siglo XIX no pudieron evitar dos grandes guerras mundiales en el siglo XX. Me pregunto si Bavinck previó estas guerras. La historia nos muestra que los descubrimientos científicos no traen la paz mundial, sino que hacen que nuestras armas sean más poderosas.

50 Rom. 1:18-32.
51 Jer. 2:13.

La ilusión del control

La tecnología promete darnos más control, y más control promete darnos más felicidad. Pero el deseo de controlar nuestras vidas es una promesa ilusoria. Nunca tendremos el control. Nunca seremos dioses de nada, ni siquiera de nosotros mismos. Las grandes empresas tecnológicas pueden prometernos más control, pero en poco tiempo perderán nuestros datos privados, robarán nuestra sensación de seguridad y nos dejarán tan vulnerables como siempre.

En la era de la tecnología podemos hacer acopio de toda innovación científica que nos prometa más poder y autonomía, pero antes deberíamos detenernos a considerar la pregunta de Jesús: ¿De qué le sirve al hombre ganar el mundo entero si pierde su alma?[52] Esa es la preocupación, sobre todo a medida que se multiplican las innovaciones del mundo. Como dice Bavinck:

En una palabra, la agricultura, la industria, el comercio, la ciencia, el arte, la familia, la sociedad, el Estado, etc., toda la cultura, puede tener un gran valor en sí misma, pero cuando se pone en relación con el reino de los cielos, pierde todo su significado. De nada le sirve al hombre ganar el mundo entero si pierde su propia alma; no hay nada en la creación que pueda dar a cambio de su alma.[53]

Si Dios es el centro de tu vida, la tecnología es un gran regalo. Si la tecnología es tu salvadora, estás perdido. El evangelio de la tecnología promete simplificar nuestras vidas y darnos más tiempo libre, relaciones más sólidas, más seguridad y mejores sociedades. Con demasiada frecuencia, ¿con qué nos quedamos? Vidas más

---

52 Mat. 16:26; Mar. 8:36; Luc. 9:25.
53 Bavinck, *Philosophy of Revelation*, 257.

complejas, menos tiempo libre, más soledad, más inseguridad y más desigualdad social.

El ser humano es fabricante y adorador, y con demasiada frecuencia lo que fabrica con sus manos se convierte en lo que adora con su corazón.[54] Cristo lo sabía. Como Creador de todas las posibilidades humanas, no era ingenuo desde el punto de vista científico. Él fue el autor de toda la ciencia. Él «conocía todos los secretos de la naturaleza, la utilidad de las artes humanas para la comodidad del mundo, pero nunca recomendó ninguna de ellas como suficiente para la felicidad».[55] Cristo creó todo el potencial humano y, sin embargo, cuando vino a la tierra, básicamente ignoró todo el ámbito del avance tecnológico para enseñarnos dónde encontrar la verdadera felicidad.

Jesucristo no llegó como científico, astrónomo o inventor. No se encarnó para asombrarnos con nuevos artilugios. No vino a establecer la ciencia, sino a ser adorado por los científicos. Vino a hacernos un regalo más grande. Vino a darse a sí mismo. Vino como nuestro Salvador.

Sin control sobre la muerte

Los cristianos somos realistas. No controlamos la muerte. No racionalizamos la muerte. Miramos a la muerte a los ojos y vemos que su reinado tiránico sobre nosotros es el origen de todas nuestras penas y angustias. Nuestro enemigo crónico no son los misiles intercontinentales de Corea del Norte, ni una silenciosa pandemia mundial. El último enemigo que nos acecha a cada uno de nosotros es la tumba.[56] La muerte es el rival que intenta atormen-

54 Isa. 44:9-20.
55 Stephen Charnock, *The Complete Works of Stephen Charnock* (Edimburgo: James Nichol, 1864-1866), 4:68.
56 1 Cor. 15:26.

tar a cada uno de nosotros hasta el final. La muerte acaba con los descubrimientos de un científico.[57] Y el miedo a la muerte nos tienta a poner cada vez más nuestras esperanzas redentoras en manos de los tecnólogos. Pero Silicon Valley no detendrá el tic-tac del reloj de la muerte que llevamos dentro. Los médicos antienvejecimiento pueden ayudarnos a ralentizar la muerte, pero no pueden posponerla. Los transhumanistas no pueden esquivar la muerte. Solo Dios puede acabar con la muerte, y lo ha hecho en y a través de la muerte: la muerte y resurrección de Su Hijo, Jesucristo.

La muerte es poderosa sobre nosotros porque nuestro problema espiritual fundamental es que caímos en las garras de la muerte por nuestro pecado. El pecado de Adán trajo la muerte a toda nuestra raza.[58] Pero no somos inocentes. Cada día quebrantamos el primer y más grande mandamiento: nos negamos a amar y valorar a Dios por encima de todo lo demás en este mundo.[59] La esencia del pecado es considerar a Dios, el creador de todas las cosas, monótono y aburrido en comparación con los placeres prometidos en la riqueza, el poder, el sexo, la tecnología, la comida, la moda y el consumismo del mundo. La muerte física es la consecuencia bien merecida de nuestros amores sin Dios.[60]

Dios irrumpió en la historia para detener nuestra adicción suicida a lo que no es Dios. Jesucristo (Dios encarnado, plenamente Dios y plenamente hombre) vino a desenmascarar nuestro problema fundamental. Nos negamos a ser felices en el único que puede hacernos verdaderamente felices. Nos negamos a valorar

57 Sal. 88:12.
58 Gén. 2:15-17; Rom. 5:12.
59 Deut. 6:5.
60 Rom. 6:23.

a Dios por encima de todo lo demás.[61] Cambiar la gloria de Dios por la gloria de los artilugios creados por el hombre es una insurrección cósmica.[62] Como fuente de toda vida y felicidad, Dios sería cruel si no ordenara nuestra felicidad en sí mismo. Y así lo hace. Dios «amenaza con cosas terribles si no somos felices».[63] Específicamente, Dios amenaza con cosas terribles si no somos felices en Él.[64] Y de hecho estamos muertos en nuestros pecados. Nuestros corazones están muertos para Dios.

Por eso Jesús entró en Su creación para redimirnos. Nació bajo la ley.[65] Y por Su vida perfecta, se capacitó para morir por nosotros. Cristo amó perfectamente. Amó a Su prójimo perfectamente. Cristo amó a Dios perfectamente. Nosotros nunca podríamos.[66] Por Su amor perfecto, Jesús cumplió perfectamente la ley, y sin embargo fue asesinado como un transgresor de la ley.[67] Cristo se hizo pecado por nosotros, aunque Él mismo nunca pecó.[68] Él tomó nuestro juicio para que pudiéramos ser declarados libres de culpa por nuestro amor pecaminoso a este mundo por encima de Dios.

Dios vino a nosotros. Cristo entró en Su creación para vivir una vida perfecta, para morir como pecador, para ser crucificado, sepultado y resucitado a una vida nueva. «Así que, por cuanto los hijos participaron de carne y sangre, él también participó de lo mismo, para destruir por medio de la muerte al que tenía el imperio de la muerte, esto es, al diablo, y librar a todos los que

---

61 Mat. 22:37-38.
62 Rom. 1:21-23.
63 Jeremy Taylor citado en C. S. Lewis, «Preface», en *George MacDonald: An Anthology: 365 Readings* (Nueva York: HarperOne, 2001), xxxv.
64 Deut. 28:47-48.
65 Gál. 4:4-5.
66 Mark Jones, «The Greatest Commandment», *Tabletalk*, mayo de 2013 (Sanford, FL: Ligonier Ministries, 2013), 14–16.
67 Gál. 3:10-14.
68 2 Cor. 5:21.

por el temor de la muerte estaban durante toda la vida sujetos a servidumbre» (Heb. 2:14-15). Él fue el sacrificio perfecto y sin mancha, un hijo primogénito, prefigurado mil años antes.[69] «Así que, como por la transgresión de uno vino la condenación a todos los hombres [el pecado de Adán], de la misma manera por la justicia de uno vino a todos los hombres la justificación de vida [la muerte y resurrección de Cristo]» (Rom. 5:18). Con Su muerte, Cristo «quitó la muerte y sacó a luz la vida y la inmortalidad por el evangelio» (2 Tim. 1:10). Cristo fue resucitado por sí mismo, por Dios Espíritu y por Dios Padre. La derrota de la muerte fue una obra verdaderamente trinitaria.[70]

La resurrección de Jesucristo es la afirmación histórica más audaz de cualquier religión. Es la esencia del evangelio. Toda la validez del cristianismo depende de ello.[71] Al creer en Cristo, tenemos la seguridad ante nuestra propia muerte física, la confianza de que Dios también nos resucitará a una nueva vida.[72] Dios regenera a Sus hijos y eleva espiritualmente nuestros afectos para que ahora podamos ver y apreciar el valor de Dios, y nos da esperanza mientras aguardamos nuestra resurrección física.[73] Jesucristo rompió las cadenas de la muerte sobre nuestras vidas y nos dio la bienvenida como ciudadanos de la nueva creación. El Espíritu nos llena de alegría en esta tierra y nos recuerda que ahora somos libres de la tiranía del pecado y de la muerte.[74]

La muerte no es simplemente un «fallo técnico» que espera una «solución técnica».[75] La muerte es nuestro enemigo. No raciona-

---

69 Gén. 22:1-19.
70 Juan 2:19; Rom. 8:11; Gál. 1:1.
71 1 Cor. 15:12-28.
72 2 Cor. 4:14.
73 Col. 3:1-4.
74 2 Cor. 5:17.
75 Harari, *Homo Deus*, 23.

lizamos la muerte; le decimos a la muerte: «¡Vete al infierno!», porque es allí donde debe ir.[76] La tecnología médica puede adormecer el aguijón de la muerte o posponer la inevitabilidad de la muerte. Pero solo Cristo venció a la muerte perfecta, plena y eternamente.[77]

La muerte es la maldición de Dios pronunciada sobre la creación tras la caída. Al igual que Adán se escondió de Dios en el jardín, el hombre intenta esconderse de su inevitable fin. Pero Dios ha pronunciado la muerte por el pecado de Adán y por el nuestro. ¿Cuánto tiempo dejará Dios que el hombre se esconda? ¿Cuánto tiempo dejará que la humanidad haga retroceder a la muerte antes de que sus intentos de rozar la maldición de Dios encuentren su resistencia final? ¿Será después de que aprendamos a vivir 150 años, o 200 años, o una cuenta de cumpleaños más cercana a la de Matusalén? Tal vez en algún momento el antienvejecimiento haga retroceder a la muerte hasta el punto de encontrarse directamente con la maldición. Después de apartar «lo inevitable» y alargar la vida de la humanidad, quizá lleguemos a una valla electrificada, o quizá una espada encendida bloquee por fin nuestro camino hacia la inmortalidad.[78] ¿Y si cuerpos perfectamente sanos mueren sin otra razón que toparse con el limitador divino de Dios?

La muerte universal es el resultado de la maldición de Dios. Pero en Cristo, la muerte física no puede vencer. Su poder se ha roto para siempre. Cuando pecadores como tú y yo miramos al Hijo, la tiranía de la muerte sobre nuestras vidas se convierte en una puerta a la resurrección y a una existencia eterna sin lágrimas, sin remordimientos y sin dolor. Esta es la buena noticia,

76 Apoc. 20:14.
77 1 Cor. 15:55.
78 Gén. 3:24.

la esencia del cristianismo y el verdadero evangelio. A través de Cristo, nuestras vidas encuentran alegría, esperanza y equilibrio. A través del evangelio, encontramos claridad en todos los dones de este mundo (comida, sexo, dinero y tecnología). Esas cosas se convierten en verdaderos dones, ya no en dioses.

La victoria de Cristo sobre la muerte en el siglo I es la clave de nuestra vida actual. Porque incluso si finalmente aprendemos a succionar nuestra parte consciente de este peligro biológico en descomposición que llamamos cuerpo y la cargamos en una nube digital sin muerte, ¿qué ocurre si nos quedamos atrapados allí sin una salida eterna? ¿Y si una existencia gnóstica, encapsulada y sin cuerpo, es una especie de infierno en sí misma? ¿Y si nuestras tecnologías llegaran a ser tan buenas que nadie muriera por causas «naturales», sino solo por accidentes violentos? Este escenario nos paralizaría a todos en burbujas de inacción sin riesgo y nos convertiría en «el pueblo más ansioso de la historia».[79]

Por el contrario, como predijo Lewis, el impulso excesivo de salvar a la humanidad es lo que destruye, porque no procede de ningún ideal más elevado que el de intentar prolongar la vida en este universo. Sus palabras se aplican a nuestras nuevas aspiraciones para Marte. «Nada puede destruir más a una especie o a una nación que la determinación de sobrevivir a toda costa», dijo Lewis. Por el contrario, «aquellos que se preocupan por algo más que la civilización son las únicas personas que pueden preservar la civilización».[80] En Cristo superamos el miedo a la muerte física. Nosotros, los vencedores de la tumba, estamos en condiciones de convertirnos en los mejores humanitarios del mundo.

---

79 Harari, *Homo Deus*, 25.
80 C. S. Lewis, *Essay Collection and Other Short Pieces* (Nueva York: HarperCollins, 2000), 365–66.

Perdidos en el espacio

La era tecnológica seguirá ignorando la resurrección y sujetando la esperanza humana a los cohetes. El espacio profundo hipnotiza a los terrícolas. La profundidad, anchura y altura del universo son imposibles de comprender: al menos cien millones de galaxias que se extienden a lo largo de noventa mil millones de años luz. Ninguna de las dos cifras cabe en la calculadora de mi iPhone. Ninguna de las dos cantidades tiene sentido para mi cerebro.

Pero, durante generaciones, la gente ha mirado al cielo y ha afirmado que, cuando nos adentramos en esas extensiones insondables, nos encontramos con la ausencia de Dios. Hay años luz de nada ahí arriba, dicen, dentro de esta extensión cósmica ilimitada, que se calcula que existe desde hace miles de millones de años. Entonces, ¿por qué la Biblia se centra en una canica azul durante unos pocos miles de años? Esa es la pregunta que se hacen muchos ateos; y responden declarando que la visión del mundo de la Biblia, centrada en la tierra y en el hombre, no puede sostenerse en la era de la exploración espacial.

Esta es la conclusión del filósofo ateo Nicholas Everitt en su libro *The Non-Existence of God* [La inexistencia de Dios]. Allí afirma: «Todo lo que la ciencia moderna nos dice sobre el tamaño, la escala y la naturaleza del universo que nos rodea revela que es sorprendentemente inadecuado como expresión de un conjunto de intenciones divinas del tipo que postula el teísmo». Así, «los descubrimientos de la ciencia moderna *reducen significativamente la probabilidad* de que el teísmo sea cierto, porque el universo está resultando ser muy distinto del tipo de universo que habríamos esperado si el teísmo fuera cierto».[81] Afirma que un libro centrado

---

81 Nicholas Everitt, *The Non-Existence of God* (Oxfordshire, Reino Unido: Routledge, 2003), 218; énfasis original.

en la Tierra como la Biblia no nos prepara para descubrir 100 000 millones de galaxias. Por tanto, la Biblia resulta irrelevante en la era de la exploración espacial.

O, como dijo Carl Sagan: «Si uno vivía hace dos o tres milenios, no se avergonzaba de sostener que el universo estaba hecho para nosotros».[82] Pero sería de tontos afirmarlo ahora. ¿Por qué? Porque a medida que nuestros cohetes se adentran en el espacio y descubren más de la extensión de nuestro cosmos, nuestros astrónomos ateos postulan que, dada la magnitud del cosmos y el vasto número de planetas que seguramente existen entre las galaxias lejanas, la Tierra no es nada especial. Seguramente existe vida más inteligente en algún otro lugar. No somos únicos. Y si no somos únicos, cualquier deidad centrada en la Tierra debe ser miope (en el mejor de los casos), o el producto mítico de la imaginación activa de algún terrícola (en el peor de los casos). Son especulaciones muy fuertes.

Pero tras décadas de ambiciosas fotografías y sondas en el espacio profundo, el mismo astrónomo se vio llevado a hacer un conclusión más concreta: «En términos de conocimiento real», no hay otro mundo «que se sepa que alberga un microbio, y mucho menos una civilización técnica».[83] Estudia todos los millones de fotografías del espacio profundo, y no encontrarás «ningún signo de una civilización técnica retrabajando la superficie de ninguno de estos mundos», concluyó Sagan.[84] Cuando el científico ateo deja de delirar con sus teorías por un momento para comprobar los hechos documentados (es decir, la ciencia), las pruebas hasta la fecha sugieren que con cada

82 Carl Sagan, *Pale Blue Dot: A Vision of the Human Future in Space* (Nueva York: Ballantine, 1997), 50.
83 Sagan, *Pale Blue Dot*, 68.
84 Sagan, *Pale Blue Dot*, 120.

fotografía de esferas nuevas, distantes y vacantes en el vasto más allá, la tierra se está volviendo científicamente más única, no menos. Por ahora, no hay ninguna razón científica para dejar de concluir que todo el cosmos fue hecho como un teatro para los terrícolas.

Así, los ateos científicos tienden a suponer que fue la reorganización orbital de Nicolás Copérnico la que sacó a la humanidad del centro del universo, seguido del Sputnik, el Voyager y el Apolo, lo que nos despertó el insondable alcance del cosmos y llevó a las antiguas religiones del hombre al borde de la crisis existencial. La humanidad no es más que un accidente entre mil millones. Pero esta línea de pensamiento es demasiado estrecha, porque si el Dios revelado en las Escrituras es verdadero, esperaríamos encontrar Su naturaleza grabada en el universo visible. Y eso es lo que encontramos. El espacio nos parece infinitamente expansivo, no porque Dios sea un mito, sino porque Dios se ha hecho inevitablemente obvio a Sus criaturas.[85] La vastedad infinita de Dios nos rodea en la metáfora del espacio.

Antes de que los satélites de órbita terrestre baja distrajeran nuestra visión del gran cosmos, como mosquitos dando vueltas alrededor de tu cabeza, y antes de que la contaminación lumínica atenuara la gloriosa Vía Láctea, como el haz de una linterna a tus ojos, David miró fijamente el resplandor del espacio profundo y reflexionó: «¿Qué es el hombre *para que tengas de él* memoria?». Siempre ha asombrado a la humanidad que la tierra fuera elegida para ser el escenario central de Dios en el drama del cosmos. Cuando de noche miro hacia la oscuridad y contemplo la luna resplandeciente y los planetas lejanos y las cinco mil estrellas llameantes que aún son visibles a simple vista; cuando veo todo lo

---

85 Rom. 1:18-32.

que has hecho con tus propios dedos y has puesto en órbita, me pregunto: «¿Qué es el hombre, para que tengas de él memoria, y el hijo del hombre, para que lo visites?» (véase Sal. 8:3-4).

Dios creó miles de millones de galaxias, pero el drama de la historia se desarrolla en una sola roca azul. Así que el hombre reflexionó sobre el favor que Dios nos hizo en este planeta mucho antes de que los ateos modernos utilizaran la extensión del cosmos para suprimir a Dios en la incredulidad. Nuestro universo tiene un propósito más allá de nuestra percepción. «El universo no se agota, ciertamente, en su servicio a la humanidad y, por tanto, debe tener algún objetivo distinto que la utilidad para el hombre».[86] La pragmática no puede explicar el alcance del universo conocido. Existe más allá de lo que podemos descubrir actualmente; engrandece el poder y la valía de su Creador.

La gran extensión del espacio no es un accidente subjetivo, una ocurrencia tardía e inacabada o una cabina fotográfica cósmica para satélites. El espacio es una revelación objetiva, ordenada e innegable de Dios: «Su eterno poder y deidad» (Rom. 1:20). Desde el punto de vista teológico, el espacio nunca «debe considerarse como un "hecho de la naturaleza" cuyo significado es evidente por sí mismo sin referencia a la presencia divina y su pretensión sobre las criaturas».[87]

Así pues, si enfocamos correctamente la exploración espacial, no nos encontramos con la ausencia de Dios, sino que somos acogidos en comunión con el Creador. Muchas personas, tanto cristianas como no cristianas, luchan por sentir la presencia de Dios en las inmensas extensiones del espacio. Pero el Creador es infinito, y Su infinitud resuena en la creación, incluido el espacio

---

86 Bavinck, *Reformed Dogmatics*, 2:433.
87 John Webster, *Confessing God: Essays in Christian Dogmatics II* (Londres: T&T Clark, 2005), 103-7.

profundo. Dios creó un cúmulo estelar abierto y lo llamó «Pléyades». Y creó una constelación de estrellas y la llamó «Orión».[88] Determinó el número exacto de todas las estrellas combinadas del universo y les puso nombre a todas y cada una de ellas.[89] Según nuestras últimas estimaciones, existen entre 100 000 millones y 2 billones de galaxias más allá de nuestro alcance actual, y todas ellas existen para enseñarnos teología, para mostrar la fidelidad del pacto de Dios con Su pueblo y para declarar la inmensidad, la gloria y el amor del Creador.

¿En quién confiaremos entonces?

En el universo de Dios, la tecnología cobra sentido para los cristianos que temen a Dios y sirven a los demás. Pero seguimos viviendo en un mundo caído, con guerras y rumores de guerras e ira entre personas y naciones.[90] Ningún viaje a la luna o misión a Marte puede acabar con la agresión humana. Y los caballos y carros de guerra resultantes no son del todo contrarios a la voluntad de Dios, porque Dios ha autorizado a los gobiernos a blandir legalmente espadas y pistolas y tanques para castigar y defender.[91]

Necesitamos la tecnología, pero a menudo la idolatramos. El pueblo de Dios fue condenado en Isaías porque recurrió a los descubrimientos y las innovaciones humanas para encontrar su seguridad. Cuando se trata de salvarnos, acumulamos riquezas y carros, nos aferramos a los ídolos, nos escondemos dentro de nuestras innovaciones, subimos a altas torres y nos agazapamos detrás de muros fortificados.[92] Cuando se trata de la salvación,

---

88 Amós 5:8.
89 Sal. 147:4.
90 Mat. 24:6; Mar. 13:7.
91 Rom. 13:1-7.
92 Isa. 2:6-22.

la tecnología es una decepción inevitable. «Falsa esperanza de victoria es el caballo, ni con su mucha fuerza puede librar» (Sal. 33:17, NBLA). El hombre no puede salvarse a sí mismo. «Dejen de considerar al hombre, cuyo soplo de vida está en su nariz. Pues ¿en qué ha de ser él estimado?» (Isa. 2:22, NBLA). Ningún innovador y ninguna innovación pueden salvarlo en última instancia.

La ciencia materializa los anhelos más profundos de nuestro corazón en máquinas en las que depositamos nuestras esperanzas. «Para la humanidad, la tecnología no es simplemente un medio para la supervivencia física; es también un medio hacia lo que concibe como realización espiritual».[93] Así que podemos estar de acuerdo con Paul Virilio, un crítico de la tecnología moderna, cuando dice que nos resistimos «no a la tecnología propiamente dicha, sino a la propensión que tenemos a conferir a la tecnología una función salvífica».[94] De hecho, «sería imperdonable dejarnos engañar por el tipo de utopía que insinúa que la tecnología traerá en última instancia la felicidad y un mayor sentido de humanidad».[95] No lo hará. La tecnología puede hacer muchas cosas, pero nunca satisfará nuestras almas. La innovación humana mal empleada nos adormece espiritualmente. Por eso el profeta Isaías utilizó el bronce y el hierro como metáforas de la torpeza espiritual de los corazones pecadores.[96]

Y, sin embargo, lo que hacemos con latón, hierro y silicio es asombroso. El microprocesador es la cosa más poderosa de la

---

93 Victor C. Ferkiss, «Technology and the Future of Man», *Review and Expositor 69*, n.º 1 (1972): 50.
94 Dicho de Paul Virilio en Gil Germain, *Spirits in the Material World* (Lanham, MO: Lexington, 2009), 102.
95 Paul Virilio, *Politics of the Very Worst* (Nueva York: Semiotext(e), 1999), 79.
96 Isa. 48:4.

tierra, y poseemos varios de ellos sin licencia, permiso o aprobación gubernamental. Los ordenadores, teléfonos inteligentes y sistemas de juego que funcionan con estos chips son increíbles. Los minúsculos cables flexibles que pueden insertarse en el cerebro de un paralítico para otorgarle nuevos poderes telequinéticos de movimiento son notables. El fin de la poliomielitis y el fin del cáncer y el fin de la demencia, si llegáramos a ver todas estas victorias, serían hazañas asombrosas de la tecnología médica, y daríamos a Dios toda la gloria por ellas, porque crea mentes para responder a estos problemas y para oponerse a la caída.

Pero todos estos avances no pueden arreglar lo que está verdaderamente roto.

El alma

El informático Alan Kay bromeó una vez diciendo que la tecnología es cualquier cosa inventada después de nacer.[97] Pero la tecnología es mucho más amplia, e incluye los dones del siglo XIX que ahora damos por sentados. Nuestra vida actual, saturada de innovaciones, es un regalo divino que nos llega a través del canal de muchas mentes brillantes que estaban ocupadas innovando décadas antes de que naciéramos.

Las mentes del siglo XIX aceleraron el avance tecnológico. Pero a medida que los avances tecnológicos se aceleraban, los predicadores contemporáneos subían a los púlpitos con preocupación. Transcurridas tres cuartas partes del siglo, el pastor J. C. Ryle advirtió que la innovación nos ciega ante asuntos más importantes, diciendo: «Vivimos en una era de progreso, una era de motores de vapor y maquinaria, de locomoción e

---

97 Kelly, *What Technology Wants*, 235.

invención. Vivimos en una época en la que la multitud está cada vez más absorbida por las cosas terrenales: ferrocarriles, muelles, minas, comercio, bancos, tiendas, algodón, maíz, hierro y oro. Vivimos en una época en que hay un falso resplandor sobre las cosas del tiempo, y una gran niebla sobre las cosas de la eternidad».[98]

En esta oleada de maravillas modernas, Charles Spurgeon fue lo suficientemente sabio como para ver la innovación humana como el aprovechamiento de los patrones de Dios en la creación. Pero incluso cuando celebraba las nuevas innovaciones, ofrecía firme cautela. «Hemos oído hablar de ingenieros capaces de salvar los más anchos abismos», dijo desde el púlpito. «Hemos visto hombres que podían forzar el destello del rayo para que llevara un mensaje para ellos; sabemos que los hombres pueden controlar los rayos del sol para su fotografía, y la electricidad para su telegrafía; pero ¿dónde habita el hombre, dónde incluso está el ángel, que pueda convertir un alma inmortal?[99] La tecnología es impotente para apartar a los pecadores de las falsas promesas de este mundo para que encuentren su satisfacción en Cristo. La regeneración es el poder verdaderamente notable en cualquier época.

Dios depositó una gran cantidad de innovaciones y potencial tecnológico en la creación, no para llevarnos a la tentación, sino para revelarnos lo que más amamos y dónde depositamos nuestra mayor confianza. Puede ser en Dios. O en los carros, los misiles, la ciberguerra, las vacunas, el *dataísmo*, la inteligencia artificial o los descubrimientos contra el envejecimiento. «Algunos confían

---

98 J. C. Ryle, *Old Paths* (Londres: Charles J. Thynne, 1898), 41.
99 C. H. Spurgeon, *C. H. Spurgeon's Forgotten Early Sermons: A Companion to the New Park Street Pulpit: Twenty-Eight Sermons Compiled from the Sword and the Trowel* (Leominster, Reino Unido: Day One, 2010), 258–59.

en carros y otros en caballos, pero nosotros en el nombre del SEÑOR nuestro Dios confiaremos» (Sal 20:7, NBLA). Este es el dilema humano. La innovación humana es un don maravilloso, pero un dios decepcionante. No podemos salvarnos a nosotros mismos. Al final, nuestras innovaciones dejan los corazones insatisfechos, las almas perdidas y los cuerpos fríos en la tumba.

5

¿Cuándo acaban nuestras tecnologías?

SIEMPRE QUE HABLO DEL evangelio de la tecnología como un movimiento único y cohesionado (como he insinuado en el capítulo anterior), espero desacuerdos. Para los optimistas de la tecnología como yo, esto parece demasiado pesimista. Es razonable abordar los problemas científicos de un sector determinado, como la genética o la IA o los robots autónomos. Pero reunirlos todos en un evangelio de la tecnología es ir demasiado lejos. No separa lo bueno de lo malo. La gente siempre abusará de la tecnología, sí. Pero no se trata de una conspiración unificada. Entonces, ¿es exagerado sugerir que la industria tecnológica se está uniendo religiosamente y confabulando en un antievangelio masivo?

En realidad, al hombre siempre le ha gustado innovar nuevas tecnorreligiones en el espíritu de Babel. Un buen número de historiadores sugieren que las religiones antiguas surgieron como formas de apaciguar a los dioses para controlar la naturaleza. Pero ahora que podemos controlar nuestro entorno con la tecnología, no necesitamos las religiones antiguas. El control tecnológico desplaza a nuestros dioses. O, para ser más exactos, la tecnología se convierte en la nueva religión de la cultura. Tal vez, en palabras del filósofo informático Jaron Lanier, «lo que estamos viendo es una nueva religión, expresada a través de una cultura de ingeniería».[1] Así, las religiones de ingeniería del futuro no vendrán de Tierra Santa, escribe Yuval Noah Harari: «Surgirán de los laboratorios de investigación. Al igual que el socialismo se apoderó del mundo prometiendo la salvación a través del vapor y la electricidad, en las próximas décadas las nuevas tecnorreligiones podrían conquistar el mundo prometiendo la salvación a través de algoritmos y genes». En otras palabras, la Ciudad Santa del futuro no es Jerusalén, sino una tecnópolis como Silicon Valley. «Allí es donde los gurús de la alta tecnología están preparando para nosotros nuevas y valientes religiones que tienen poco que ver con Dios y todo que ver con la tecnología. Prometen todos los premios de antaño (felicidad, paz, prosperidad e incluso la vida eterna), pero aquí en la tierra con la ayuda de la tecnología, en lugar de después de la muerte con la ayuda de seres celestiales».[2] Los ingenieros tecnológicos se están convirtiendo en la clase sacerdotal de hoy, no muy distinta de la antigua herrería de generaciones anteriores.

Así que debemos volver nuestra mirada hacia el futuro, no porque nuestros gurús tecnológicos apunten hacia allí, sino porque las Escrituras lo hacen. La Biblia nos revela un momento futuro en el que la relación de Dios con la tecnología da un giro decisivo. Con el tiempo, la Escritura predice que nuestra tecnología asumirá un papel redentor en una civilización reunificada que busca la felicidad, la paz, la prosperidad y la vida eterna mediante sus propios inventos.

---

1 Jaron Lanier, *Who Owns the Future?* (Nueva York: Simon & Schuster, 2014), 193.
2 Yuval Noah Harari, *Homo Deus: Breve historia del mañana* (Nueva York: HarperCollins, 2017), 356.

Si esto te suena familiar, lo es. Este espíritu de idolatría surgió en Babel, una ciudad-torre primitiva, un altar construido para una nueva religión creada por el hombre para celebrar al hombre. Entonces Dios entró en la historia (*bajó* a la historia) para juzgar al hombre, no con el exterminio, sino con la confusión. Dios frustró el «progreso» humano multiplicando las lenguas de la tierra y dispersando cientos de culturas únicas por todo el planeta. Este acto no fue el fin de la ciudad, sino la génesis de mil ciudades. Fue una misericordia temporal. Dios era plenamente consciente de que esta dispersión de culturas acabaría por deshacerse y Babel se recogería y volvería en forma de la mayor ciudad del hombre: Babilonia, o como ella prefería ser llamada, «Babilonia la Grande».

Sex and the City

Babilonia es Babel en tamaño superlativo, una ciudad impía caracterizada por su deseo de exaltarse a sí misma por encima de Dios. Babilonia es la culminación de todas las ciudades, una imagen al final de nuestras Biblias de todas las ciudades del hombre plenamente realizadas. Tokio, Delhi, Shanghái, El Cairo, Pekín, Nueva York, Estambul, Moscú... Babilonia es la ciudad definitiva, un compuesto de todas las ciudades, la máxima expresión de los sueños y aspiraciones urbanas del hombre.

En Babilonia están «condenadas todas las ciudades».[3] Estas son las contundentes palabras de Jacques Ellul en su libro *The Meaning of the City* [El sentido de la ciudad], un estudio de la tumultuosa relación de Dios con las ciudades del hombre. La historia es a menudo fea, como vimos en Babel. Pero Ellul afirma que el origen de la ciudad comienza con la buena voluntad. En la ciudad, «todos trabajan para que el hombre viva mejor». La ciudad ofrece acceso

---

3   Jacques Ellul, *The Meaning of the City* (Eugene, OR: Wipf & Stock, 2011), 49.

a mejores viviendas, alimentos, servicios, cultura y entretenimiento para ocuparnos mientras resistimos a la monotonía de la vida. La ciudad nos conecta con otros para escapar de la soledad. Nos ofrece redes, habilidades compartidas y mejores empleos. Nos protege de las estaciones, nos resguarda de la invasión extranjera y nos salvaguarda con un acceso cercano a la medicina de urgencia más reciente. Las ciudades nos dan «más comodidad y lo que se llaman las alegrías de la vida, con todas las garantías de la ciencia, la medicina y la farmacología a sus puertas. Para cambiar la impotencia de quien debe ver morir a los que ama, incapaz de hacer nada».[4] La tecnología médica de la ciudad hace retroceder a la muerte. Es donde mucha gente aplica sus habilidades al servicio de los demás. Idealmente, la ciudad es un lugar de amor.

Pero cuando el amor a Dios no se afianza en el centro de una sociedad, el humanitarismo resultante cae bajo el paraguas de lo que Reno llama «la tiranía mortal de la filantropía». La aspiración más elevada de la ciudad acaba por «reunir todas las fuerzas a nuestra disposición para servir a cualquier dios del florecimiento mundano que nos hayamos hecho».[5] Preocupadas por ayudar a la humanidad a florecer al margen de Dios, las ciudades imponen «bienes» aparentes a los demás. Toda ciudad bienintencionada, centrada en las necesidades del hombre pero que ignora la gloria de Dios, acabará convirtiéndose en un lugar deshumanizador, el tipo de lugar donde proliferan las falsas promesas del evangelio de la tecnología en nombre del humanitarismo.

Esta es la historia de «Babilonia la Grande» y su derrocamiento. Apocalipsis 18 cuenta la historia, mientras el apóstol Juan observa cómo se desarrollan los acontecimientos finales de la historia en

4   Ellul, *Meaning of the City*, 60.
5   R. R. Reno, *Genesis* (Grand Rapids, MI: Brazos Press, 2010), 133.

los eventos que conducen al regreso de Cristo a la tierra. Comenzamos con los versículos 1-3:

[1] Después de esto vi a otro ángel descender del cielo con gran poder; y la tierra fue alumbrada con su gloria.

[2] Y clamó con voz potente, diciendo:

> Ha caído, ha caído la gran Babilonia, y se ha hecho habitación de demonios y guarida de todo espíritu inmundo, y albergue de toda ave inmunda y aborrecible.

[3] Porque todas las naciones han bebido del vino del furor de su fornicación; y los reyes de la tierra han fornicado con ella, y los mercaderes de la tierra se han enriquecido de la potencia de sus deleites.

Babilonia es un epicentro mundial de riqueza, opulencia, comodidad, consumo, máquinas de guerra y tecnología. Las ciudades comprimen la actividad humana. Las ciudades son tecnologías propias que funcionan como microprocesadores, «un maravilloso invento tecnológico que concentra el flujo de energía y mentes en una densidad similar a la de un chip de computadora. En un área relativamente pequeña, una ciudad no solo proporciona viviendas y ocupaciones en un espacio mínimo, sino que también genera un máximo de ideas e invenciones».[6] Las ciudades concentran tanto la innovación como la arrogancia humanas, obvias en Babel y ahora en Babilonia. Las ciudades son capitales de la autosuficiencia, de «la confianza de los seres humanos en que podían encontrar seguridad a través de su propia pericia tecnológica».[7]

---

6 Kevin Kelly, *What Technology Wants* (Nueva York: Penguin, 2011), 84.
7 J. A. Motyer, *The Prophecy of Isaiah: An Introduction and Commentary* (Downers Grove, IL: InterVarsity Press, 1996), 176.

Dentro de las ciudades, los avances tecnológicos conspiran para desalojar a Dios. Dios se ha vuelto irrelevante. Los babilonios se han vuelto tan confiados en su habilidad para resolver cualquier problema que consideran al Creador irrelevante en el drama de la empresa humana.[8] Dios es innecesario. Babilonia es la capital mundial de la autosuficiencia, llena de idólatras borrachos y adúlteros opulentos, una ciudad que ha «abandonado a Dios y lo ha sustituido por otros amantes».[9] Babilonia es su propio dios. Es la cumbre a la que aspira cualquier otra megalópolis construida por el hombre. Como resultado, los centros urbanos ignoran la belleza de Dios en favor de una vasta red global de afectos mal dirigidos. Los pecadores que se adoran a sí mismos malgastan sus vidas en una vana búsqueda de satisfacción en la riqueza, el sexo y el poder.

Recordando a Babel, Dios dirige su atención a Babilonia para desbaratar su espíritu autosuficiente. Pero antes llama a Sus fieles a salir de la ciudad.

> [4] Y oí otra voz del cielo, que decía: Salid de ella, pueblo mío, para que no seáis partícipes de sus pecados, ni recibáis parte de sus plagas; [5] porque sus pecados han llegado hasta el cielo, y Dios se ha acordado de sus maldades. [6] Dadle a ella como ella os ha dado, y pagadle doble según sus obras; en el cáliz en que ella preparó bebida, preparadle a ella el doble. [7] Cuanto ella se ha glorificado y ha vivido en deleites, tanto dadle de tormento y llanto; porque dice en su corazón: Yo estoy sentada como reina, y no soy viuda, y no veré llanto.

---

8 T. Desmond Alexander, *The City of God and the Goal of Creation* (Wheaton, IL: Crossway, 2018), 28-29.

9 Alexander, *City of God and the Goal of Creation*, 145.

Los ojos del mundo se volverán hacia la ciudad, pero los ojos del pueblo de Dios se apartarán. El pueblo de Dios partirá de la ciudad, convocado por el éxodo divino. Más sobre esto en un momento.

El espíritu de Babilonia es el espíritu del transhumanismo. Hecha arrogante por la opulencia y el confort, Babilonia reclama ahora poder sobre la tumba. «Alardea de su poder, incluso contra la muerte. No necesita a nadie. Su base de poder no es un simple ser humano. Ella es su propia razón de ser, en sí misma un poder suficiente, una ley suficiente. Ella excluye a Dios porque es para sí misma su propia espiritualidad suficiente».[10] Cree que ha vencido a la muerte y al dolor; cree que ha usurpado a Dios. Babilonia seduce al mundo con promesas de alegría y seguridad. La promesa de inmortalidad de Babilonia es hoy la promesa del evangelio de la tecnología.

Y, sin embargo, en esta ansia transhumana de victoria sobre la muerte y de inmortalidad autodescubierta, la ciudad rebelde no hace sino avivar el fuego de su juicio venidero, que consumirá su arrogante rechazo de Dios con la muerte literal y eterna.

[8] por lo cual en un solo día vendrán sus plagas; muerte, llanto y hambre, y será quemada con fuego; porque poderoso es Dios el Señor, que la juzga.

[9] Y los reyes de la tierra que han fornicado con ella, y con ella han vivido en deleites, llorarán y harán lamentación sobre ella, cuando vean el humo de su incendio, [10] parándose lejos por el temor de su tormento, diciendo: ¡Ay, ay, de la gran ciudad de Babilonia, la ciudad fuerte; porque en una hora vino tu juicio!

---

10 Ellul, *Meaning of the City*, 52.

Babilonia arderá hasta los cimientos. En un instante, en un incendio de un solo día, la poderosa ciudad arderá como un espectáculo global de humo para los ojos de todos los reyes de la tierra que alimentaron la opulencia y la indulgencia pecaminosa de la ciudad. Babilonia no se jactará de ninguna solución final de estos incendios y hambrunas. Cosechará el juicio de sus idolatrías, mientras los mercaderes del mundo ven arder sus ganancias.

> [11] Y los mercaderes de la tierra lloran y hacen lamentación sobre ella, porque ninguno compra más sus mercaderías; [12] mercadería de oro, de plata, de piedras preciosas, de perlas, de lino fino, de púrpura, de seda, de escarlata, de toda madera olorosa, de todo objeto de marfil, de todo objeto de madera preciosa, de cobre, de hierro y de mármol; [13] y canela, especias aromáticas, incienso, mirra, olíbano, vino, aceite, flor de harina, trigo, bestias, ovejas, caballos y carros, y esclavos, almas de hombres.

Los puertos de Babilonia acogían productos de primera necesidad como aceite, harina y trigo. También recibían abundantes animales para criar y comer. Pero la ciudad se sentía especialmente atraída por los artículos de lujo importados de todo el mundo: joyas y ropa caras, especias y fragancias exóticas y los mejores muebles para el hogar que ofrecía el mundo. También fluía un torrente de hierro para herramientas y armas metálicas, mármol para impresionantes proyectos de construcción, y caballos y carros para alimentar el ansia de entretenimiento de la ciudad.[11]

Las personas terminan la lista a propósito, como mercancía prescindible. Las ciudades consumen grandes cantidades de

---

11 Ian Boxall, *The Revelation of Saint John, Black's New Testament Commentary* (Londres: Continuum, 2006), 260–61.

energía, y antes de la electricidad, las ciudades funcionaban con seres humanos importados. «La esclavitud era para el mundo antiguo, más o menos, lo que el vapor, el petróleo, el gas, la electricidad y la energía nuclear son para el mundo moderno. La esclavitud era la forma de hacer las cosas».[12] La riqueza y la opulencia de Babilonia se construyeron sobre las espaldas de los cuerpos quienes son almas eternas, seres adoradores, utilizados simplemente por su poder en bruto. Babilonia deshumanizó a los portadores de la imagen de Dios convirtiéndolos en animales, mercancías funcionales compradas y vendidas como ganado, ovejas y caballos.

En sus barcos, los mercaderes presencian la destrucción y se deshacen en lágrimas. Babilonia es el corazón de un imperio económico mundial, y su destrucción significa el fin de un mercado mundial idólatra.

[14] Los frutos codiciados por tu alma se apartaron de ti, y todas las cosas exquisitas y espléndidas te han faltado, y nunca más las hallarás.

[15] Los mercaderes de estas cosas, que se han enriquecido a costa de ella, se pararán lejos por el temor de su tormento, llorando y lamentando, [16] y diciendo: ¡Ay, ay, de la gran ciudad, que estaba vestida de lino fino, de púrpura y de escarlata, y estaba adornada de oro, de piedras preciosas y de perlas! [17] Porque en una hora han sido consumidas tantas riquezas. Y todo piloto, y todos los que viajan en naves, y marineros, y todos los que trabajan en el mar, se pararon lejos; [18] y viendo

---

12 N. T. Wright, *Revelation for Everyone* (Louisville, KY: Westminster John Knox, 2011), 164.

el humo de su incendio, dieron voces, diciendo: ¿Qué ciudad era semejante a esta gran ciudad? [19] Y echaron polvo sobre sus cabezas, y dieron voces, llorando y lamentando, diciendo: ¡Ay, ay de la gran ciudad, en la cual todos los que tenían naves en el mar se habían enriquecido de sus riquezas; pues en una hora ha sido desolada! [20] Alégrate sobre ella, cielo, y vosotros, santos, apóstoles y profetas; porque Dios os ha hecho justicia en ella.

Luego viene un momento de subterfugio teatral. Babilonia, con toda su opulencia y poder e innovación y opresión, será como una piedra de molino arrojada al océano.

[21] Y un ángel poderoso tomó una piedra, como una gran piedra de molino, y la arrojó en el mar, diciendo:

Con el mismo ímpetu será derribada Babilonia,
la gran ciudad, y nunca más será hallada.

Paradójicamente, los molinos de Babilonia, ícono de su antiguo poder industrial y técnica enseñada al hombre por Dios para producir harina en masa, dejarán de moler. La idolatría es detenida por una roca del tamaño de una piedra de molino de dos toneladas. La perdición de la gran ciudad se corresponde con su fuerza industrial. Su juicio emerge de la creación para detener las herramientas que ella hizo de la creación. El fuerte sonido de este sistema industrial y tecnológico, construido por desafío a Dios, será silenciado y ahogado. Babilonia es arrojada al fondo del océano. Su economía se ahoga, su industria se detiene, su música cesa y sus innovadores dejan de construir.

[22] Y voz de arpistas, de músicos, de flautistas y de trompeteros no se oirá más en ti; y ningún artífice de oficio alguno se hallará más en ti, ni ruido de molino se oirá más en ti.

Babilonia es donde las innovaciones de Jabal y Jubal y Tubal-caín encontraron su máxima expresión, pero esas innovaciones han terminado. El yunque del herrero se oxida. La navegación mundial, el comercio, las importaciones y las exportaciones cesan. La música se detiene, y «sin música, la vida cívica se paraliza».[13] A medida que se acalla la banda sonora social, también lo hacen las reverberaciones de la fabricación. Las pesadas muelas de molino, que antes eran el fuerte sonido de la maquinaria económica del comercio, se silencian. No hay música. No hay industria. No hay importaciones. No hay fabricación de herramientas. No hay más grano para alimentar al hombre o al ganado. El fin definitivo de Babilonia en Apocalipsis 18:22 es el colofón de Génesis 4:19-22. El linaje de Caín es finalmente deshecho. Se pone fin a todos los impíos artífices de la tecnología, que se habían enriquecido con sus industrias.

Dios le dio al hombre la elaboración de música, herramientas y cría de ganado, pero no para que el hombre los utilice para cualquier propósito egoísta de riqueza, poder y opulencia que tenga. Así que ante los ojos del mundo, el sistema económico-industrial global de la riqueza humana arde hasta convertirse en cenizas; un final ardiente para los legados de los hijos de Caín y para la herencia de Caín como constructor de ciudades. La ciudad humana más brillante, la mayor metrópolis de la historia, se oscurece. Su cultura se acaba.

---

13 Peter J. Leithart, *Revelation, International Theological Commentary on the Holy Scripture of the Old and New Testaments* (Londres: T&T Clark, 2018), 2:245.

[23] Luz de lámpara no alumbrará más en ti, ni voz de esposo y de esposa se oirá más en ti; porque tus mercaderes eran los grandes de la tierra; pues por tus hechicerías fueron engañadas todas las naciones. [24] Y en ella se halló la sangre de los profetas y de los santos, y de todos los que han sido muertos en la tierra.

Babilonia persiguió activamente a los cristianos hasta el derramamiento de sangre. Como los cristianos rechazaban los ídolos de la ciudad, no eran bienvenidos en el mercado. «El sistema económico de Babilonia perseguía a las comunidades cristianas condenando al ostracismo de los diversos gremios comerciales a aquellos que no se conformaban con la adoración de las deidades patronas de los gremios. Esto solía tener como consecuencia la pérdida de posición económica y la pobreza de los condenados al ostracismo. En un sentido real, esto significaba la expulsión de los artesanos cristianos del mercado y la supresión de los placeres comunes de la vida que se disfrutaban en tiempos económicos normales».[14] Al negarse a participar en la idolatría sexual de la ciudad o a rendir culto a su opulencia, los cristianos eran rechazados por el mercado.

Cualquier sociedad que rinda culto al evangelio de la tecnología discriminará el evangelio de Jesucristo. Nuestras antiguas prioridades parecen insensatas ante la cultura tecnológica que nos rodea. Incluso hoy en día, las estructuras corporativas pueden hacer que los cristianos se sientan fuera de lugar, que su fe no es bienvenida, y que están más seguros si guardan sus convicciones para ellos mismos. Los cristianos pueden ser silenciados e incluso excluidos de las principales plataformas editoriales y de medios

14 G. K. Beale, *The Book of Revelation: A Commentary on the Greek Text, New International Greek Testament Commentary* (Grand Rapids, MI: Eerdmans, 1999), 919.

sociales de la cultura por decir la verdad. Esto no es posmoderno. Esto es babilónico. Y como en Babilonia, en casos extremos, los mártires mueren. Pero esta tragedia urbana es también una forma de resistencia urbana. Para los cristianos de ciudades impulsadas por la innovación como Babilonia, el martirio muestra «el *poder en la debilidad* del reino de Dios más que la *sabiduría poderosa* de los reinos terrenales».[15]

Al final, Babilonia dice que el propósito de la humanidad es glorificarse y disfrutar para siempre de la opulencia autosuficiente y la idolatría. Pero el verdadero propósito de la humanidad es glorificar a Dios disfrutando de Él para siempre. «Enfocarse en la humanidad como centro de todo y olvidarse de Dios es el mayor pecado».[16] La autoglorificación hace caer la justicia de Dios. Este fue el pecado de Babel y el pecado de Babilonia. Este es el pecado del evangelio de la tecnología.

Conclusiones

Llevados o no al derramamiento de sangre, los centros urbanos técnicamente avanzados presionan a los cristianos para que se alejen de la esperanza en Cristo. Las ciudades pueden intentar silenciar el cristianismo, pero Dios tiene la última palabra. El humeante final de la mayor ciudad del hombre nos deja algunas enseñanzas que los habitantes de las ciudades necesitan hoy.

1. La ciudad es el motor de la innovación.

Dios creó tres heroicos innovadores para preservar el linaje de Caín: Jabal, Jubal y Tubal-caín. Desde entonces, la innovación humana ha estado estrechamente ligada a la ciudad. Y mientras

---

15 Kevin J. Vanhoozer, *Pictures at a Theological Exhibition: Scenes of the Church's Worship, Witness and Wisdom* (Downers Grove, IL: IVP Academic, 2016), 280.
16 Beale, *Book of Revelation*, 921–22.

el urbanismo del hombre solo podía funcionar por motivos de idolatría, orgullo y codicia, la ciudad seguía siendo un don misericordioso. Construimos una diversidad de ciudades según nos dejamos llevar por nuestros impulsos culturales y según nos enseña el Creador a seguir Sus pautas de creación. Es una gran misericordia de Dios encontrar el camino hacia la seguridad de una ciudad.[17]

Jacques Ellul, por su parte, enraíza la génesis de toda construcción urbana en el intento fundamentalmente rebelde del hombre de inventar un falso Edén. El hombre levanta una fortaleza de seguridad tras el acero y el hormigón, una obra de contracreación, una falsificación diabólica, un hábitat de artificio, un rechazo fraudulento de la creación de Dios para reubicarla con la creación del hombre. Dios no detiene esta rebelión, sino que la adopta en Su propio plan para la vieja Jerusalén y la nueva Jerusalén.[18] Esto es ir demasiado lejos. Ellul no aprecia el plan de Dios para preservar a Caín y su linaje, los antepasados de la ciudad.

Por el contrario, podemos apreciar las ciudades como lo que son: dones temporales de Dios con buenos propósitos, especialmente para servir como epicentros de innovación. Solo Dios regala a una ciudad riqueza y bienestar, y de estos dones surgen nuevas posibilidades de ciencia y tecnología.[19] Sin riqueza ni salud, las ciudades no pueden innovar. Pero con estas bendiciones (y solo las pone la mano de Dios), los engranajes del desarrollo tecnológico giran y se forman redes. «La ciudad se caracteriza por la vida en la calle y los mercados, lo que genera más interacciones e intercambios de persona a persona en un día que en cualquier otro lugar», escribe Tim Keller, sugiriendo de nuevo que la ciudad

---

17 Sal. 107:1-9.

18 Ellul, *Meaning of the City*, 77, 102–3.

19 Herman Bavinck, «Common Grace», trad. Raymond C. Van Leeuwen, *Calvin Theological Journal* 24 (1988): 60.

es algo así como un microprocesador. «Cuanto más a menudo se reúnen personas de la misma profesión, más estimulan nuevas ideas y más rápido se difunden estas nuevas ideas. Cuanto mayor sea la oferta de talento, mayor será la productividad de ese talento y, por tanto, su demanda».[20] La era tecnológica florece gracias a las ciudades. Esto es bueno y malo. Significa que el evangelio de la tecnología será concebido y alimentado en el seno de la ciudad. Pero también significa que de entre los confines de la ciudad de Caín surgirán nuevas innovaciones beneficiosas que servirán a cada una de nuestras vidas con salud, herramientas y cultura.

2. Los cristianos se integran en las ciudades.

Entonces, si el *technium* acabará volviéndose contra los creyentes, ¿deben los cristianos excluirse del *technium* de Babilonia? Este es uno de los profundos desafíos de la vida en la era tecnológica. Es el enigma de la ciudad, porque Babilonia no es solo una ciudad: es todas las ciudades.

Pero también es una ciudad antigua. La futura Babilonia debería recordarnos a la Babilonia original, una antigua ciudad dirigida por su infame gobernante Nabucodonosor. La antigua Babilonia era tan avanzada culturalmente que ahora proporciona «la base sobre la que se construye nuestra cultura».[21] Esta misma ciudad antigua era una amenaza funesta para el pueblo de Dios en Jerusalén. Y cuando Nabucodonosor «destecnologizó» la ciudad santa por el exilio de sus técnicos de guerra y metalúrgicos, Jerusalén quedó indefensa ante la toma de Babilonia.[22]

---

20 Timothy Keller, *Iglesia Centrada: Cómo ejercer un ministerio equilibrado y centrado en el evangelio en su ciudad* (Grand Rapids, MI: Zondervan, 2012), 137-38.
21 Herman Bavinck, *The Wonderful Works of God* (Glenside, PA: Westminster Seminary Press, 2019), 39.
22 Jer. 29:2.

En el exilio bajo el gobierno de Nabucodonosor, ¿qué fue llamado a hacer el pueblo de Dios? ¿Fueron llamados a rebelarse contra la maldad de esta ciudad pagana, y escapar como en el éxodo de Egipto? No. Dios tuvo un plan diferente esta vez. No llamó a Su pueblo a huir y escapar. No decretó un segundo éxodo para ellos, al menos no inmediatamente. Y no les dijo que se convirtieran en un cáncer para destruir Babilonia desde dentro. Los llamó exactamente a la respuesta contraria. El profeta Jeremías comunicó las asombrosas órdenes de Dios:

> [4] «Así dice el SEÑOR de los ejércitos, el Dios de Israel, a todos los desterrados que envié al destierro de Jerusalén a Babilonia: [5] "Edifiquen casas y habítenlas, planten huertos y coman de su fruto. [6] Tomen mujeres y tengan hijos e hijas, tomen mujeres para sus hijos y den sus hijas a maridos para que den a luz hijos e hijas, y multiplíquense allí y no disminuyan. [7] Y busquen el bienestar de la ciudad adonde los he desterrado, y rueguen al SEÑOR por ella; porque en su bienestar tendrán bienestar"… [10] Pues así dice el SEÑOR: "Cuando se le hayan cumplido a Babilonia setenta años, Yo los visitaré y cumpliré Mi buena palabra de hacerlos volver a este lugar. [11] Porque Yo sé los planes que tengo para ustedes", declara el SEÑOR, "planes de bienestar y no de calamidad, para darles un futuro y una esperanza."» (Jer. 29:4-7,10-11, NBLA)

El pueblo de Dios fue llamado a buscar el bienestar de la avanzada ciudad pagana. Desde dentro. Este principio es inmediatamente relevante para todos los cristianos de hoy que viven en la ciudad. Increíblemente, «nuestro trabajo consiste en llevar la vida de los demás habitantes de la ciudad», escribe Ellul. «Debemos construir casas, casarnos, tener hijos. Qué feliz terreno para la conciliación, pues eso es exactamente lo que la ciudad nos pide». Y así estamos llamados «a continuar de generación en generación», contribuyendo a la «misma estabilidad y profundidad que los hombres están buscando cuando construyeron las ciudades». El pueblo de Dios no construye ciudades, sino que las habita. No estamos llamados a hacer ciudades, sino a mejorar las ciudades en las que vivimos. Evitamos las falsas promesas espirituales que animan nuestras ciudades, pero al mismo tiempo «se nos dice claramente que participemos materialmente en la vida de la ciudad y fomentemos su bienestar». Estamos llamados «a participar en la prosperidad de la ciudad, a hacer negocios en ella y a aumentar su población», incluso a «defenderla porque en ella está nuestra solidaridad».[23]

El pueblo de Dios en la antigua Babilonia «está llamado a ser el mejor residente de esta particular ciudad del hombre. Dios ordena a los exiliados judíos que no ataquen, desprecien o huyan de la ciudad, sino que busquen su paz, que amen la ciudad a medida que crecen en número».[24] Incluso dentro de una ciudad malvada, el pueblo de Dios busca florecer en su llamado.

3. Los cristianos leudan la ciudad antes de huir de ella.

Desde Sodoma, las ciudades han sido sinónimo de pecado sexual. Y en el caso de Sodoma, Dios decidió acabar con ella por medio de fuego. Pero antes nos dio una lección. Abraham, el que evitaba las ciudades, suplicó en nombre de Dios que perdonara a los habitantes de la ciudad. Si cincuenta creyentes justos vivieran en la ciudad, ¿la preservaría Dios? Sí, dijo Dios. Por cincuenta creyentes justos la ciudad no sería destruida. Abraham insistió. ¿Y cuarenta y cinco, o treinta, o veinte, o diez? La misma respuesta.

---

23 Ellul, *Meaning of the City*, 74.
24 Keller, *Iglesia Centrada*, 143.

Dios no destruiría una ciudad malvada por diez creyentes que hubiera en ella.[25]

¿Qué podemos aprender aquí? Al final de los tiempos, Dios separará a los impíos de los justos, pero no los separa en la ciudad. Hasta entonces, los cristianos leudan sus ciudades. Ellul escribe: «Toda la ciudad se salva cuando hay una brizna de rectitud, por débil que sea, escondida en medio de ella. Y esto abre una posibilidad para que los habitantes salven su ciudad. No para salvarla del juicio final, no de la condena unívoca pronunciada contra la ciudad, sino de su ejecución aquí y ahora, sobre su ciudad concreta, sobre sus habitantes, de que esa ejecución sirva como notificación del juicio final».[26]

Mientras esperamos el juicio final, cada iglesia metropolitana necesitará una dieta equilibrada de severas advertencias espirituales y radiantes promesas eternas.[27] A pesar de los peligros, los cristianos se quedarán en las ciudades para criar a sus familias y cumplir sus llamamientos, y disfrutarán de los beneficios de la ciudad al tiempo que aprenden a resistirse a las actitudes de la ciudad que dejan de lado a Dios. Al igual que cada tecnología tiene sus propios prejuicios inherentes (Twitter celebra el sarcasmo, Facebook celebra el pensamiento marginal e Instagram celebra los cuerpos), cada ciudad también tiene sus propios prejuicios. Cada una de las siete iglesias del Apocalipsis luchaba contra sus propios ídolos espirituales. Hoy en día, cada ciudad tiene sus propias tendencias idólatras. Esos prejuicios no expulsan a los cristianos de las ciudades, sino que los llevan a discernir dentro de ellas.

De este modo, una teología bíblica de la tecnología es simplemente una teología bíblica de la ciudad. La historia bíblica de la

---

25 Gén. 18:22-33.
26 Ellul, *Meaning of the City*, 64.
27 Apoc. 2:1–3:22.

ciudad va desde el primer proyecto urbano de Caín, pasando por la torre de Babel y la opulencia de Babilonia, hasta la ciudad descendente de Dios. Desde los primeros capítulos del Génesis hasta los últimos del Apocalipsis, la historia de la innovación humana se entrelaza con la historia de la construcción de ciudades. Los retos de la vida urbana son los mismos que los de la cultura tecnológica. Así que si tu conciencia aprueba vivir dentro de una ciudad —entre todas sus presiones culturales y prejuicios idolátricos— tú estás simultáneamente preaprobado para adoptar nuevas tecnologías, incluso para trabajar dentro de la industria tecnológica.

Pero llegará un momento en que los cristianos serán llamados a salir de Babilonia. Ellul señala el comienzo de nuestro texto en Apocalipsis 18 y muestra cómo un ángel declara que Babilonia ha caído antes de que otro ángel llegue para pedir a los hijos de Dios que se alejen de la ciudad.[28] «Así, la orden de abandonar la ciudad, de separarse de ella, se da cuando la ciudad ya ha caído, ha sido destruida, cuando no hay nada más que hacer para preservarla y salvarla», escribe Ellul. «Cuando su juicio ha sido ejecutado, y cuando, por tanto, el papel del cristiano en medio de ella ya no tiene sentido. Es este mandato de Dios lo que debemos esperar». Esperamos la llamada a abandonar la ciudad mientras seguimos viviendo fructíferamente dentro de ella. «Cuánto más fácil sería rechazar ahora la ciudad, negarle ahora nuestra presencia. Pero eso no puede tener lugar antes de la decisión final de Dios. Por eso estamos implicados en la vida de la ciudad hasta el último minuto, y no está en nuestras manos desvincularnos».[29]

Imaginemos a toda una generación de cristianos en éxodo, llamados a dejar sus teléfonos, cerrar sus computadoras, ignorar

---

28 Apoc. 18:2-4.
29 Ellul, *Meaning of the City*, 78–79.

el todoterreno en el estacionamiento, y salir por la puerta principal de una casa llena de comodidades y herramientas, y evacuar su ciudad a pie sin mirar atrás. Quizá sea nuestra generación, o la siguiente, o la que le siga. En algún momento los cristianos acatarán el decreto angélico de abandonar la ciudad del hombre con toda su riqueza y poder y dones y bendiciones. El Dador nos llamará para que nos alejemos de los maravillosos regalos temporales que disfrutamos cada día dentro de la ciudad. Sea o no ese nuestro destino, el futuro de Babilonia está designado para cambiarnos ahora. Vivimos dentro de nuestras ciudades y disfrutamos de nuestros dones de tecnología, sin embargo vivimos como hombres y mujeres a la espera de nuestro éxodo a una ciudad mayor. Sostenemos nuestras ciudades, al igual que nuestros aparatos, sin aferrarnos mucho.

Se avecina una desconexión tecnológica total, pero todavía no.

Dios destruye ciudades (como Sodoma). Y revive ciudades (como Nínive). Sean cuales sean sus planes para cualquier ciudad, vivimos dentro de ellas como levadura. Un día seremos llamados a salir de la ciudad. Pero hasta entonces prosperamos dentro de la ciudad, incluso mientras resistimos al espíritu de la ciudad con nuestra esperanza y nuestra adoración.

4. Los cristianos resisten al espíritu de la ciudad en su esperanza.

El cristiano nunca está a gusto, nunca está realmente en casa, dentro de las ciudades del hombre. La tecnología de la ciudad nunca se convertirá en una utopía. Hoy vivimos en la ciudad, pero esperamos la ciudad venidera. Esa esperanza nos deja intranquilos en las ciudades creadas por el hombre, igual que nuestros antepasados se sintieron intranquilos y repelidos por las ciudades. Por fe, Abraham, Isaac y Jacob vivían en tiendas porque veían las falsas promesas de las ciudades humanas y esperaban «la ciudad que tiene fundamentos, cuyo arquitecto y constructor es Dios» (Heb. 11:9-10). Aunque tu hogar sea ahora rural, tu esperanza es la misma: la promesa de reunirte en la ciudad santa de Dios.[30]

Nuestra esperanza fiel contrasta con la ciudad sin esperanza. La ciudad hecha por el hombre captura los corazones y las mentes e imagina una vida hecha por el hombre y separada de Dios. El evangelio de la tecnología florece en las ciudades. Las ciudades se convierten en un sustituto utópico del cielo sin Dios, algo así como Babel. Sin embargo, oramos para que Dios conserve nuestras ciudades un poco más de tiempo. Oramos para que el Espíritu actúe en nuestras ciudades. Oramos por un renacimiento. Pero aunque amemos nuestras ciudades, «se nos considerará adversarios del bienestar público o enemigos del género humano y nuestros esfuerzos por el bien de la ciudad serán interpretados como un deseo de destruirla».[31] Ese no es nuestro objetivo, pero puede convertirse en nuestra acusación. Nuestra espera es subversiva, pero no contra la ciudad: queremos que otros pecadores esperen también la gran ciudad. Nos aferramos a la esperanza de una ciudad largamente prometida, una nueva ciudad hecha por Dios mismo, y nuestra esperanza es una afrenta directa a los transhumanistas y a los posthumanistas y a todos los buscadores de una utopía hecha por el hombre. «Nuestra actitud de espera, si es constante y verdadera, si llega hasta nuestro corazón, es la ruina misma de la fuerza espiritual de la ciudad».[32]

---

30 Jer. 29:14.
31 Ellul, *Meaning of the City*, 76.
32 Ellul, *Meaning of the City*, 78.

5. Los cristianos resisten al espíritu de la ciudad con su culto.

Los contornos exactos de la futura Babilonia son maleables. Pero esa ciudad futura siempre coincidirá con la antigua ciudad de Babilonia. Los jardines colgantes de la antigua Babilonia eran una de las maravillas de la innovación en el mundo antiguo, «y representaban el ingenio humano en su máxima expresión. Hoy Babilonia es la sociedad occidental anti-Dios con su glamur, ostentación, tecnología y entretenimiento que promete tanto placer».[33] «Babilonia es alegórica de la idolatría que cualquier nación comete cuando eleva la abundancia material, la destreza militar, la sofisticación tecnológica, la grandeza imperial, el orgullo racial y cualquier otra glorificación de la criatura por encima del Creador».[34] Al interpretar una antigua profecía, escrita antes de la electricidad, no es exagerado superponer los avances tecnológicos a esta próspera y arrogante ciudad venidera. El espíritu de la Babilonia apocalíptica es el clima donde el evangelio de la tecnología se incubará, crecerá y gobernará sobre las mentes y los corazones.

El primer intento de autonomía del hombre caído con respecto a Dios en la ingeniería de Babel se reflejará en las grandes tecnologías e innovaciones de Babilonia. Ya vienen. Pero hasta que esperemos la destrucción de Babilonia por Dios, y mientras esperamos nuestro gran desengaño, ¿cómo resistimos ahora a todo el complejo de poder económico industrial-tecnológico, mostrado en Apocalipsis 18? Seguimos el ejemplo de Apocalipsis 19, mientras adoramos al único Dios verdadero. Frente a cualquier superpotencia que esté por venir, o frente a cualquier nuevo descubrimiento que se haga en un laboratorio, nuestra

---

33 Anthony R. Petterson, *Haggai, Zechariah, and Malachi* (Downers Grove, IL: IVP Academic, 2015), 172.
34 Bruce Manning Metzger, *Breaking the Code: Understanding the Book of Revelation* (Nashville, TN: Abingdon, 1999), 88.

vocación nunca se aparta de la adoración. «El Dios de la Biblia es también el Dios del genoma. Se le puede adorar en la catedral o en el laboratorio».[35] Nuestra adoración «no tiene nada que ver con un retiro pietista del mundo público. Es la fuente de resistencia a las idolatrías del mundo público».[36] El culto cristiano es resistencia pública. En la era de los ídolos derivados de la tecnología no estamos llamados a prevenir todo uso maligno de la tecnología.

No estamos llamados a comprender todas las tecnologías y sus usos. Tampoco debemos retirarnos de la cultura tecnológica. Vivimos dentro de ella. Y estamos llamados a vivir de tal manera que recordemos al mundo lo que nunca quieren oír. Estamos llamados a señalar a otros pecadores la única causa de toda posibilidad humana, la mente que modeló toda la creación, el mismísimo hacedor de todo innovador que busca satisfacer nuestros corazones consigo mismo. Más que nuestra crítica directa, nuestra adoración es una sirena al mundo para que se aleje de la adoración de la innovación y de su autonomía idolátrica del Creador. Con nuestra adoración desinflamos la arrogancia del tecnólogo y le mostramos que toda innovación es posible gracias a un Creador bondadoso e infinito. Todo lo que hacemos es derivado. Solo Dios podía hacer posible la ciudad, con todo su oro, riqueza e innovación. Dios hace a los hacedores de ciudades. Ningún innovador puede escapar al dominio de su Hacedor, ya que los creó (*bara*) para crear, haciendo personas tanto para usos honorables como para usos deshonrosos».[37]

35 Francis S. Collins, *El lenguaje de Dios: Un científico presenta evidencias para creer* (Nueva York: Free Press, 2007), 211.
36 Richard Bauckham, *The Theology of the Book of Revelation* (Nueva York: Cambridge University Press, 1993), 161.
37 Rom. 9:21.

Nuestra alabanza no puede detener a Babilonia, pero la amenazará hasta el derramamiento de sangre. Babilonia matará a nuestros profetas y masacrará a nuestros santos, pero Babilonia nunca detendrá nuestra adoración.[38] Nuestra obra recordará perpetuamente a los tecnólogos de Babilonia que el Dios vivo del universo es irrefutablemente soberano y misericordioso. A medida que nos acercamos al final de este capítulo y pasamos a la ética de la vida en la era tecnológica, este punto es crucial. En la era de la innovación, la Iglesia se mantiene firme, adorando al único Dios verdadero, denunciando el falso evangelio de la tecnología y exultando en la gozosa esperanza de la eternidad.

La conclusión (o el nuevo comienzo)

La innovación humana, la industria, la medicina, la música, la genética, el comercio y la astronáutica tienen su fin en Babilonia. Ninguno de estos campos de innovación alcanza su pleno potencial, ninguno de ellos se convierte en un medio para adorar al Creador de todas las posibilidades. En última instancia, hacen lo contrario. La ciencia se encapricha con el poder, el comercio se atiborra de codicia y la música se obsesiona con la mundanalidad. Todos están enfermos por una confianza en sí mismos similar a la de Babel y una fijación en el poder y la opulencia similar a la de Babilonia. En este mundo caído, los científicos y tecnólogos logran hazañas increíbles que son posibles gracias a la creación, pero se niegan a adorar al Creador. Al final, todo el complejo de la ciudad debe ser ahogado y enterrado para dejar sitio a algo mejor.

Babel debe ser arrasada para ser sustituida por una ciudad rival. De hecho, el fin de Caín y la desolación de Babilonia fueron necesarios para abrir el camino a Dios y que este entrara y habitara

---

38 Apoc. 18:24.

en la nueva creación. El culto a Dios, realizado por un puñado de almas dentro de una metrópolis tecnológicamente autónoma, era una concesión temporal. El culto a Dios siempre estuvo destinado a irradiarse desde el centro de la ciudad. Y un día lo hará. Babilonia será arrojada al mar para dar paso a la nueva Jerusalén. Entrando en la historia hay una nueva ciudad no construida por el hombre sino construida por Dios. Esta ciudad irradia vida y santidad y la presencia de Cristo, una ciudad sin templo, «porque su templo es el Señor, el Dios Todopoderoso, y el Cordero». La nueva creación no necesitará paneles solares, ni bombillas LED, ni linternas de teléfonos inteligentes. Ni siquiera necesitará el sol o la luna en el cielo, porque el resplandor de la luz inefable de Dios proporcionará toda su iluminación.[39]

Al igual que Babilonia, la ciudad eterna de Dios será el corazón de una red mundial. Todas las naciones caminarán a la luz de Cristo, y a Su luz todos los reyes de la tierra llevarán «la gloria y el honor de las naciones» a la ciudad. Nada impuro, egoísta o que se glorifique a sí mismo entrará en la ciudad de Dios.[40] Cuando Babilonia sea destruida, también se desvanecerán todos los intentos urbanos de frustrar a Dios. No habrá base para desconfiar de las ciudades, como en el pesimismo de nuestros antepasados Abraham, Isaac y Jacob. Esta ciudad no será construida por el diseño y la ingenuidad del hombre, como Jabal, Jubal y Tubal-caín. Superando a todas las ciudades conocidas de la historia, la nueva Jerusalén llegará como la primera ciudad diseñada, ingeniada y construida por Dios mismo.

39 Apoc. 21:22-23.
40 Apoc. 21:9-27.

Excurso: ¿la vieja tecnología en la nueva creación?

Al final del relato bíblico nos encontramos con la destrucción de la gran ciudad del hombre y la llegada de la ciudad de Dios. Y si estas realidades futuras son ciertas, nos encontramos con otra pregunta tecnológica: ¿llegarán a la nueva creación las innovaciones que conocemos en esta vida? La respuesta a esta pregunta y la comprensión de la tecnología en la nueva Jerusalén dependen de nuestra interpretación de dos textos bíblicos.

El primer pasaje se refiere a la gloria de la nueva Jerusalén. Se nos dice que en la ciudad de Dios fluirán, sin fin, «la gloria y la honra de las naciones».[a] Sión será el epicentro mundial de la adoración. Pero ¿incluirá esta gloria la riqueza, los descubrimientos y las innovaciones de las naciones? ¿O se limitará a la adoración y alabanza humanas?

El segundo pasaje nos incita a elegir una interpretación literal o metafórica de la declaración de Jesús a Sus discípulos. Les dijo: «Si tuviereis fe como un grano de mostaza, diréis a este monte: Pásate de aquí allá, y se pasará, y nada os será imposible».[b] ¿Debemos hacer aquí una interpretación literal o no literal?

He aquí las opciones, simplificadas en dos respuestas.

Posición 1 (espiritual/literal): La tecnología termina en la nueva Jerusalén

Desde este punto de vista, «la gloria y la honra de las naciones» se limita al culto y la alabanza espirituales. Tiene poco que ver con riqueza financiera o innovación. La eternidad carece de tecnología porque carece de riqueza. En la eternidad no hay compraventa, ni economía de mercado como la conocemos hoy, ni necesidad de desarrollo tecnológico. Todo vuelve a ser como un jardín. Los alimentos silvestres crecerán en abundancia, y si cultivamos, será con facilidad.

La agricultura y todos nuestros trabajos se convertirán en trabajos sin mano de obra. Si hacemos una lectura literal de las palabras de Jesús a Sus discípulos, los hijos de Dios se extenderán por todo el planeta para gobernar la nueva creación mediante la fuerza de voluntad, sin las herramientas mediadoras que hoy necesitamos bajo la maldición. En cambio, en la resurrección, recuperaremos un poder similar al de los Jedi para hacer que la creación se doblegue, se mueva y responda según nuestra sola voluntad. En la eternidad, hablaremos y la nueva creación nos hará caso, como hace con Dios. El obrar y el descansar de Dios son esencialmente la misma experiencia, porque nada puede resistirse a Su voluntad soberana. Pero para nosotros en esta vida, especialmente después de la caída, muchas fuerzas conspiran para resistir nuestro trabajo. Para nosotros, el *trabajo* y el *descanso* son opuestos: uno empuja contra la resistencia y el otro sucumbe a ella.

Tal vez en una creación sin maldición, liberada del desafío de las espinas y los cardos y el polvo y el dolor y el sudor, nosotros también trabajaremos en un estado sin resistencia más cercano a lo que ahora llamamos descanso. La tecnología dará paso a la fuerza de voluntad de libre albedrío. Con esta interpretación literal, muchos cristianos concluyen que nuestras tecnologías tienen un propósito temporal en esta era, para ayudarnos a luchar contra la resistencia de la maldición.[c]

Posición 2 (material/metafórica):
La tecnología continúa en la nueva Jerusalén

En esta segunda posición, «la gloria y la honra de las naciones» incluye la adoración mundial, pero no se limita a esto. Interpretada a través de la profecía de Isaías 60, la gloria debe incluir un fruto más metálico en «las *riquezas* de las naciones» (Isa. 60:5). Los cofres de monedas de oro y plata representan una economía de mercado global en crecimiento, y las economías globales en crecimiento significan nueva innovación y tecnología.

Esto puede sonar poco espiritual, pero la canalización de la riqueza global y la adoración global a través de la misma puerta hacia la nueva Jerusalén no amenaza ni descalifica la autenticidad de la adoración. Hemos visto el texto de Isaías parcialmente cumplido en la famosa historia que contamos cada Navidad, de los magos que ofrecen a Cristo su adoración y su riqueza.[d] Sean cuales sean las interpretaciones predictivas y espirituales que estos hombres sacaron de su investigación de los cielos, los magos eran exactamente eso: investigadores, «científicos devotos de Oriente»[e] especializados en «observación astronómica sofisticada».[f] Como «observadores de estrellas y sabios» debían «observar y comprender fenómenos extraños en los cielos».[g] Su trabajo representaba «la mejor sabiduría del mundo gentil».[h] La disciplina intelectual de los magos nos recuerda que la adoración de Cristo es el objetivo adecuado de todo esfuerzo científico humano.[i] Los magos son representativos, verdaderos científicos, que persiguieron profundos descubrimientos en el orden creado y trataron de caminar por la sabiduría divina y dejar una considerable pila de riquezas a los pies de Cristo.[j] Estos ricos magos modelan la ciencia en su máxima expresión. Si la historia de la innovación humana se desarrolla para siempre en la nueva creación, todos sus innovadores y descubridores se harán eco de la fe y la adoración de estos antepasados llenos de fe de la verdadera ciencia.

Aunque adopta una interpretación más literal de la nueva Jerusalén, esta segunda postura hace una interpretación metafórica de las palabras de Jesús. No gobernaremos la nueva creación mediante la fuerza de voluntad, sino con las herramientas que hemos llegado a utilizar en este mundo, herramientas que iremos perfeccionando para siempre. En la nueva creación, las armas de guerra se reciclarán en aperos de labranza.[k]

Tecnología glorificada

Al final, ambas posturas tienen puntos fuertes. ¿Recogerá la vida en la eternidad los avances tecnológicos de este mundo? ¿O será radicalmente diferente y más sencilla? Muchas de las especulaciones que tengo en mi mente solo se resolverán en la eternidad. Pero me inclino por la segunda postura. El mismo Jesús que multiplicó los peces comestibles durante Su ministerio terrenal para alimentar a una multitud se puso delante de una parrilla de carbón después de Su resurrección para cocinar unos cuantos peces.[l]

Sabemos que el plan último de Dios es «reunir todas las cosas en Cristo, en la dispensación del cumplimiento de los tiempos, así las que están en los cielos, como las que están en la tierra» (Ef. 1:10). Cristo es «el gran recapitulador», dice

Jacques Ellul. Él tomará nuestros escasos intentos de construir una ciudad en la tierra, los unirá a Su ciudad celestial, y hará una verdadera ciudad. Así como Noé fue el partero de la tecnología de la primera creación en el reinicio de la humanidad, Cristo será el puente entre la tecnología de las ciudades del hombre y la ciudad de Dios. Así, incluso Ellul, un pesimista de la tecnología, está a favor de la continuidad de la tecnología en la nueva creación cuando admite que «el plan de Dios también incluye cosas inventadas por el hombre, lo que laboriosamente construyó pieza a pieza, aprendiendo de la experiencia y el fracaso. Tanto sus fracasos técnicos como las maravillas de su ingenio. Todo esto está "recapitulado" en Cristo, resumido en Él, asumido por Él. En una brillante transfiguración, toda la obra del hombre se reúne en Cristo».[m]

Sabemos que la nueva Jerusalén será gloriosamente material, una mezcla de cielo y tierra. Y esta existencia material exigirá (creo) el uso continuado de herramientas. Pero también preveo que todas las realidades materiales que creemos comprender en esta vida se verán superadas con creces en las realidades materiales superiores de la ciudad de Dios que vendrá.[n] Sin embargo, es difícil saber hasta qué punto serán tecnológicas. Sé con certeza que trabajaremos, pues Dios dice que Su pueblo «[disfrutará] la obra de sus manos» (Isa. 65:22). En los cielos nuevos y en la tierra nueva, disfrutaremos de la dicha de que todo funcione conjuntamente en la producción y el amor mutuo. No habrá despilfarro, ni excesos, ni peligros, ni muerte.

En la nueva creación tendré una vocación. Trabajaré, ya no bajo el dolor de la maldición, sino con una alegría y una facilidad que esta vida no puede ofrecer. La gran resistencia que oponemos con nuestras herramientas en esta vida desaparecerá, y trabajaremos en pura libertad y deleite. Construiremos casas y cultivaremos cosechas.° ¿También viajaremos por el mundo en jets? ¿Exploraremos la inmensidad del espacio en cohetes? No veo por qué no. Pero incluso con esperanzas de continuidad, aguardamos realidades mayores que ahora no podemos imaginar, quizá nuevos poderes que Dios codificará en la nueva creación y que harán que todos los avances de nuestras tecnologías parezcan tan básicos y primitivos como la torre de ladrillos LEGO de un niño.

a   Apoc. 21:26.

b   Mat. 17:20; 21:21-22; Mar. 11:22-23.

c   Gén. 3:17-19.

d   Mat. 2:1-12.

e   H. D. M. Spence-Jones, ed., *St. Matthew, vol. 1*, Pulpit Commentary (Nueva York: Funk & Wagnalls, 1909), 54.

f   Richard T. France, «Matthew», en *New Bible Commentary: 21st Century Edition*, ed. D. A. Carson et al. D. A. Carson et al. (Downers Grove, IL: Inter-Varsity Press, 1994), 908.

g   Craig A. Evans, *The Bible Knowledge Background Commentary: Matthew-Luke*, ed. Craig A. Evans y Craig A. Bubeck (Colorado Springs, CO: David C. Cook, 2003), 57.

h   W. D. Davies y Dale C. Allison Jr., *A Critical and Exegetical Commentary on the Gospel according to Saint Matthew, vol. 1*, International Critical Commentary (Nueva York: T&T Clark International, 2004), 228.

i   Erasmo Leiva-Merikakis, *Fire of Mercy, Heart of the Word: Meditations on the Gospel according to Saint Matthew, Chapters 1–25* (San Francisco: Ignatius Press, 1996-2012), 1:75.

j   Leiva-Merikakis, *Fire of Mercy, Heart of the Word*, 1:105-6.

k   Isa. 2:4.

l   Mar. 6:30-44; Luc. 9:10-17; y Juan 21:4-14.

m   Jacques Ellul, *The Meaning of the City* (Eugene, OR: Wipf & Stock, 2011), 176.

n   Isa. 60:17.

o   Isa. 65:21.

6

¿Cómo debemos utilizar la tecnología hoy en día?

HASTA AHORA EN EL LIBRO hemos descubierto el origen de los innovadores en el plan de Dios y el origen de las innovaciones en la creación de Dios. Hemos visto hacia dónde se dirige la innovación humana, es decir, hacia un enfrentamiento con Dios. Por último, nos ocuparemos de los complejos dilemas éticos de vivir nuestra vida cristiana desde dentro de la era tecnológica.

El libro de los Proverbios nos suplica que busquemos la sabiduría. Y esta sabiduría es algo que nuestra era tecnológica no puede darnos. Nuestras tecnologías pueden amplificar nuestros poderes, pero no pueden darnos sabiduría con esos poderes. Como dice el pastor Ray Ortlund: «Si tenemos tecnología pero no sabiduría, utilizaremos las mejores comunicaciones jamás inventadas para transmitir estupidez».[1] Esta es nuestra realidad. El último iPhone no mejora nuestra sabiduría. Ni la tecnología

---

1   Raymond C. Ortlund Jr., *Proverbs: Wisdom That Works* (Wheaton, IL: Crossway, 2012), 17.

ni la ciencia lo harán. La sabiduría tiene que ver con el valor, y «la ciencia no se ocupa de cuestiones de valor».[2]

Entonces, ¿dónde se encuentra la sabiduría?

En busca de la sabiduría

Podemos trasladar a Marte a unos cuantos seres humanos en un arca propulsada por cohetes, establecer una colonia con generadores nucleares e invernaderos, reiniciar nuestras especies en un nuevo planeta; pero ni aun así podríamos jamás responder a la pregunta de *por qué* existimos. La ciencia logra cosas increíbles, pero no puede dar sentido ni propósito. Para entender por qué es así, volvamos a nuestro noveno y último texto bíblico.

En Job 28:1-28, nos unimos a la búsqueda de sabiduría de Job. La vida de Job ha sido maltratada y necesita respuestas para su sufrimiento. Sus amigos le han ofrecido muchas palabras, pero en su mayoría palabrería y vanidad. La sabiduría no se encuentra en muchas palabras. Pero después de muchas palabras, al final del libro, Job responde a sus amigos con un vibrante soliloquio sobre técnicas mineras. ¿Por qué la minería? En ese momento de la historia de la humanidad, la minería se consideraba una tecnología dominante. Cuando el hombre se sumergió bajo la superficie de la tierra para extraer minerales, plata, oro y joyas, hizo gala de su dominio sobre la creación.

Incluso en el mundo antiguo, la agricultura y la ganadería eran artes modestas, prácticas y predecibles. Si se tenían en cuenta unas pocas variables y no había sequías ni desastres, las cosechas anuales eran bastante predecibles. Una vez estabilizadas las fuentes de grano y ganado, la humanidad podía invertir en algo que

---

2 Yuval Noah Harari, *Homo Deus: Breve historia del mañana* (Nueva York: HarperCollins, 2017), 283.

exigía «un esfuerzo aleatorio: irregular en la rutina e incierto en el resultado»: la práctica de la minería.[3] La minería es un juego vocacional. La promesa de los botes extraídos atrae a los especuladores ambiciosos con el signo del dólar en los ojos, dispuestos a arriesgar la vida para perforar cualquier profundidad que prometa una oportunidad de riqueza. Desenterrar riquezas de la tierra es lo último en *startups* de alto riesgo y grandes recompensas. Es una forma de exploración espacial, no en los cielos, sino en el vasto espacio invisible bajo la superficie terrestre. Por eso, las ambiciosas hazañas del minero despertaron el asombro de su época, como lo hizo la primera llegada a la luna en 1964.[4]

Estos antiguos y ambiciosos mineros ilustran la desesperada búsqueda de sabiduría de Job. Pero Job descubre que la sabiduría no puede hallarse en técnicas mineras ambiciosas. Eso ocurre en los versículos 1-11.

[1] Ciertamente la plata tiene sus veneros,
  Y el oro lugar donde se refina.
[2] El hierro se saca del polvo,
  Y de la piedra se funde el cobre.
[3] A las tinieblas ponen término,
  Y examinan todo a la perfección,
  Las piedras que hay en oscuridad y en sombra de muerte.
[4] Abren minas lejos de lo habitado,
  En lugares olvidados, donde el pie no pasa.
  Son suspendidos y balanceados, lejos de los demás
  hombres.

---

3 Lewis Mumford, *Technics and Civilization* (1934; reimp., Chicago: University of Chicago Press, 2010), 66–67.
4 Bill Cotton, *Job: Will You Torment a Windblown Leaf?* (Fearn, Ross-shire, Reino Unido: Christian Focus, 2001), 118.

⁵ De la tierra nace el pan,
   Y debajo de ella está como convertida en fuego.
⁶ Lugar hay cuyas piedras son zafiro,
   Y sus polvos de oro.

La humanidad es *así* de ambiciosa. Vislumbra por un momento la imagen de un minero polvoriento que desciende por un pozo oscuro con una cuerda, balanceándose de un lado a otro, entrecerrando los ojos, sosteniendo una antorcha con una mano mientras recorre con la otra una pared para explorar por primera vez la cara oscura de la roca. Los agricultores cultivan la tierra en la superficie, y de esa superficie sale el pan. Pero los mineros exploran profundas cavernas latentes de posibilidades, vetas jaspeadas y modeladas dentro de la roca de la creación.

El texto sugiere que los mineros podrían haber utilizado el agua y el fuego para enfriar, calentar y romper las rocas. En cualquier caso, los seres humanos son infinitamente agresivos para descubrir lo que nunca antes se había visto. Las innovaciones y los descubrimientos se producen en la intimidad de los pozos de las minas y en los laboratorios de los rincones más recónditos, en las empresas que empiezan en un agujero en la pared y en los fabulosos bancos de trabajo de los garajes, y luego se llevan al mundo.

El minero de Job es un «tecnólogo intrépido», un arquetipo del ingenio y la ambición humanos.[5] En comparación con el mundo animal, el hombre se distingue por los deseos de su mente. Los animales no buscan oro ni buscan joyas brillantes. La minería distingue al ser humano de todas las demás criaturas de la tierra.

---

5   Elmer B. Smick, «Job», en *The Expositor's Bible Commentary* (Grand Rapids, MI: Zondervan, 1988), 4:976.

Por eso, el minero perspicaz se adentra en las tinieblas que los animales no han descubierto y no tienen interés en descubrir.

[7] Senda que nunca la conoció ave,
   Ni ojo de buitre la vio;
[8] Nunca la pisaron animales fieros,
   Ni león pasó por ella.
[9] En el pedernal puso su mano,
   Y trastornó de raíz los montes.
[10] De los peñascos cortó ríos,
   Y sus ojos vieron todo lo preciado.
[11] Detuvo los ríos en su nacimiento,
   E hizo salir a luz lo escondido.

La minería es inorgánica, el primer entorno profesional enteramente creado por el hombre, escribe Lewis Mumford. «Se ha abolido el día y se ha roto el ritmo de la naturaleza: la producción continua de día y noche surgió por primera vez aquí. El minero debe trabajar con luz artificial aunque el sol brille en el exterior».[6] Mumford denomina a la minería la vocación moderna original, separada de la naturaleza, distante de la vida animal, oculta del sol y desvinculada del ritmo circadiano. La mina es el primer lugar de trabajo sin distracciones, la primera fábrica sin ventanas, un lugar aislado para el trabajo y solo para el trabajo, una vocación históricamente inhumana.[7]

La crítica exagerada de Mumford pasa por alto la celebración que hace Job de las expediciones mineras de gran calado como una de las grandes innovaciones humanas del mundo antiguo. La

---

6 Mumford, *Technics and Civilization*, 69–70.
7 Véase George Orwell, *El camino a Wigan Pier* (Nueva York: Mariner, 1972).

minería es ambiciosa por sus riesgos. Pocos escenarios dan más miedo que estar en una caverna profunda cuando las aguas empiezan a subir. Pero con su ambición, el minero aparta su miedo. Los mineros taponan ríos y secan cavernas para hacer túneles río abajo y explorar y sacar a la luz del sol gemas y riquezas antes sumergidas. Ningún otro animal tiene esta ambición. Solo los humanos innovan excavando en las profundidades de la tierra para descubrir nuevos poderes, riquezas y posibilidades tecnológicas.

El ser humano está hecho para descubrir. Ya se trate de extraer gemas o de colonizar Marte, ambas peligrosas empresas sacan a los humanos de la cama cada mañana. La aspiración es fundamental en nuestra naturaleza. Trascendemos. Exploramos. Inventamos. Penetramos en las posibilidades de la naturaleza. El antiguo minero, «mediante una industria y una destreza científicas que todo lo conquistan, supera la mayoría de las dificultades que se interponen en el camino hacia su objetivo».[8] No por fe, la ambición humana es todo lo que necesitamos para arrancar los montes de raíz. Impávidos, asaltamos la creación: rompemos rocas, volteamos montañas, desviamos ríos. Nada se interpone en nuestro camino.

En la era de la minería a cielo abierto, puede que haya que frenar este impulso ambicioso. Pero el antiguo minero es una buena metáfora de toda aspiración tecnológica humana. La minería es la primera puesta en marcha. El minero es el antepasado del ambicioso innovador actual, y a ambos los une el deseo de sacar a la luz lo que nunca ha sido sacado a la luz desde entonces.

A pesar de esta ambición, la búsqueda de innovaciones y descubrimientos sigue sin proporcionar sabiduría. A medida que Job

---

8 A. R. Fausset, *A Commentary, Critical, Experimental, and Practical, on the Old and New Testaments* (Londres: William Collins, Sons, *s. d.*), 3:68.

continúa, vemos que la sabiduría no puede descubrirse desde *dentro* de la propia creación.

^{12} Mas ¿dónde se hallará la sabiduría?
 ¿Dónde está el lugar de la inteligencia?
^{13} No conoce su valor el hombre,
 Ni se halla en la tierra de los vivientes.
^{14} El abismo dice: No está en mí;
 Y el mar dijo: Ni conmigo.

El hombre ejerce poderes tecnológicos divinos sobre la creación. Obligamos a la naturaleza a «revelarse» para que podamos «descubrir sus secretos».[9] Los secretos de la naturaleza incluyen nuevos descubrimientos científicos, nuevas riquezas materiales y nuevos poderes que permiten nuevas tecnologías. Podemos derribar una montaña y mirar debajo, pero no encontraremos la sabiduría divina. Podemos cavar pozos profundos en la tierra, y puede que encontremos oro o plata o bronce o hierro o joyas preciosas, pero no encontraremos el propósito de la vida. Aunque nos hagamos multimillonarios por el oro y las joyas que desenterremos, la sabiduría no está en venta.

^{15} No se dará por oro,
 Ni su precio será a peso de plata.
^{16} No puede ser apreciada con oro de Ofir,
 Ni con ónice precioso, ni con zafiro.
^{17} El oro no se le igualará, ni el diamante,
 Ni se cambiará por alhajas de oro fino.

---

9 Herman Bavinck, *The Wonderful Works of God* (Glenside, PA: Westminster Seminary Press, 2019), 16.

[18] No se hará mención de coral ni de perlas;
   La sabiduría es mejor que las piedras preciosas.
[19] No se igualará con ella topacio de Etiopía;
   No se podrá apreciar con oro fino.

Todo el universo material está hecho de la nada. Esto significa que puedes voltear cada montaña y cavar en la tierra y desenterrar miles de millones de dólares de su riqueza para ti mismo, pero nunca encontrarás el verdadero valor de la creación. Hecha de la nada, la propia creación contingente no puede responder de su propio propósito, significado o razón de existir. Nuestros científicos pueden estudiar la actividad de partículas diminutas, medir el vasto espacio del cosmos o descubrir nuevas fuentes de energía, pero se enfrentarán exactamente al mismo enigma que el antiguo minero. Los nuevos descubrimientos del Gran Colisionador de Hadrones, las últimas imágenes del telescopio espacial Hubble y los artefactos recogidos por el antiguo minero nos dicen mucho sobre el mundo material. Pero ninguno de ellos puede explicar el sentido o la razón de ser de la creación. Tampoco pueden comprar esas respuestas los lingotes de oro, las monedas de plata y las bolsas de joyas.

Entonces, si la sabiduría no puede comprarse con riqueza ni localizarse con un detector de metales, ¿dónde la descubrimos? Esa es la siguiente pregunta.

[20] ¿De dónde, pues, vendrá la sabiduría?
   ¿Y dónde está el lugar de la inteligencia?
[21] Porque encubierta está a los ojos de todo viviente,
   Y a toda ave del cielo es oculta.
[22] El Abadón y la muerte dijeron:
   Su fama hemos oído con nuestros oídos.

23 Dios entiende el camino de ella,
   Y conoce su lugar.
24 Porque él mira hasta los fines de la tierra,
   Y ve cuanto hay bajo los cielos.
25 Al dar peso al viento,
   Y poner las aguas por medida;
26 Cuando él dio ley a la lluvia,
   Y camino al relámpago de los truenos,
27 Entonces la veía él, y la manifestaba;
   La preparó y la descubrió también.

La sabiduría se encuentra en Dios porque es el Creador soberano. Él modeló la creación dentro de sí mismo. Hizo todas las cosas de la nada. La sabiduría es anterior a las montañas, a los océanos, a las tierras de cultivo y a todo el universo material.[10] Como el antiguo minero, en nuestra búsqueda de la sabiduría pronto descubrimos que el sentido de la creación no se encuentra en la creación. El sentido de la creación se encuentra en el Creador.[11]

Este texto de Job es otro recordatorio de que somos testigos de la genialidad creadora de Dios cuando observamos cómo diseñó el viento, los océanos, los relámpagos, los truenos y la lluvia. Él traza los límites de los océanos, los mares y los lagos.[12] Por supuesto, el oleaje de un huracán puede empujar el agua 16 km (10 millas) tierra adentro. Dios permite y consiente desbordamientos ocasionales. Pero en un día normal sabes dónde está la playa. A estas costas Dios les dio forma de *vientos dominantes* y *alisios*, y por implicación instaló la primera causa de la navegación intercontinental. A estos vendavales Dios les dio forma de *relámpagos* y,

10 Prov. 8:22-31.
11 Rom. 1:18-23.
12 Gén. 1:9-10; Prov. 8:29.

por consiguiente, instaló la primera causa de nuestras ciudades electrificadas.

Una digresión

Si se me permite una breve digresión, estos mismos patrones en el *viento* y los *relámpagos* extienden nuestra imitación inventiva más allá de la lista de Job. Conectan con nuestras innovaciones en energía solar, turbinas eólicas, centrales hidroeléctricas y pilas de combustible de hidrógeno. Ya hemos visto varios, pero he aquí algunos ejemplos de cómo los patrones de Dios dan forma a nuestras innovaciones.

En primer lugar, pensemos en la *navegación*. Durante milenios, los navegantes guiaron los barcos por puntos fijos en el cielo. Nosotros imitamos esta pauta con los satélites GPS que envían señales para guiar las aplicaciones de navegación de nuestros teléfonos.

Ahora pensemos en el *pensamiento*. El cerebro humano crepita electrónicamente con ochenta mil millones de enlaces neurológicos que forman nuestra conciencia consciente (y subconsciente). Este mismo patrón se refleja en la energía eléctrica que recorre el cerebro de tu *smartphone*, su chip informático. Y nuestro procesamiento cerebral ha inspirado una nueva línea de chips neuromórficos, procesadores futuristas que se parecerán más a las neuronas y sinapsis de nuestro cerebro.

Y ahora pensemos en la *producción de electricidad*. Dios creó las fuerzas nucleares que utilizamos hoy. Yo vivo en la ciudad propulsada por energía nuclear de Phoenix, a la que Ellul llamaría una de las ciudades atómicas de América, erigida artificialmente en el desierto.[13] Artificial o no, el uranio fue excavado y enriquecido,

---

13 Jacques Ellul, *The Meaning of the City* (Eugene, OR: Wipf & Stock, 2011), 155.

y ahora los átomos se dividen y mi computadora funciona. Este proceso puede sonar extravagante, pero es la versión júnior de lo que es posible.

Mi computadora funciona con electricidad generada por fisión nuclear, la división de átomos. Pero una posibilidad más potente podría llegar en el futuro: la fusión nuclear, la unión de átomos. La fusión produce más energía y deja menos residuos. Pero su desarrollo es lento porque las fuerzas en juego son más difíciles de controlar y los materiales que necesitamos son más escasos. ¿De dónde surgió esta idea tan ambiciosa de la fusión nuclear? Del sol. La fusión nuclear es la forma en que Dios mantiene encendido el sol y todas las estrellas más grandes de las galaxias conocidas. Dios dijo: «Que haya fusión nuclear», y hubo fusión nuclear, un poder tan antiguo como la luz. Estamos aprendiendo de Su modelo. La energía nuclear no es un artificio inventado por el hombre.

Gracias al patrón del sol, la fusión nuclear puede alimentar nuestras ciudades en el futuro, si podemos excavar suficiente helio-3, un elemento raro en la tierra pero abundante en la superficie de la luna. La extracción de minerales de la luna puede ser el secreto de nuestra energía futura. El sol nos ha inspirado, y quizá robots automatizados controlados desde la tierra excaven minerales en la superficie lunar para que podamos electrificar nuestras ciudades de forma más limpia en los siglos venideros. Si conseguimos todo esto, ¿quién se lleva la gloria? No el que descubrió la fusión nuclear, sino el que dio forma a su realidad. La gloria será para el que hizo el sol, el viento, el relámpago y los mares, para el que hizo todas las cosas.

Pero no te hagas ilusiones con todo esto de la electricidad, porque nuestras herramientas eléctricas, que hoy nos parecen tan de avanzada, algún día nos parecerán tan primitivas como las máquinas de vapor. Pensemos en el *almacenamiento de datos*. Sabemos que Dios, con infinito cuidado, tejió a cada uno de nosotros en el vientre de nuestra madre.[14] Esta metáfora del tejido tiene sentido para las culturas primitivas que tejían alfombras, no para la tecnópolis que construye robots con robots. Pero hoy podemos decir que Dios nos programaba en el vientre de nuestra madre, codificando 1.5 gigabytes de información en cada una de la mayoría de las células de nuestro cuerpo. Todos estos datos de ADN combinados suman unos 150 *zettabytes* de almacenamiento en el ser humano medio.[15] Esto significa que la capacidad de almacenamiento de datos solo dentro de mis células podría contener todos los datos digitales creados por el hombre en el universo: cada película, video, foto, base de datos, libro, revista, página *web* y cada 1 y 0 de código digital. Llevamos décadas utilizando computadoras electrónicas para almacenar datos. Pero el almacenamiento biológico de ADN en células bacterianas puede ser el futuro del almacenamiento masivo de datos.[16] ¿Y quién inventó el almacenamiento biológico de datos?

Dios es el sentido del universo. Debemos verlo y ver Sus modelos. Debemos entrenar nuestros ojos para ver patrones creacionales como estos, porque la forma en que nos relacionamos con el mundo natural revela cómo nos relacionamos con el Creador. Nuestras visiones del mundo se dividen en dos grandes categorías de fe e incredulidad: la *mimética* y la *poiética*. La visión del mundo de la *mimética* ve un mundo de significado inherente y patrones preexistentes de realidad que el hombre debe reconocer, respetar y seguir. Imitamos y nos ajustamos a patrones

---

14 Sal. 139:13.
15 Según las reflexiones del biólogo Yevgeniy Grigoryev, «How Much Information Is Stored in the Human Genome?», bitesizebio.com (16 de marzo de 2012).
16 Sang Yup Lee, «DNA Data Storage Is Closer Than You Think», scientificamerican.com (1 de julio de 2019).

significativos que nos superan. Por otro lado, la cosmovisión *poiética* ve el mundo como materia prima para que cada persona haga de sí misma lo que quiera. En este segundo caso, fabricamos significado para nosotros mismos y vivimos desde una cosmovisión egocéntrica en la que «el propósito trascendente colapsa en lo inmanente y en la que el propósito dado colapsa en cualquier propósito que yo decida crear o decidir para mí mismo». Lo que significa ser humano se reduce simplemente a «algo que los individuos o las sociedades inventan para sí mismos».[17]

En estas visiones del mundo se representan dos trayectorias tecnológicas muy diferentes. El *Übermensch* es voluntariamente ciego a Dios en los patrones creados. Pero el cristiano tiene ojos para ver los modelos del Creador, para reconocer que el significado último de la creación material es Dios, y para saber que nuestro hacer debe someterse siempre a las realidades del Creador. Vivir sabiamente en la era de la tecnología nos llama a ver y apreciar los modelos de Dios en Su creación mientras intentamos imitarlo.

De vuelta a Job

Dios crea y gobierna Su creación con sabiduría y riqueza, y los seres humanos pueden arrancar de la creación nuevas posibilidades tecnológicas. Pero la sabiduría que necesitamos para prosperar no se obtiene de la creación. Podemos aprovechar muchos de los increíbles poderes de la creación a través de nuestros conocimientos, y podemos viajar al interior de la tierra, y podemos viajar a la luna. Pero el descubrimiento de la sabiduría requiere que hagamos algo que va mucho más allá del dominio técnico. Este es el principal dilema de Job 28 y el principal dilema de nuestra era

17 Carl Trueman, *The Rise and Triumph of the Modern Self* (Wheaton, IL: Crossway, 2020), 39-42.

tecnológica. La sabiduría que necesitamos está fuera del alcance de nuestros picos y nuestras brocas con punta de diamante.

Aparte de Dios y sin sabiduría, puedes ser un necio en tecnología. Incluso los tontos pueden obtener ganancias inesperadas y vender empresas de nueva creación por millones de dólares. Pero la ambición, la riqueza y el dominio técnico nunca deben confundirse con la sabiduría. Puedes proponerte hoy superar la invención, la riqueza y el poder de Elon Musk, y puedes volver a ser un tonto sin sabiduría, un alma perdida que no puede encontrarle sentido a la vida. ¿Por qué? Porque acudiste a la innovación y posiblemente a la riqueza y al poder para encontrar el sentido del universo y el propósito de tu vida. Y no los encontraste. Pensaste que el poder de desenterrar diamantes te daría una respuesta al sentido de la vida. Pues no.

¿Dónde podemos encontrar esta sabiduría?

[28] Y dijo al hombre:
He aquí que el temor del Señor es la sabiduría,
Y el apartarse del mal, la inteligencia.

Si ponemos al minero (de Job 28) junto al agricultor (de Isaías 28), descubrimos algo esencial. El proceso de extraer riquezas de la tierra o de obtener una cosecha de la tierra fue codificado en la creación por la sabiduría de Dios. Pero convertirse en un experto minero o agricultor no nos convierte en sabios. La sabiduría se encuentra en el Creador, no en el hurto de Su creación. Debemos contemplar al Creador detrás de todos nuestros esfuerzos innovadores. Podemos tomar los patrones creados por Dios y convertirlos en poder y riqueza. Pero la sabiduría se encuentra en Dios.

Al final de la búsqueda, esto es lo que descubrió Job. El secreto para encontrar la sabiduría está en la realidad de Dios, en Su peso y en Su gloria. A medida que tememos a Dios, se convierte en la realidad dominante de nuestras vidas, en el centro orbital de lo que somos y para lo que vivimos.

Cuando Dios se convierta en la masa gravitatoria en el centro de la órbita de tu vida, descubrirás el lugar adecuado para los planetas de la ciencia y la tecnología. *Él* es el fin de todos los dones creados que se nos han dado. Lo contrario de temer a Dios es sustituir a Dios. Como descubrimos anteriormente en Jeremías 2:13, Dios dice que «dos males ha hecho mi pueblo: me dejaron a mí, fuente de agua viva, y cavaron para sí cisternas, cisternas rotas que no retienen agua». El mayor pecado del universo es apartarse de Dios e ignorarlo por alguna vanidad maquinada en la mente del hombre. En cambio, el temor de Dios es sabiduría. En Él termina nuestra búsqueda.

Dos revelaciones

Mi anterior libro sobre el uso excesivo de los *smartphones* sirvió de advertencia, pero también de visión optimista sobre el valor a largo plazo de los medios digitales. El énfasis era intencionado, y no se trata solo de los teléfonos inteligentes. A mi modo de ver, todos nuestros avances tecnológicos constan de tres fases: (1) *descubrimiento*, (2) *producción* y (3) *adopción* de esos nuevos poderes en nuestras vidas para ampliar nuestra destreza nativa. Esta definición de la tecnología es relativamente común. Falta añadir la cuarta etapa: (4) *adaptación* de estos nuevos poderes al florecimiento humano. En un mundo caído, nuestra adaptación siempre irá por detrás del descubrimiento, la producción y la adopción. Los teléfonos inteligentes lo ilustran de forma vibrante. Ahora estamos viviendo la cuarta etapa, aprendiendo a optimizar el iPhone en nuestras vidas, es decir, reduciendo el perímetro de sus usos a su verdadera utilidad, una lección lenta que todavía estamos aprendiendo. Al final lo conseguiremos. Pero no sin lucha. Este es el paradigma al que nos enfrentamos con cada nueva innovación.

Pero sin sabiduría, nos quedamos a oscuras en cuanto a si nuestros inventos están realmente ayudando o perjudicando al florecimiento humano. Intentamos inventar, pero sin excedernos. Intentamos prosperar, pero sin crear demasiados monstruos de Frankenstein por el camino. Queremos oír la voz del Creador y corregir cuando nos extralimitamos, porque si vamos más allá de Su voz acabaremos contaminando el mundo, mutilando a otros y matándonos accidentalmente. Cierto daño humano es inevitable en la innovación. Así que debemos estar atentos a las consecuencias de cada tecnología, tanto física como espiritualmente, tanto a través de la revelación general como de la revelación especial.

Dios creó el universo material y sigue creando innovadores. El Creador vincula el orden natural y la innovación. Con el Creador en Su lugar, nuestras innovaciones se mantienen bajo control gracias al diálogo con la creación. Así pues, un enfoque cristiano de la tecnología incluye un estrecho diálogo con la propia creación. Escuchando a la creación, podemos descubrir nuevas posibilidades sin perder de vista el cuidado de la creación. Debemos escuchar a la creación para conocer nuestras posibilidades y oír los límites de lo que debemos y no debemos hacer. Cuando descubrimos que un producto químico útil provoca cáncer de piel, lo sustituimos. Cuando el nitrógeno se filtra en las aguas subterráneas y acaba con la vida marina, nos lo replanteamos. Cuando se descubre que el amianto provoca cáncer de pulmón, lo eliminamos. Y cuando el freón hace agujeros en el ozono, lo prohibimos. Pero todas estas correcciones operan a nivel de revelación general. No hace falta conocer la sabiduría de Dios ni el sentido de la vida para hacer estos ajustes.

Los cristianos aportamos otra revelación a la historia del avance tecnológico. Aportamos sabiduría. Los creyentes escuchan la revelación general (en la tierra y los cielos), y nosotros escuchamos la revelación especial (en las Escrituras). En cuanto el reflector de la revelación divina deja de brillar en cualquier industria, ya sea la agricultura comercial o el desarrollo de los videojuegos, esa industria se deteriorará y funcionará con normas morales laxas. Esa industria o corporación se regirá por la codicia. Deshumanizará a las almas eternas.

Hay un millón de maneras de utilizar la innovación, pero la tecnología se utiliza mejor cuando seguimos el ejemplo de la creación y restauramos lo que está roto. El mundo no es producto de la casualidad evolutiva, sino del diseño intencionado del Creador. Podemos honrar ese sistema cuando las tecnologías se utilizan para arreglar lo que parece roto dentro del orden creado. Se necesita todo un libro de aplicaciones para trazar esta ética en genética, reproducción, enfermedades crónicas y lesiones antes «irreversibles». La tecnología pone en nuestras manos nuevos poderes para romper los esquemas de la creación y lograr lo que no es natural. Pero también nos otorga nuevos poderes para restaurar los patrones creacionales normales que descubrimos por revelación general.

Escuchando al Creador hablar a través de la creación es como descubrimos nuevas posibilidades. Temiendo al Creador, escuchándole a través de la vida de Su Hijo y en la revelación de Su Palabra, es como refinamos nuestras prácticas para servir al florecimiento de la humanidad y la creación. Ambas voces (la de la creación y la del Creador) deben ser escuchadas. Debemos escuchar en estéreo, con ambos auriculares, en busca de nuevas posibilidades y de limitadores gobernantes, no como un ejercicio espiritual aislado, sino como un acto de amor para proteger la salud de toda la civilización. La revelación general (la voz de Dios a través de la creación) y la revelación especial (la voz de Dios en Su Palabra y en Su Hijo) trabajan conjuntamente para preservar la raza humana, «primero sosteniéndola, y [...] segundo, redimiéndola», y juntas sirviendo al fin último de glorificar a Dios en toda Su belleza revelada.[18]

Ética, tecnología y sabiduría

Con o sin sabiduría, la aspiración del hombre por las nuevas tecnologías es insaciable. En el último siglo, la humanidad ha encontrado nuevas formas de acabar en gran medida con el hambre, las infecciones y la guerra. ¿Qué es lo próximo en la agenda de las aspiraciones humanas? En palabras de Yuval Noah Harari:

> El éxito engendra ambición, y nuestros recientes logros empujan ahora a la humanidad a fijarse metas aún más atrevidas. Habiendo alcanzado niveles sin precedentes de prosperidad, salud y armonía, y teniendo en cuenta nuestro pasado y nuestros valores actuales, es probable que los próximos objetivos de la humanidad sean la inmortalidad, la felicidad y la divinidad. Habiendo reducido la mortalidad por inanición, enfermedad y violencia, ahora aspiraremos a superar la vejez e incluso la propia muerte. Habiendo salvado a la gente de la miseria abyecta, ahora aspiraremos a hacerla positivamente feliz. Y habiendo elevado a la humanidad por encima del nivel bestial de las luchas por la supervivencia, ahora aspiraremos a convertir a los humanos en dioses y al *Homo sapiens* en *Homo deus*.[19]

18 Bavinck, *Wonderful Works of God*, 22.
19 Harari, *Homo Deus*, 21.

Tras haber acabado con el hambre, las enfermedades y la guerra mundial, nos centraremos en el antienvejecimiento, las terapias de felicidad inducidas químicamente y el aumento del cerebro y el cuerpo hasta que dejemos de ser *seres humanos* para convertirnos en *dioses humanos*. No como el Dios omnisciente, sino como los dioses griegos, seres sobrehumanos. A medida que esto ocurra, a medida que el hombre evolucione y se cree a sí mismo, y a medida que los dilemas morales se hagan más complejos, la Biblia será irrelevante, dice Harari.

> ¿Qué pasará con el mercado laboral cuando la inteligencia artificial supere a los humanos en la mayoría de las tareas cognitivas? ¿Cuál será el impacto político de una nueva clase masiva de personas económicamente inútiles? ¿Qué pasará con las relaciones, las familias y los fondos de pensiones cuando la nanotecnología y la medicina regenerativa conviertan los ochenta en los nuevos cincuenta? ¿Qué pasará con la sociedad humana cuando la biotecnología nos permita tener bebés de diseño y abrir brechas sin precedentes entre ricos y pobres? No encontrará las respuestas a ninguna de estas preguntas en el Corán ni en la *sharía*, ni en la Biblia ni en las Analectas de Confucio, porque nadie en el Oriente Medio medieval ni en la antigua China sabía mucho de computadoras, genética o nanotecnología.[20]

Antes de sumergirnos en categorías éticas muy específicas, debemos comprender tres principios importantes.

En primer lugar, Harari tiene razón en que debemos prepararnos para algunos dilemas éticos alucinantes. El Dios que se

---

20 Harari, *Homo Deus*, 271.

asegura de que el saqueador tenga una espada también ha diseñado una creación que puede producir mucho más de lo que los cristianos aprueban moralmente.

La realidad es que nuestra ética nunca estará a la altura de nuestras posibilidades tecnológicas. Dios vio este problema desde el principio. Adán y Eva entraron en el mundo desnudos y sin vergüenza.[21] Eran como niños. Por eso, cuando Dios prohibió a la primera pareja comer del árbol de la ciencia del bien y del mal, no estaba limitando para siempre el descubrimiento científico del hombre (según Sagan), sino frenando temporalmente el descubrimiento científico de la creación hasta que el hombre hubiera madurado hasta una edad adulta capaz de gestionar todas sus potentes posibilidades. El árbol estaba destinado a servir de alimento, pero no inmediatamente. El hombre en su infancia estaba mal preparado para la ciencia, la tecnología y todos los dilemas éticos que traerían al mundo. Este despertar llegaría más tarde, cuando el hombre madurara. Por el momento, la pareja sería feliz en su obediencia infantil a Dios en el jardín. Pero como un niño que desobedece a su padre, Adán y Eva alcanzaron un mayor conocimiento del mundo que no estaban preparados para manejar éticamente.[22] Así, remontándonos al primer pecado, nuestra ética tecnológica nunca ha estado a la altura de nuestras nuevas posibilidades tecnológicas, y nunca lo estará, una tragedia inquietante para los pecadores que viven en un mundo tan potente. Especialmente ahora sentimos la presión porque «los poderes que la tecnología ha puesto en nuestras manos y que alteran el mundo exigen ahora un grado de consideración y previsión que nunca antes se

---

21 Gén. 2:25.
22 Umberto Cassuto, *A Commentary on the Book of Genesis (Part 1): From Adam to Noah,* trad. Israel Abrahams (Jerusalén: Magnes Press, 1998), 112-14.

nos había exigido».[23] La vida en un mundo caído significa que nuestra ética nunca estará a la altura de las últimas posibilidades de la tecnología.[24]

En segundo lugar, las nuevas tecnologías no generan nuevas preguntas sobre esas tecnologías. De hecho, esta es una de las grandes preocupaciones de la tecnología. Ahora mismo, puedo comprar en Internet un kit CRISPR de ingeniería genética por menos de 200 dólares y recibirlo en mi casa. Puedo aprender por mí mismo a manipular el ADN humano. Y el kit no requiere respuestas éticas. Los límites éticos no se empaquetan con las nuevas tecnologías. El «progreso» tecnológico rara vez se ralentiza por cuestiones éticas sin respuesta.

El ético cristiano Oliver O'Donovan explica esta dinámica cuando escribe: «Si ha surgido un "problema" moral en torno a [una] nueva técnica, no ha surgido por las preguntas que la técnica nos ha planteado, sino por las preguntas que nosotros hemos planteado a la técnica».[25] En otras palabras, la sociedad a menudo abraza las nuevas innovaciones llevando anteojeras éticas, galopando hacia adelante sin preguntarse qué camino podría seguir la tecnología en primer lugar. Los tecnólogos azotan los inventos para ir más rápido, pero los cristianos se detienen a examinar los riesgos. Criticamos la tecnología porque la tecnología no se autocritica.

En tercer lugar, y lo que es más importante, el rechazo de la Biblia por parte de Harari es terriblemente prematuro. Como señala O'Donovan, las innovaciones no plantean nuevas preguntas, sino que exigen una mayor claridad sobre las viejas prioridades.

23 Carl Sagan, *Pale Blue Dot: A Vision of the Human Future in Space* (Nueva York: Ballantine, 1997), 317.

24 Gracias a Alastair Roberts por recordar este párrafo.

25 Oliver O'Donovan, *Resurrection and Moral Order: An Outline for Evangelical Ethics* (Grand Rapids, MI: Eerdmans, 1994), 93.

Se trata de una diferencia fundamental. El mundo se basa en las antiguas, preciosas y fundamentales verdades de la vida que se encuentran en la Palabra de Dios, que permanece para siempre.[26]

Así que podemos imaginarnos un país de fantasía del Salvaje Oeste de alta tecnología en el que cualquier cliente puede permitirse la fantasía de violar o matar robots reales. Una fantasía así dice algo sobre el avance de la robótica. Pero dice mucho más sobre la violencia maligna del corazón humano. Un robot sexual de 41 kilos (90 libras) con labios y pechos personalizables, diseñado con la forma general y los sonidos y comportamientos de una estrella del porno mejorada quirúrgicamente, no solo plantea cuestiones sobre si el coito con una máquina es sagrado o no. Plantea cuestiones sobre para qué sirve el sexo, dónde florece y cómo su mal uso daña las almas.

Harari supone erróneamente que la Biblia antigua es éticamente relevante para la era digital solo en la medida en que hable la jerga de la era tecnológica. Más bien, la esencia de los «nuevos dilemas» de nuestras innovaciones nos obliga a encontrar una nueva claridad sobre lo que significa ser un humano encarnado. No es difícil hacer una lista de otras cuestiones relevantes.

- ¿Dónde encontramos la felicidad?
- ¿Qué valor tiene el cuerpo material, aunque esté roto?
- ¿Cómo pueden prosperar las almas en una cultura centrada en lo material?
- ¿Qué significa cuidar la salud de nuestro cuerpo?
- ¿Qué significa amar a los pobres y no explotarlos?
- ¿Qué papel desempeña el propósito vocacional en el florecimiento humano?

26 Isa. 40:8.

- ¿Qué significa estar casado?
- ¿Qué significa ser padre?
- ¿Qué significa amar a los demás?
- ¿Qué significa que un feto sea una persona en el momento de la concepción?
- ¿Qué significa ser mujer y no hombre?
- ¿Qué significa matar a un enemigo en una guerra?
- ¿Por qué preservamos la intimidad personal?
- ¿Por qué preservamos la libertad religiosa?
- ¿Qué significa buscar la justicia para nuestro prójimo?

Estas son solo algunas de las cuestiones que la tecnología planteará una y otra vez. Los nuevos productos químicos, las potencias atómicas, la inteligencia artificial, los drones armados y los robots automatizados: la nueva tecnología simplemente devuelve al primer plano de nuestra ética de la era tecnológica las antiguas verdades sobre el florecimiento humano. Mientras buscamos sabiduría, sentido y propósito, la relevancia eterna de la sabiduría de Dios en las Escrituras brillará en la era tecnológica.

¿Cómo viviremos entonces?

La rápida aceleración de nuestros poderes tecnológicos para modificar la creación (y ahora a nosotros mismos) exige varias convicciones éticas. Con la Biblia abierta, he aquí catorce a considerar.

1. Respetamos los dones de la ciencia y de los innovadores no cristianos.

Muchos científicos son hostiles al cristianismo, pero no todos.

El Proyecto Genoma Humano fue un esfuerzo de quince años que cartografió y secuenció por completo tres mil millones de pares de bases de ADN. Es uno de los proyectos científicos y médicos más importantes de nuestra vida. Solo hemos empezado a comprender la codificación genética humana y lo que podemos detectar, cambiar y corregir. El proyecto, finalizado en 2003, fue dirigido por Francis Collins. Él y su equipo trazaron el mapa de los tres mil millones de letras del genoma humano con una secuenciación que «se verá dentro de mil años como uno de los mayores logros de la humanidad».[27] Collins lo calificó de «logro científico asombroso y motivo de adoración».[28]

Collins es cristiano. La ciencia puede atraer a los ateos, pero la ciencia también llevó a Collins del ateísmo a los brazos de Dios. La ciencia nunca pudo responder a sus preguntas fundamentales sobre el universo. La ciencia le proporcionó conocimiento sin sabiduría. Collins, agnóstico, luego ateo y después cristiano, llegó a considerar que la fe en Dios era «más racional que la incredulidad».[29] Ahora es uno de los genetistas y científicos del cerebro más célebres del mundo. «La gente decía que me iba a estallar la cabeza», dice, recordando su conversión, «que no sería posible estudiar genética y leer la Biblia a la vez. Nunca he encontrado ningún problema en ello, a pesar de que algunos científicos han caricaturizado la fe para hacerla parecer incompatible». Mucho antes de la Ilustración, existía una tensión hostil entre la fe y la ciencia. Los científicos negaban a menudo la fe, y la Iglesia rechazaba a menudo los descubrimientos científicos. ¿Cómo proceder hoy en la era de la innovación? «No quiero ver un futuro en el que este conflicto entre ciencia y fe lleve a un ganador y a un perdedor», dijo Collins en una entrevista. «Si la ciencia gana y la fe

27 Francis S. Collins, *El Lenguaje de Dios: Un científico presenta evidencias para creer* (Nueva York: Free Press, 2007), 122.
28 Collins, *El Lenguaje de Dios*, 3.
29 Collins, *El Lenguaje de Dios*, 30.

pierde, acabamos con una sociedad puramente tecnológica que ha perdido sus amarras y los cimientos de la moralidad. Creo que podría ser un resultado muy duro y potencialmente violento. Pero tampoco quiero ver una sociedad en la que triunfe el argumento de que la ciencia no es de fiar porque no coincide con la interpretación que alguien hace de un versículo de la Biblia. Eso nos obligaría a volver a una situación en la que muchos de los dones que Dios nos ha dado a través de la curiosidad intelectual y las herramientas de la ciencia tendrían que ser desechados».[30]

Cuando la Biblia y la ciencia se encuentran en un callejón sin salida, a menudo se nos dice que hay que declarar vencedora a la ciencia. Esta conclusión suena demasiado parecida a lo que oigo decir a los ateos.[31] Más bien creo que deberíamos criticar la ciencia aplicada con Biblias abiertas. Pero Collins tiene razón; nuestro objetivo es el respeto mutuo. El cristiano respeta los descubrimientos del científico. El científico respeta las preocupaciones éticas del cristiano.

En toda ciencia e innovación podemos discernir lo que es bueno, porque en lo que es bueno, podemos sentir un don del Espíritu, que viene a nosotros a través de hombres y mujeres que pueden recordarnos espiritualmente a Caín y sus herederos.

2. Esperamos que la innovación humana esté al servicio de un ecosistema.

Como muestra el Salmo 104, Dios creó y ahora sostiene todo un ecosistema. Él lo diseñó todo. Él creó la luna y la oscuridad, el sol y la luz del día, y las estaciones. Él alimenta a los animales y lleva

---

30 Jebediah Reed, «A Long Talk with Anthony Fauci's Boss about the Pandemic, Vaccines, and Faith», nymag.com (1 de julio de 2020).

31 Véase, por ejemplo, Carl Sagan, *El mundo y sus demonios; la ciencia como una luz en la oscuridad* (Nueva York: Ballantine, 1997), 277-79.

a la humanidad a trabajar desde la mañana hasta la noche.[32] Él creó las materias primas para que el hombre pudiera hacer vino, aceite y pan.[33] Toda la obra de los hombres es la obra de Dios.[34] Dios nos dio barcos para surcar el mar, igual que creó a Leviatán para que jugara en el mar, y ambos tienen su lugar.[35] Ponte de pie, observa todo este sistema y ¡alaba a Dios! El trabajo, la ciencia y la innovación de la humanidad deben encajar siempre en un ecosistema más amplio.

La tecnología tiene su origen en el orden creado. Pero las reglas y normas de la tecnología no están en las tecnologías, sino en el orden creado. Nuestras innovaciones deben existir dentro de un diálogo ecológico con Dios mientras cuidamos y cultivamos adecuadamente la creación.[36]

En el mejor de los casos, las tecnologías más revolucionarias muestran la gloria de Dios. Así que cuando Kevin Kelly sugirió que «podemos ver más de Dios en un teléfono móvil que en una rana de árbol», tenía razón en un sentido.[37] El teléfono inteligente refleja ciertamente la gloria del Creador. Pero refleja a Dios en un sentido más básico que la rana de árbol. La rana de árbol fue creada por Dios y se adapta a los patrones biológicos del Creador en la creación, y lo hace en un sentido muy refinado. La rana de árbol vive totalmente dentro del orden creado y se adapta a él de forma coherente. La rana de árbol vive obediente a la voz del Creador. Pero como han descubierto los usuarios de teléfonos inteligentes, el iPhone introduce una serie de problemas fisiológicos como la privación del sueño, el aumento de la ansiedad, el

32 Sal. 104:19-23.
33 Sal. 104:14-15.
34 Sal. 104:23.
35 Sal. 104:26.
36 Gén. 1:28-31.
37 Kevin Kelly, *What Technology Wants* (Nueva York: Penguin, 2011), 358.

aumento de la depresión, la alienación personal, la fatiga visual, la respiración superficial y la mala postura. (Y el iPhone también nos está cambiando en una docena de aspectos espirituales).[38] Con el tiempo resolveremos todo este mal uso del teléfono y avanzaremos hacia los comportamientos socialmente saludables de una rana de árbol. Pero por ahora, el *smartphone*, y nuestro uso excesivo de este, a menudo no se ajustará a nuestro florecimiento biológico. No estará a la altura de la gloria de Dios.

En su raíz, el pecado humano es la destrucción del orden natural.[39] Y la gracia se propone restaurar la naturaleza.[40] Hay una conexión inequívoca entre la rebelión humana y la resistencia del orden creado, a favor de tendencias que son autodestructivas para nuestra vida biológica. La regeneración comienza a restaurarnos desde dentro y nos enseña a sintonizar nuestros corazones con la voz del Creador en el exterior. El florecimiento humano exige oposición al pecado, oposición a lo que rompe las estructuras naturales del florecimiento biológico. A los cristianos se nos asigna este papel en la sociedad porque nuestro enemigo no es la naturaleza, sino la distorsión que el pecado hace de ella. La gracia restaura la naturaleza enfrentándose al pecado humano que la distorsiona. A medida que la gracia de Dios nos enseñe y Su Espíritu nos convenza, nos resistiremos a las innovaciones que no respeten las pautas de la creación. Pero nuestro discernimiento siempre estará a la altura de las ranas de árbol.

---

38 Véase Tony Reinke, *Hechizo digital: 12 maneras en las que tu dispositivo te está cambiando* (Wheaton, IL: Crossway, 2017).
39 Rom. 1:18-32.
40 El principal motivo teológico de Herman Bavinck.

3. Esperamos ser testigos de la extralimitación tecnológica y nos comprometemos a corregir sobre la marcha.

Casi al final de las reñidas elecciones presidenciales del 2020, el teólogo Wayne Grudem fue invitado a instruir a una iglesia para participar en el proceso de votación, defendiendo la reelección de Donald Trump. Allí preguntó retóricamente a la audiencia sobre los combustibles fósiles, un tema clave en las elecciones. «¿Creen que Dios puso estas increíbles y accesibles fuentes de energía (carbón, petróleo y gas natural) en la tierra para que pudiéramos usarlas, pero que les puso una trampa para que destruyeran la tierra?». El público se rio y aplaudió de acuerdo con su premisa. «Yo no pienso eso».[41] Ahora bien, la primera mitad de la afirmación es gloriosamente cierta. Los combustibles fósiles nos han sido regalados intencionadamente por Dios, son asombrosos y accesibles y han cambiado nuestras vidas de innumerables maneras. (¿Te has parado alguna vez a adorar a Dios por el don de los combustibles fósiles?)

Pero la segunda mitad de la pregunta es un poco más problemática, y puedes ver por qué simplemente sustituyendo «carbón, petróleo y gas natural» por «uranio». Cambiemos las categorías y la respuesta cambia. En varios escenarios, la humanidad podría extinguirse mediante una guerra termonuclear global y sus consecuencias. Así que la respuesta a la pregunta retórica no es tan sencilla como parece, porque la accesibilidad natural no equivale a una seguridad infalible. Nuestros descubrimientos más potentes exigen autolimitación.

Pensando en el antiguo agricultor de Isaías 28, las lecciones de Dios estaban «expresadas en todas las leyes de la naturaleza, en el

---

41 Jack Hibbs, «Answering a Friend's Objections to Voting for Trump, Dr. Wayne Grudem», *Real Life with Jack Hibbs*, youtube.com (18 de octubre de 2020).

carácter del aire y del suelo, del tiempo y del lugar, del grano y del maíz». Pero mientras el granjero aprendía estas lecciones, seguía siendo «susceptible de equivocarse y cometer errores».[42] Y cuando el antiguo agricultor cometía errores, podía dañar su cosecha y perjudicar la vida de los que le rodeaban por inanición. Pero el impacto de los errores y equivocaciones hoy en día se multiplica por el tamaño del complejo industrial. Nuestros errores tecnológicos hieren, mutilan y matan a gran escala. Lo que está en juego por interpretar mal al Creador es más importante que nunca. Por tanto, la conciencia ecológica debe estar en el radar de la Iglesia.

El teólogo J. I. Packer calificó categóricamente al mundo occidental de «monstruo tecnológico, que viola el planeta para obtener beneficios económicos y genera horrendas perspectivas ecológicas para nuestros nietos».[43] El poder puede ser usado en exceso, y la creación puede ser trabajada en exceso. El Creador le enseña al agricultor a arar una vez, no todo el tiempo. Si se trabaja demasiado el suelo, se puede desencadenar una catastrófica polvareda. La buena agricultura es intuición. La agricultura es una danza dinámica en sintonía con los flujos y reflujos estacionales de la creación. Incluso con toda la espectacular tecnología, la buena agricultura se basa en el instinto. La tecnología requiere discreción ecológica.

Dado que toda actividad humana altera el equilibrio de la creación, nos extralimitaremos con nuestras innovaciones y necesitaremos corrección. Pero nunca sobrepasaremos la providencia de Dios. Packer advierte que «si, por ejemplo, continuamos en la vida industrial de una forma que realmente produzca un calentamiento global importante de la forma en que nos advierten

---

42 Bavinck, *Wonderful Works of God*, 49–50.
43 J. I. Packer, «Our Lifeline», *Christianity Today*, 28 de octubre de 1996, 23.

que podría producirse, bueno, eso significará ciertamente más tormentas, más desastres naturales, más violencia en el orden natural. Y llegará un momento en que tendremos que susurrarnos a nosotros mismos: "Nos lo hemos buscado". Y en ese sentido, debemos aceptar la responsabilidad por ello. Pero todo sigue estando bajo la soberanía de Dios».[44] Sí. Ningún gorrión cae muerto del cielo si no es por la voluntad de Dios y en el momento oportuno.[45] Pero si encontramos un montón de gorriones bajo un aerogenerador, deberíamos iniciar una investigación medioambiental.

A medida que las innovaciones nos alejan de la tierra, nuestros oídos deben estar aún más atentos a la voz del Creador en Su creación. Las innovaciones futuras lo harán posible de formas difíciles de imaginar ahora. La agricultura a gran escala se ha automatizado de muchas maneras, con cosechadoras dirigidas por GPS y sembradoras guiadas con precisión. Tendemos a pensar en la agricultura en términos macroscópicos, grandes tractores que hacen cosas más grandes y más rápido, fertilizando y cosechando a granel. Pero los robots de inteligencia artificial pueden llegar a administrar la tierra mejor que nosotros. Las máquinas del futuro granularizarán la agricultura. En el horizonte se vislumbran robots con habilidades más táctiles, como robots recolectores inteligentes, cerebros equipados con IA, ojos, brazos y discernimiento digital para distinguir una fruta madura que se recoge hoy de otra que se recogerá más tarde. Pequeños robots automatizados podrían avanzar por los campos arrancando las malas hierbas una a una. Esto reduciría el uso de pesticidas. Tal vez el mismo robot también podría poner nombre a cada planta, cuidarla y documentar

44 «John Piper Interviews J. I. Packer», desiringGod.org (28 de julio de 2020).
45 Mat. 10:29.

en una base de datos su crecimiento, su salud y sus necesidades. El cuidado de los cultivos a este nivel de detalle impresionaría a Tom Bombadil, y esta tecnología también podría ser adoptada fácilmente por los agricultores ecológicos. Imaginemos el ahorro de agua, fertilizantes y productos químicos que podría suponer la automatización robótica.[46]

La naturaleza merece todo ese cuidado. La creación es algo más que materia prima para nuestra manipulación. La naturaleza es un organismo vivo que no comprendemos del todo, y gran parte de su cronobiología avanzada sigue siendo un misterio. Los mundos vegetal, animal e insectil de la tierra son redes biológicas de vida y comunicación que apenas hemos llegado a apreciar. Tal vez recurramos a un enjambre de nanosatélites en órbita terrestre baja para que nos ayuden a vigilar en tiempo real la «higiene planetaria» de la tierra.[47] Tal vez podamos inventar nuevas formas de escuchar al Creador, mientras sigue hablándonos a través del catecismo de Su creación. A medida que alteremos el equilibrio de la creación, necesitaremos un capitalismo consciente y formas creativas de «salvar la economía de la congelación y la ecología de la ebullición».[48] En otras palabras, aprenderemos a corregir sobre la marcha.

4. Esperamos que el progreso tecnológico respete el diseño divino del cuerpo.

Los Supersónicos *[The Jetsons]* arrendaron una criada robot doméstica. Se llamaba Rosey, una desgastada robot azul, de usos múltiples y programada para cocinar, limpiar y oficiar de madre cuando era necesario. Era una caricatura de 1962 de lo que podría

---

46 Kevin Kelly, «The Future of Agriculture», youtube.com (26 de agosto de 2020).
47 Sagan, *Pale Blue Dot*, 71.
48 Harari, *Homo Deus*, 214.

ser 2062. Pero no es probable que robots con habilidades diversas como Rosey nos laven la ropa, frieguen los platos o cocinen en un futuro próximo. «Existe la fantasía de que podemos crear un robot con inteligencia artificial que sea superior a los humanos en todas las dimensiones. Eso desde el punto de vista técnico y de ingeniería es imposible», afirma Kelly. «No podemos hacer una máquina que supere a los humanos en todas las dimensiones. Se puede hacer una máquina que corra más rápido que el ser humano. Se puede hacer una máquina que salte más alto. Podríamos hacer una máquina que se arrastrara más abajo. Pero no se puede hacer una máquina que haga todas esas cosas al mismo tiempo porque hay una compensación de ingeniería. Además de ser bastante potentes, somos increíblemente flexibles».[49]

Tras tres años de experimentos en la superficie de Marte con el vehículo Curiosity, uno de sus ingenieros estimó que un ser humano podría haber realizado la misma carga de trabajo en una semana.[50] Comparado con los robots, el cuerpo humano es potente, flexible y eficiente. Puede funcionar durante dieciséis horas diarias, optimizando su escaso cuarto de caballo de potencia, gobernado por un cerebro que requiere menos energía que una bombilla. Somos tremendamente eficientes, adaptables y poderosos. Los robots no. «No sabemos cómo hacer una máquina flexible y potente», dice Kelly. «Esas dos cosas normalmente no las optimizamos. No hay razón para intentar hacer una máquina totalmente como nosotros, flexible, fuerte, rápida, de larga duración y poca potencia porque podemos hacer más de nosotros con mucha facilidad. La mayoría de los robots serán diferentes de nosotros en muchísimas cosas. Serán mejores que

49 Kevin Kelly, «The Future of Robots», 8 de julio de 2020, youtube.com.
50 Bobak Ferdowsi en *Generación Marte* de Netflix, 2017, dirigida por Michael Barnett, producida por Austin Francalancia y Clare Tucker.

nosotros en ciertos estrechos aspectos».[51] Pero seguirán siendo ajenos a nosotros.

El cuerpo humano es un diseño extraordinario. Y seguro que cada vez tendremos más poder para optimizarlo. La era de los esteroides anabólicos puede dar paso a una era de superhumanos modificados genéticamente. A medida que aprendemos a jaquear el cuerpo humano y a optimizarlo para conseguir fuerza y velocidad, la ciencia está empezando a alterar el atletismo, un ámbito en el que la competición humana ha asumido durante mucho tiempo la neutralidad biológica y química. ¿Qué ocurre con el deporte cuando las modificaciones cinéticas se reorganizan genéticamente? ¿Qué ocurre cuando se puede ganar fuerza y velocidad rápidas mediante cambios genéticos?[52] ¿Las modificaciones genéticas acabarán con el deporte de forma gradual? ¿O, al igual que la era de los esteroides en el béisbol, harán que un deporte sea más popular y emocionante? ¿Se convertirán los atletas en la primera clase de superseres mejorados genéticamente?

En respuesta a retos que causan debilidad, los implantes neurológicos pueden ayudar a remediar derrames cerebrales, convulsiones cerebrales, ceguera, sordera e incluso parálisis. Incluso pueden ayudar a aliviar la depresión, la ansiedad y las adicciones. Pero la ética se vuelve más imprecisa cuando hablamos del uso de estos implantes para aumentar el tamaño de personas sanas. El aumento no parece preocupar a inventores como Elon Musk, que busca acelerar la comunicación humana. Requiere mucho trabajo comprimir ideas con precisión para otros en palabras concretas, y el proceso de expresión funciona a una velocidad de datos muy baja. ¿Cuál es la solución propuesta por Musk? Un implante cerebral

---

51 Kelly, «The Future of Robots».
52 Véase el descubrimiento de la miostatina por Se-Jin Lee.

que permita que las impresiones, conceptos y pensamientos sin comprimir pasen de un cerebro a otro a través de la «telepatía consensual no lingüística».[53]

La telepatía consensuada a través de la interconexión cerebro-máquina es una «embriagadora» mejora de ciencia ficción plagiada de las páginas del Dr. Filostrato. Pero esta es la trayectoria de la tecnología: hacer sobrehumanos nuestros poderes innatos. «La medicina del siglo XX pretendía curar a los enfermos. La medicina del siglo XXI aspira cada vez más a mejorar la salud de las personas».[54] Según Kevin Vanhoozer, estas mejoras biológicas son antinaturales. «Curar es intervenir terapéuticamente para corregir un defecto biológico o bioquímico. Por el contrario, mejorar es perfeccionar la función normal, ir más allá de lo natural».[55] Hay que mantener un delicado equilibrio para preservar y restaurar las funciones naturales, y las consecuencias de convertir lo natural en sobrenatural son graves. Las mejoras sobrenaturales tienen consecuencias sobrenaturales. Porque «la mejora del cuerpo es el desencanto del alma».[56]

Puede que con el tiempo modifiquemos nuestro cuerpo de formas útiles y necesarias. Pero nunca llegaremos a un punto en el que el cuerpo humano sea una máquina desechable. La eugenesia nazi demostró ser perversa en sus intentos de aislar una raza superior, pero ese espíritu nocivo puede resurgir en la era tecnológica. Hoy en día, el cribado prenatal se utiliza en niños antes de nacer para identificar posibles defectos genéticos, usando

53 «WATCH: Elon Musk's Neuralink Presentation», CNET Highlights, youtube.com (28 de agosto de 2020), 1:04:03-. Debo señalar que el Espíritu se comunica a través de algún tipo de intercesión inexpresable «demasiado profunda para las palabras»; todo un canal sin palabras (ἀλάλητος) que no podemos comprender (Rom. 8:26).

54 Harari, *Homo Deus*, 353.

55 Kevin J. Vanhoozer, *Pictures at a Theological Exhibition: Scenes of the Church's Worship, Witness and Wisdom* (Downers Grove, IL: IVP Academic, 2016), 256.

56 Vanhoozer, *Pictures at a Theological Exhibition*, 260.

un razonamiento basado en la ciencia que conduce a la matanza de innumerables niños a los que se les predice el síndrome de Down, personas preciosas que son notoriamente la población más feliz de la tierra.[57] La matanza genocida se esconde tras el velo de la objetividad científica. Cada cuerpo, por roto que esté en este mundo caído, es un ser humano plenamente valioso, reflejo de su Creador. Las tecnologías que devalúan el cuerpo humano nunca honrarán al Creador.

5. Nos comprometemos con nuestras principales vocaciones de amor.

Hace mucho tiempo, Herman Bavinck elaboró su propia lista de preguntas perennes que los seres humanos siempre necesitarán responder, en particular estas seis:

- ¿Cuál es la relación entre el *pensar* y el *ser*?
- ¿Cuál es la relación entre el *ser* y el *convertirse*?
- ¿Cuál es la relación entre el *convertirse* y el *actuar*?
- ¿Quién soy yo?
- ¿Qué es el mundo?
- ¿Cuál es mi lugar y mi tarea en este mundo?[58]

Volvemos a estas mismas preguntas en la era de la innovación, porque las innovaciones nunca responden a estas preguntas. Pero las respuestas a estas preguntas también requieren la sabiduría que determina el propósito de nuestras vidas. Y esta sabiduría es crucial cuando ya no podemos recurrir al mercado para identificar

---

57 John Knight, «The Happiest People in the World», desiringGod.org (20 de marzo de 2015).

58 Herman Bavinck, citado en John Bolt, *Bavinck on the Christian Life: Following Jesus in Faithful Service*, Theologians on the Christian Life (Wheaton, IL: Crossway, 2015), 122-23; formato añadido.

nuestras habilidades comercializables, donde tan a menudo buscamos nuestra identidad y nuestro propósito.

Cuando se trata de entender nuestro lugar en el mundo, se está gestando un gran cambio para todos nosotros. La IA está cambiando algo más que el reconocimiento facial y las estrategias de defensa nacional. Lo está cambiando todo. Las computadoras están a punto de autoentrenarse y automejorarse. La IA aprende estudiándonos. Te estudia cada vez que hablas con un asistente personal como Alexa o Siri. Observa y aprende tus comportamientos y preferencias cuando escribes búsquedas sencillas en Google. La IA observa tus hábitos en Netflix para recopilar tus intereses personales, crear una base de datos y adivinar qué medios te servirán después. La IA de Amazon intenta venderte cosas nuevas basándose en quién cree que eres. La IA también te protege: detecta el correo no deseado para evitar que invada tu bandeja de entrada. Los ordenadores de IA dominan el ajedrez y han pasado a dominar los videojuegos, aprendiendo a ganar mediante la creación de nuevas tácticas más allá de las de los jugadores humanos. Pero no todo es diversión, juegos y bienes de consumo.

A medida que la tecnología portátil se hace omnipresente, todo lo que hacemos, tocamos y poseemos está conectado a una neurología digital, un embudo de flujo de datos. Todos nuestros comportamientos se digitalizan. Tú, tus portátiles, tus comportamientos, tus decisiones vitales... todo ello alimenta nuevas transmisiones de datos. Nuestro flujo colectivo de datos se sincroniza con una base de datos de todos los demás comportamientos humanos. Una base de datos colectiva de la conducta humana está haciendo que la mercadotecnia dirigida sea casi omnisciente.

Nuestros teléfonos están llenos de aplicaciones de rastreo de datos que vigilan y escuchan todo lo que hacemos en Internet. Estas balizas que llevamos a todas partes transmiten señales digitales en todo momento. Las corporaciones y las agencias de inteligencia nacionales saben que la minería de datos es clave para ganar poder, pero solo si encuentran nuevos poderes de computación para la IA. «Al igual que, según el cristianismo, los humanos no podemos entender a Dios y Su plan», afirma Harari, «el *dataísmo* declara que el cerebro humano no puede comprender los nuevos algoritmos maestros».[59] Las supercomputadoras inventarán nuevas formas de ver y conocer que nuestros enclenques cerebros no pueden concebir ahora. La era de la fe termina cuando el Big Data proclama a la humanidad: «Porque así como la supernube de datos es superior al conocimiento humano, mis algoritmos predicen todos tus caminos y mis percepciones son superiores a todos tus pensamientos».[60]

Siendo más optimistas, nuestros diagnósticos médicos serán procesados por la IA, por un médico digital omnisciente que pueda simultáneamente recordar todo tu historial médico, examinar tu genoma completo, ver tus escáneres y radiografías y tus constantes vitales a través de una cuadrícula de toda la historia registrada de la medicina, y buscar problemas para escalarlos en una lista de lo curativo, lo paliativo y lo preventivo. La IA puede ahora decidir con precisión las diversas estructuras tridimensionales de las proteínas del cuerpo humano, detectar mutaciones y tratar enfermedades con remedios farmacológicos nunca antes imaginados. Tal vez a su debido tiempo circulen por nuestra sangre nanobots diminutos que nos proporcionen actualizaciones en tiempo real y un seguimiento médico ininterrumpido. El médico del futuro no será alguien a quien visitemos una vez al año para una revisión, sino alguien que vigile nuestro panel de datos en

59 Harari, *Homo Deus*, 398.
60 Una paráfrasis futurista de Isa. 55:9.

tiempo real para llamarnos cuando algo vaya mal. La IA conocerá nuestro cuerpo tan bien que tal vez nos encontremos humanizados hasta un nivel de detalle que nunca imaginamos. Las ventajas de la IA son amplias.

Pero las mentes digitales autodidactas perturbarán las economías y los mercados de trabajo. Casi todos los que observan el auge de la IA están de acuerdo. Según algunas previsiones, la IA y su fusión con la robótica autónoma acabarán con la mitad de nuestros puestos de trabajo y harán que una gran parte de la humanidad sea intrascendente para la economía (según Kai-Fu Lee). Otros advierten que los únicos humanos que conservarán su valor en la era de la IA serán aquellos que tengan la previsión de conectar una interfaz digital a sus cerebros (según Elon Musk). Otros afirman que, al principio, la IA perturbará muchos puestos de trabajo, pero que después dará lugar a más y mejores puestos de trabajo para los humanos (según Kevin Kelly). ¿Destruirá la IA nuestras posibilidades de encontrar trabajo? Lo dudo. Lo más probable es que aprendamos a trabajar con la IA como hoy hemos aprendido a trabajar frente a los ordenadores. Los trabajos del futuro exigirán fluidez con la IA, como la que ya se necesita para trabajar bien con los compañeros.[61]

Pero imaginemos por un momento la previsión más dura. Imaginemos que las mejoras de los robots de IA continúan hasta que los humanos se vuelven irrelevantes. Imaginemos que dentro de treinta años, a la mitad de la humanidad se le ha dicho que el valor de mercado de sus habilidades es cero. Los de telemercadeo, representantes de atención al cliente, contables, cajeros, radiólogos, farmacéuticos, transportistas, correctores de pruebas, trabajadores de entrada de datos, mozos de almacén, camioneros de larga

---

61 Kevin Kelly, «The Future of Employment with AI», youtube.com (27 de mayo de 2020).

distancia, granjeros, recolectores de fruta, mensajeros, conductores de Uber, cocineros, camareros, empleados de banca, agentes de viajes, operadores de bolsa, árbitros deportivos y prácticamente todos los trabajadores relacionados con la comida rápida, todos desaparecidos, sustituidos por ordenadores avanzados y robots automatizados. La absorción de puestos de trabajo por la IA supondría el cambio económico y tecnológico más perturbador de la historia de la humanidad. Las desventajas parecen evidentes: desempleo masivo, evaporación de la clase media y una disparidad de riqueza nunca vista en un país desarrollado. ¿Qué pasará cuando nuestra experiencia comercial no tenga valor? ¿Qué sucederá cuando mi vecino no necesite ninguna de mis habilidades? ¿Qué ocurrirá cuando desaparezcan los empleos y nos quedemos, no con el ocio, sino con la desesperación sin propósito?

Es difícil imaginar los trastornos generalizados que se producirían. Un hombre que no tiene nada que ofrecer a su mujer y a su familia en forma de trabajo se ve profundamente limitado en su capacidad de cuidar de ellos. Los hombres tendrán más dificultades para casarse y formar una familia. Cuando los niños se puedan gestar en úteros artificiales, y cuando los robots sexuales y las trabajadoras del sexo virtuales satisfagan el apetito sexual de los hombres, la capacidad de amar de las mujeres también se verá profundamente limitada. A medida que la humanidad se separe entre una «pequeña élite de superhumanos mejorados» y una mayoría no mejorada, asistiremos al surgimiento de la «clase inútil», una masa de personas «desprovistas de cualquier valor económico, político o incluso artístico, que no contribuyen en nada a la prosperidad, el poder y la gloria de la sociedad» y que viven aisladas, alimentándose de descargas químicas o estímulos electrónicos de alguna felicidad artificial para una vida gastada dentro de las alucinación telepática de la realidad virtual.[62] En un escenario así, la santidad de la vida, de la que ahora se habla para proteger a los no nacidos del aborto y a los ancianos de la eutanasia, tendrá que aplicarse a un espectro demográfico mucho más amplio: los rechazados por un mercado que no los quiere.

Las previsiones son nefastas para quienes no puedan adaptarse a los cambios. «Sí, las máquinas inteligentes serán cada vez más capaces de hacer nuestro trabajo y satisfacer nuestras necesidades materiales, perturbando las industrias y desplazando a los trabajadores en el proceso», dice Kai-Fu Lee, profeta de la IA, sobre lo que prevé que será una gran perturbación en nuestro camino. «Pero queda algo que solo los seres humanos son capaces de crear y compartir: el amor».[63] Cuando el mercado devalúa tus habilidades y no tienes ninguna que ofrecer a los demás, aún tienes tu propia presencia que dar.

La IA traerá robots terapéuticos, robots niñera y robots mascota. Los sistemas de IA ofrecerán una apariencia virtual de presencia, pero seguirán siendo impersonales. En cambio, en la era de la IA, parece que podemos estar en posición de amar menos a través de la habilidad y amar más proporcionalmente en la presencia. Según Lee, amar a los demás será la clave para encontrar un propósito personal y prosperar en una era en la que la IA te ha quitado el trabajo. Hay algo de verdad en esto. Pero debemos ir más allá.

En cierto sentido, Cristo nos preparó para encontrar nuestra vocación en la era de la inteligencia artificial, y en cualquier época. Así es como Jesús define lo que significa prosperar de verdad en el mundo, en Lucas 10:25-28:

62 Harari, *Homo Deus*, 330, 355.
63 Kai-Fu Lee, *AI Superpowers: China, Silicon Valley, and the New World Order* (Boston: Houghton Mifflin Harcourt, 2018), 198.

²⁵ Y he aquí un intérprete de la ley se levantó y dijo [a Jesús], para probarle: Maestro, ¿haciendo qué cosa heredaré la vida eterna? ²⁶ Él [Jesús] le dijo: ¿Qué está escrito en la ley? ¿Cómo lees? ²⁷ Aquel, respondiendo, dijo: Amarás al Señor tu Dios con todo tu corazón, y con toda tu alma, y con todas tus fuerzas, y con toda tu mente; y a tu prójimo como a ti mismo. ²⁸ Y le dijo: Bien has respondido; haz esto, y vivirás.

Esta es la constante universal, la fórmula para una vida vibrante: estar plena y verdaderamente vivo en esta era y en la era de la IA. Estos son los dos «mandamientos del amor». En relatos paralelos de los Evangelios, el propio Jesús hace el resumen.[64] Aquí en Lucas, el intérprete de la ley lo hace. Desgraciadamente, el intrigante intérprete de la ley no lo entenderá, porque busca la autojustificación, y eso no es posible. La justificación se encuentra únicamente en la expiación sustitutiva de Cristo, en Su supremo acto de amor hacia nosotros.[65] Sin embargo, el intérprete de la ley no es estúpido. Resume toda la voluntad moral de Dios en dos categorías: ama a Dios con todo lo que eres y ama a los demás como a ti mismo. Luego Jesús elogia el resumen. El joven tiene razón. Esto es lo que significa estar plenamente vivo.

Nota el mandamiento primario del amor: atesora a Dios con todo lo que eres. He aquí la vocación humana primordial que cada uno de nosotros ha sido creado para experimentar. Más que tratar de encontrar un lugar en la economía de mercado, cada uno de nosotros ha sido creado para expresar un abrazo holístico, diario, de corazón-alma-fuerza-mente, a Dios.[66] Eso es lo que significa

---

64 Mat. 22:37-40; Mar. 12:28-31.
65 2 Cor. 5:21; 1 Jn. 4:10, 19.
66 O en palabras de Piper: «La exigencia de Jesús de amar a Dios con todo nuestro corazón y alma y mente y fuerza significa que cada impulso y cada acto de cada facultad y cada

estar vivo. El amor es una respuesta a ver la gloria y la bondad de Dios, y a la luz de Su belleza, no deseando nada en la tierra más que a Él, apreciándolo por encima incluso del padre o la madre o el hijo o la hija más queridos. La fe actúa entregando con alegría todos nuestros bienes terrenales, todo lo que el mercado valora, para comprar un campo que alberga el tesoro inestimable de Cristo. Tanto si la era de la IA nos da como si nos quita, la fe viva considera todo lo que hay en esta vida como una pérdida en comparación con el valor supremo de conocer a Cristo.[67] Amamos a Dios con todo nuestro corazón y alma y fuerza y mente; expresiones holísticas de cómo lo tratamos y encontramos en Él todo lo que deseamos en última instancia. Una vida entregada a amar a Dios de este modo renovará el propósito de la «clase inútil» cuando ninguna otra cosa lo haga. Este es el llamado personal a cada una de nuestras vidas. Y nada, ni siquiera los más funestos pronósticos de la IA, lo detendrá.

Del primer mandamiento de amor surge el segundo: ama a tu prójimo como a ti mismo. Las demostraciones de amor cambiarán en la era de la IA. El amor exige creatividad. Pero la lección sigue siendo válida para nosotros hoy. Ahora mismo, somos ricos en tecnología. Pero se nos ordena no dejar que estas riquezas nos vuelvan engreídos y satisfechos de nosotros mismos. Por el contrario, al encontrar nuestra seguridad únicamente en Dios —y nunca en las promesas de la tecnología, que pronto nos defraudarán—, vemos en nuestras innovaciones a un dador generoso que nos regala a manos llenas todo nuevo poder y comodidad para disfrutar. Él nos llama a disfrutar y a utilizar Sus dones para el bien, sirviendo a las necesidades de los demás. Utilizar desinteresadamente

---

capacidad debe ser una expresión de atesorar a Dios sobre todas las cosas». John Piper, *Lo que Jesús exige del mundo* (Wheaton, IL: Crossway, 2006), 82.

67 Sal. 34:8; 73:25-26; Mat. 10:37; 13:44; Luc. 10:27; 14:33; Juan. 6:35; Fil. 3:8.

nuestra tecnología para satisfacer las necesidades de los demás es como acumulamos tesoros en el cielo.[68]

Jesús nos prepara para la era de la IA recordándonos que entregar nuestra vida es lo que significa estar plenamente vivos. El tecnocontrol y el pseudoconfort que promete la era de la innovación nunca harán que nadie esté más vivo. La verdadera vida es para los que están vivos a la belleza de Dios. Esta realidad era cierta en el siglo I, era cierta en la Revolución Industrial, y lo mismo ocurrirá con cualquier cambio que la IA traiga a nuestras vidas. Mientras la era tecnológica promete convertirnos en el centro de nuestro propio universo, nuestros mandamientos de amor nos lo prohíben. Nuestro propósito mayor da forma a las prioridades de nuestras vidas desde fuera de nosotros, no desde dentro del *technium*. La vida, el significado y el propósito del cristiano siempre estarán moldeados por la grandeza de Dios y por la presencia que ofrecemos a los demás.

6. Dejamos espacio para innovaciones innecesarias.

Debemos mirar con escepticismo cualquier innovación que no sirva al florecimiento de la humanidad. Y, sin embargo, hay algo que sigue sin decirse. Porque tampoco creo que la utilidad responda a todos los santos impulsos que actúan en la innovación y la exploración humanas. Cuando contemplo los llamativos materiales de esta tierra (oro, plata y diamantes), o la expansiva materia del cosmos (más del 99,99% de la cual parece existir sin consecuencias para ninguna de nuestras vidas), no me queda la impresión de que la creación se hizo simplemente para la utilidad. La salvaje diversidad de las criaturas del reino animal pone de manifiesto lo mismo.[69] Por eso, cuando veo a los tres hermanos

68 1 Tim. 6:17-19.
69 Job 38:1–41:34.

de Génesis 4, veo una cultura antigua que se esfuerza por alimentarse encabezando las innovaciones genéticas (gracias a Jabal) y por protegerse fabricando herramientas de metal (gracias a Tubalcaín). Pero no parece el momento apropiado para la invención de la música. La música parece intrascendente comparada con el ganado y las espadas. Pero, por innecesario que pudiera parecer a primera vista, el propio Creador enseñó a Jubal a fabricar instrumentos de cuerda y viento.

Me asombra vivir en un planeta tan rico en minerales, leyes naturales, música y poderes latentes capaces de animar nuestras ambiciones. No puedo dejar de asombrarme ante la creatividad y la generosidad y genialidad del Creador. Y en el acto mismo de la creación, la sabiduría se personifica como un niño juguetón y como un maestro artesano.[70] La creación resultante es un patio de recreo para las criaturas.[71] Así que creo que sería una interpretación errónea de la creación suponer que solo los descubrimientos funcionales tienen algún valor. Creo que la creación contiene una amplia gama de posibilidades para hacer y descubrir cosas nuevas que no son totalmente pragmáticas en su causa primera o propósito final.

Toda innovación humana tiene sus raíces en la posibilidad imaginativa, procedente de un Creador espontáneo que muestra Su propia imaginación en la belleza y la extensión de Su creación, la cual ha abastecido con productos mucho más allá de lo necesario para que sobrevivamos. La innovación humana nunca se limita a solucionar problemas. Es la expresión de una espontaneidad lúdica, de un descubrimiento gozoso que se desarrolla en una conversación con un Creador que ha impregnado la creación de glorias necesarias e innecesarias.

---

70 Prov. 8:22-31. Véase Leland Ryken y otros, *Dictionary of Biblical Imagery* (Downers Grove, IL: InterVarsity Press, 2000), 128.
71 Job 40:20; Sal. 104:25-26.

La suma total de nuestras innovaciones siempre superará nuestras necesidades. Si estudiamos la historia de las innovaciones, veremos que muchas soluciones serias tienen su origen en descubrimientos con fines vanos (como el bótox, que veremos más adelante). Los humanos siempre estarán motivados por puras aspiraciones y simple curiosidad, cosas como la exploración espacial. Quizás Marte se convierta en nuestro nuevo hogar para salvarnos de este planeta en decadencia. Tal vez no. Tal vez en Marte simplemente descubramos más del patrón de creación de nuestro Dios, y eso no sería un esfuerzo en vano. O quizá en algún otro planeta descubramos un nuevo metal más asombroso que el oro, algo que excavaremos, llevaremos a la tierra, nos maravillará y experimentaremos con él. Quizá haga que nuestros ordenadores sean más rápidos. Quizá haga que nuestros cuerpos sean más sanos. O tal vez no.

Cuando nos fijamos en la innovación humana solo por sus usos pragmáticos, nos perdemos algo importante sobre la vida humana en el amplio cajón de arena de las maravillas creadas. Porque la creación es, de hecho, una caja de arena. Al fin y al cabo, solo jugamos con las posibilidades que se nos ofrecen, hasta la manipulación de sonidos y frecuencias que nos resuenan como música. ¿Y si esta creación hubiera sido diseñada intencionadamente para ser mayor que todas nuestras necesidades juntas? ¿Y si, mientras exploramos lo no necesario, el Creador también se complace en instruirnos en lo que solo puede ser maravillosamente innecesario? ¿Qué pensaríamos de la innovación tecnológica si primero pensáramos que la música fue idea de Dios?

Dios quiera que nuestras innovaciones no tomen un cariz demasiado serio, que nos volvamos tan estrechos de miras que nos limitemos a buscar la riqueza material o inversores felices o mercados alcistas, y que en el proceso perdamos el carácter lúdico esencial de nuestra creatividad.

7. Mostramos paciencia con los venenos.

El mundo está lleno de venenos. Y creamos o descubrimos nuevos venenos todo el tiempo. La tecnología crea la bebida y crea al borracho. La tecnología crea drogas y crea adictos. La tecnología cultiva poderes latentes en la creación que son médicamente útiles y recreativamente dañinos, cosas como la marihuana y los opioides. La tecnología produce la montaña de nitrato de amonio que se necesita cada año para enriquecer la tierra de los agricultores. Y esa misma montaña explota y arrasa una ciudad entera.[72]

Cuando descubrimos los límites de la creación, encontramos el misterio. La creación está cargada de venenos peligrosos que nos desconciertan. Pero he aquí la realidad desconcertante afirmada en la historia de la Iglesia. El pecado, Satanás y la caída no pueden añadir ningún material a la creación. Entonces, ¿qué sentido tienen los virus y bacterias mortales que aparentemente estaban presentes en la creación desde el principio?

Agustín interviene para ayudarnos a considerar los venenos naturales del orden creado. En *La ciudad de Dios* defiende en primer lugar la bondad esencial de la creación, incluso de las partes peligrosas que nos hacen rascarnos la cabeza. Cada parte de la creación es buena y digna de estudio e investigación. Por ejemplo, el veneno. «Es mortal cuando se usa mal, pero cuando se aplica correctamente resulta ser una medicina saludable».

Cuando se descubrieron por primera vez, las bacterias se consideraban un veneno y un enemigo de la vida humana. Pero esa opinión ha cambiado con el tiempo. La neurotoxina botulínica,

---

72 Véase la explosión del puerto de Beirut (4 de agosto de 2020).

mortal en los alimentos en mal estado, se utiliza ahora en las inyecciones de bótox para suavizar los signos del envejecimiento y las arrugas. Y cuando los pacientes de bótox declararon tener menos dolores de cabeza, los científicos descubrieron que las inyecciones de la bacteria curaban las migrañas crónicas.

Pero la lista de venenos de Agustín se extiende también a los virus asesinos. (*Virus* es la palabra latina para *veneno*). Los *virus* también parecen servir al bien mayor, ya que inician importantes adaptaciones microevolutivas a través de un proceso llamado transferencia horizontal de genes. Los virus son jáqueres de genes, a menudo para bien. En palabras de un genetista: «Cuando se descubrieron las bacterias, pocos soñaban con que desempeñaran un papel positivo tan decisivo como el que ahora sabemos que desempeñan en la ecología, y es evidente que lo mismo ocurre con los virus».[73]

Dentro de la creación encontraremos venenos mortales y, quizá podamos llegar a decir, patógenos mortales. Es posible que queramos descartar estos descubrimientos por considerarlos únicamente destructivos (pienso concretamente en el ántrax y el ébola, pero ahora también en el coronavirus). Y hay colapsos virales que son increíblemente peligrosos. Pero el mundo está lleno de bacterias y virus que hacen posible la vida. En un mundo caído, los seres humanos estarán plagados de virus fuera de control. Esto es parte de lo que significa vivir dentro de un planeta maldito, una futilidad, una «esclavitud a la corrupción» que Pablo expone en Romanos 8:18-25. Y, sin embargo, no debemos descartar ni siquiera los virus más peligrosos, porque se podría descubrir que están introduciendo cambios importantes en la reprogramación de nuestro ADN para que seamos capaces de adaptarnos a este

---

73 Jerry Bergman, «Did God Make Pathogenic Viruses?», answersingenesis.org (1 de abril de 1999).

mundo en constante cambio. Los «venenos» son misterios, y debemos posponer su juicio, porque un estudio más profundo puede revelar su importancia.

Además, dice Agustín, hay otras potencias fuertes en la creación que conocemos desde hace tiempo pero que todavía estamos tratando de manejar sabiamente. Se me ocurren la cafeína, el tabaco, el alcohol, la marihuana, los psicodélicos, los alucinógenos, los narcóticos, los opiáceos, el veneno de serpiente, el uranio y los combustibles fósiles. Todos ellos deben manipularse con cuidado. Incluso las cosas buenas se convierten en venenos con el uso excesivo, dice. Demasiada comida, bebida o luz solar pueden dañar el cuerpo. Eso no significa que la comida, la bebida y la luz solar sean malas; significa que aún estamos aprendiendo de la divina providencia «a ser diligentes en descubrir su utilidad o, si nuestra mente y voluntad nos fallan en la búsqueda, entonces creer que hay algún uso oculto aún por descubrir, como en tantos otros casos, solo que con gran dificultad». Desde los venenos hasta la luz del sol, siempre estamos descubriendo, de la mano del Creador, cómo utilizar mejor este don de la creación.[74]

Al fin y al cabo, Dios gobierna los brotes virales para Sus propios y sabios propósitos.[75] Y Dios nos da instrucciones para mitigar su propagación y detener su destrucción con vacunas. Dios envía los cardos al campo, y Dios nos instruye hacia prácticas agrícolas y pesticidas para matar los cardos. La Biblia nos ayuda a conciliar la soberanía de Dios en ambos lados. Él tiene uso para

---

74 Agustín de Hipona, *La ciudad de Dios, Libros 8–16*, ed. Hermigild Dressler, trad. Gerald G. Walsh y Grace Monahan, vol. 14, The Fathers of the Church (Washington, DC: Catholic University of America Press, 1952), 220-21.

75 Algunos ejemplos bíblicos de enfermedades virales que Dios envió directa o indirectamente son Lev. 26:14-16; Deut. 28:59-61; 2 Sam. 12:15; 2 Crón. 21:11-20; Job 2:7. Además, entre los textos importantes con los que hay que luchar aquí se encuentran Amós 3:1-6; Isa. 45:1-7; Lam. 3:37-39; Miq. 1:12.

los cardos, los virus y los venenos. Podemos echar la culpa de un virus a una fuga accidental de un laboratorio o a una mutación zoonótica, pero cada infección es una llamada de atención permitida por Dios, y cada cura científica es un don *de* Dios. Y, sin embargo, advierte Agustín, debemos esperar pacientemente, porque un día podremos descubrir un uso positivo para cada veneno de la creación. Seamos paciente con los venenos.

8. Nos sentimos cómodos con el minimalismo tecnológico.

En un mundo caído, el hombre se siente a menudo desamparado y dependiente. La tecnología es su respuesta, «una revuelta colectiva contra las limitaciones de la condición humana», una revuelta contra la ingobernabilidad de la naturaleza y una revuelta «contra la realidad de nuestra dependencia de fuerzas externas a nosotros mismos».[76] Somos permeables a las fuerzas externas a nosotros; por eso recurrimos a la tecnología como amortiguador protector. Hacemos un mal uso de la tecnología cuando la manejamos con la esperanza de ser autosuficientes y protegernos de la naturaleza de forma autónoma. Nunca deberíamos ser más precavidos que con las tecnologías que nos aíslan del mundo natural, que cancelan el ruido de la naturaleza en nuestras vidas electrificadas.

En los últimos sesenta años, los cristianos han denunciado la mundanidad en las categorías de sexo, drogas y rocanrol. Pero en la era de la tecnología, la mundanalidad se cuela por la puerta de atrás, encapuchada en el pragmatismo y el deseo de control. El ansia de soberanía sobre la vida, a través de la tecnología, es una manifestación predominante de mundanidad en nuestra época.[77]

---

76 Christopher Lasch, *The Culture of Narcissism: American Life in an Age of Diminishing Expectations* (Nueva York: Norton, 1991), 243-45.
77 A este respecto, véase Craig M. Gay, *The Way of the (Modern) World: Or, Why It's Tempting to Live as If God Doesn't Exist* (Grand Rapids, MI: Eerdmans, 1998).

El «progreso» tecnológico suele estar impulsado por el ansia de poder del ser humano.[78] El hombre busca el «control científico-tecnológico absoluto».[79] Dicho de otro modo, «el tecnicismo es la pretensión de los seres humanos, como señores y amos autoproclamados que utilizan el método científico-técnico de control, de doblegar toda la realidad a su voluntad para resolver todos los problemas, antiguos y nuevos, y garantizar una prosperidad material y un progreso cada vez mayores».[80] Cuando manejamos la tecnología con incredulidad, mostramos una expresión del deseo humano de soberanía similar a la de Babel.

En marcado contraste, ser humano es ser un *ser* humano, una criatura ordenada hacia Dios mismo. Nos orientamos hacia Él y hacia Su voluntad. La autonomía de la criatura es una fantasía. La providencia de Dios sobre el mundo, Su Iglesia y nuestras vidas es una realidad. En palabras de John Webster, la providencia de Dios es «esa obra de amor divino por las criaturas temporales mediante la cual Dios ordena y ejecuta su cumplimiento en comunión consigo mismo». Por Su amor, Dios ordena nuestras vidas hacia Su gloriosa presencia para disfrutarla eternamente.[81] Pero esta preciosa promesa se pierde muy rápidamente en la era de la innovación. «Hoy no pensamos así», advierte Webster, «porque generalmente adoptamos una imagen tecnológica de nosotros mismos. Somos esencialmente lo que manipulamos, lo que hacemos de nosotros mismos a través de las cosas que hacemos y las elecciones que hacemos y los patrones que hacemos en

---

78 Egbert Schuurman, *Faith and Hope in Technology* (Carlisle, Reino Unido: Piquant, 2003), 21.

79 Egbert Schuurman, «A Confrontation with Technicism as the Spiritual Climate of the West», *Westminster Theological Journal* 58, n.º 1 (1996): 74.

80 Schuurman, *Faith and Hope in Technology*, 69.

81 John Webster, *God without Measure: Working Papers in Christian Theology, vol. 1, God and the Works of God* (Londres, T&T Clark, 2015), 127. Para el mejor tratamiento completo de este tema, véase John Piper, *Providence* (Wheaton, IL: Crossway, 2021).

torno a nosotros mismos».[82] Como cristianos, queremos más para nuestras vidas y las de nuestros hijos que la manipulación tecnológica. El Espíritu debe orientarnos hacia Dios como nuestro bien supremo, de modo que no solo lo creamos, sino que vivamos convencidos de que Él es realmente nuestro tesoro supremo, ahora y siempre.

Pero también nos llama la atención la tentación permanente de controlar nuestro cuerpo. No cabe duda de que el futuro de la salud incluirá más dispositivos portátiles, que podamos usar, a medida que intentemos cuantificar y convertir en datos todo, desde nuestro ritmo cardíaco, niveles de glucosa, recuento de pasos, fluctuaciones del estado de ánimo, patrones de sueño y todo tipo de lecturas analíticas para la productividad personal. Todo lo que cuantifiquemos en datos trataremos de optimizarlo. Mucho de esto será bueno. Y veremos nuevos avances médicos que prometen acabar con el envejecimiento. Pero quizá la cultura occidental se encapriche tanto con la salud que nos enfermemos nosotros mismos con todo esto. Esa es la sugerencia de Packer. «Deslumbrado por las maravillas de la medicina moderna, el mundo occidental sueña con abolir por completo la mala salud, aquí y ahora», dijo. «Hemos tomado conciencia sobre la salud de una forma que en sí misma es bastante enfermiza, y desde luego no tiene precedentes, ni siquiera en la antigua Esparta. ¿Por qué nos ponemos a dieta, trotamos al aire libre y todas esas cosas que mejoran y mantienen la salud con tanta pasión? ¿Por qué estamos tan absortos en perseguir la salud corporal? Perseguimos un sueño, el sueño de no tener que enfermar nunca. Estamos llegando a considerar una existencia sin dolor ni discapacidad como uno de

---

82 John Webster, «Discipleship and Calling (Part 1)», sermón, Scottish Evangelical Theology Conference (2005).

los derechos naturales del hombre».[83] Este «derecho natural» es el fruto magullado de la cultura del control tecnológico. Packer advierte que en nuestros intentos por detener el envejecimiento y optimizar la salud mediante todo tipo de rastreos cuantificados y *trucos* corporales, podemos perdernos el mayor propósito y plan de Dios para nuestras vidas. «Dios utiliza el dolor crónico y la debilidad, junto con otros tipos de aflicción, como cincel para esculpir nuestras almas», escribió. «La debilidad sentida profundiza la dependencia de Cristo para fortalecernos cada día. Cuanto más débiles nos sentimos, más nos inclinamos. Y cuanto más nos inclinamos, más nos fortalecemos espiritualmente, aunque nuestros cuerpos se consuman».[84]

Obviamente, podemos escapar de la providencia de Dios como un pez puede escapar del agua para vivir en el espacio exterior. Pero nos resistimos a Dios aferrándonos irreflexivamente a un mayor control de la vida. Esto es idolatría. Preferimos tener un dios que podamos entender fácilmente, apaciguar fácilmente y al que podamos mandar al instante.[85] La idolatría tiene que ver con el control. Y la tecnología, como en la era de los ídolos portátiles, pone en nuestras manos herramientas y artilugios que nos dan la apariencia de control. Es un espejismo. Cualquier confianza que tengamos sobre lo que vamos a hacer hoy, esta noche o mañana es una arrogancia idolátrica si pensamos que nosotros decidimos en última instancia. No es así. Nuestras vidas son un rocío en el desierto que se evapora antes de tocar el suelo.[86] Somos vapores. No controlamos nuestras vidas porque no controlamos al

83 James I. Packer, «Poor Health May Be the Best Remedy», *Christianity Today*, 21 de mayo de 1982, 14.
84 Packer, «Poor Health May Be the Best Remedy», 16.
85 Hab. 2:18–20.
86 Sant. 4:13-17.

Dios vivo. Él es totalmente distinto a nosotros. Somos criaturas de barro. Nuestro tecnocontrol sobre las variables de este mundo es una ilusión idolátrica. En lugar de eso, afirmamos con el salmista que Dios ha gobernado mi destino hasta ahora, es la fuente de todo lo que necesito hoy y tiene mi futuro asegurado.[87]

Ninguna de estas tensiones es nueva para el pueblo *amish*. Contrariamente a la era del control tecnológico que gobierna gran parte de la vida urbana, los *amish* se han retirado al campo con una «balanza» intencionada y autolimitada, una manejabilidad que restringe el tamaño de sus granjas y su proximidad a la comunidad, «una economía dependiente de límites estrictamente comprendidos y observados».[88] Limitan su dependencia de la «energía desarrollada por las máquinas» y, por ello, dice Wendell Berry, «se han convertido en los únicos verdaderos maestros de la tecnología».[89] El dominio de la tecnología requiere autolimitación.

Los *amish* se separan del mundo en pequeñas comunidades, en gran medida aisladas tecnológicamente, adoptando solo un escaso número de herramientas que benefician (y no perjudican) a la comunidad local. Kevin Kelly pasó mucho tiempo con los *amish*, estudiando sus hábitos y convicciones. Los califica de «ingeniosos jáqueres y reparadores, lo último en fabricación y *hágalo usted mismo*».[90] Los *amish* conocen los iPhones y las computadoras. Pero son minimalistas en la adopción de tecnología por convicciones claras, en particular estas cuatro, en palabras de Kelly:

1. Son selectivos. Saben decir que no y no temen rechazar cosas nuevas. Ignoran más de lo que adoptan.

87 Sal. 16:5.
88 Wendell Berry, *Essays 1993–2017* (Nueva York: Library of America, 2019), 645-47.
89 Wendell Berry, *Essays 1969–1990* (Nueva York: Library of America, 2019), 327.
90 Kevin Kelly, *What Technology Wants*, 217.

2. Evalúan las novedades por la experiencia y no por la teoría. Dejan que los pioneros se diviertan siendo pioneros bajo la atenta mirada de los demás.

3. Tienen criterios para elegir. Las tecnologías deben potenciar la familia y la comunidad y distanciarse del mundo exterior.

4. Las decisiones no son individuales, sino comunitarias. La comunidad determina e impone la dirección tecnológica.[91]

Podemos aprender algo de estas cuatro lecciones, pero en esta comunidad hay algo aún más fundamental. El enfoque *amish* de la vida y la tecnología incluye la inacción intencionada (*gelassenheit*), una rendición, una serenidad, un dejar ser, un relajarse de las promesas de tecnocontrol sobre toda la vida, con el fin de someterse a la voluntad de Dios sobre lo que venga.[92] Tratan de preservar uno de los hechos fundamentales de la humanidad: somos criaturas bajo la providencia de Dios.

Del mismo modo, los cristianos ayudarán a frenar la adopción de ciertas tecnologías basadas en peligros para la creación, la naturaleza y la salud física (percibidos a partir de la revelación general) y, lo que es más importante, los cristianos se resistirán a la adopción de tecnologías basadas en factores espirituales (aprendidos a partir de la revelación especial). La prudencia nos permitirá beneficiarnos de los mejores avances al tiempo que limitamos el mal uso que a menudo viene acompañado de las falsas promesas del control tecnológico.

He aquí el reto. El dilema de la era tecnológica es cómo vivir mínimamente sin innovar mínimamente. «Para maximizar nuestra propia satisfacción, buscamos la mínima cantidad de tecnología

---

91 Kelly, *What Technology Wants*, 225-26; formato original. Véase también de Jacques Ellul «76 Reasonable Questions to Ask About Any Technology», thewords.com.

92 Adam Graber, «Amish Technology», thesecondeclectic.blogspot.com (mayo de 2011).

en nuestras vidas», escribe Kelly, que aprendió esta lección cuando vivía en una comunidad *amish*. «Sin embargo», afirma, «para maximizar la satisfacción de los demás, debemos maximizar la cantidad de tecnología en el mundo. De hecho, solo podemos encontrar nuestras herramientas mínimas si otros han creado un conjunto máximo suficiente de opciones entre las que podamos elegir. El dilema sigue siendo cómo podemos minimizar personalmente las cosas cercanas a nosotros mientras tratamos de expandirlas globalmente».[93] Esto es lo que los *amish* han descubierto: cómo seguir siendo conscientes de la proliferación de innovaciones que se producen a su alrededor mientras adoptan la tecnología mínimamente y en función de la salud de la comunidad.

Los *amish* han conseguido un minimalismo tecnológico coordinado. Nosotros no. Mi minimalismo no se parecerá al tuyo. Esto significa que tenemos la garantía de innovar más ampliamente que cualquiera de nuestras decisiones personales de adopción. No estamos llamados a sofocar todas las nuevas tecnologías, sino a vivir con la suficiente confianza en el control providencial de Dios como para celebrar la riqueza tecnológica que se nos ofrece, demostrando al mismo tiempo el contentamiento centrado en Dios que requiere una vida de minimalismo tecnológico.

9. Esperamos que Dios guíe, aplaste y jaquee la tecnología humana a Su antojo.

La aparición de la gran tecnología como poder autónomo es un espejismo. La tecnología no puede separarnos de Dios. Él maneja la tecnología como quiere. La manipula para Sus propios fines. Y Su reinado sobre los horribles males de la tecnología no es más claro que en la cruz romana. Un poste de madera vertical con una

---

93 Kelly, *What Technology Wants*, 238.

viga transversal, la cruz era un escaparate. El criminal era clavado con tres clavos de hierro, la cruz se clavaba en el suelo y el espectáculo se elevaba para que todos lo vieran. La cruz estaba diseñada para matar a criminales, insurrectos y esclavos desobedientes, y hacerlo lentamente por agotamiento y asfixia. La muerte lenta era una tortura pública, un cartel de intimidación para decir a la cultura: «He aquí el destino de cualquier necio que desafíe el dominio romano y amenace la estabilidad social».

Pero esta horrible herramienta de tortura se duplicó como la bisagra sobre la cual giraba todo el plan redentor de Dios. Dios creó la metalurgia para servir a la ambiciosa fabricación de herramientas del hombre, y el hombre creó clavos de metal para matar al hombre. Dios creó los árboles para servir a la ambiciosa construcción del hombre, y el hombre utilizó la madera para inventar cruces para destruir al hombre. En este momento tan malvado de la historia humana, todo el plan de Dios dio un paso decisivo. Mediante la explotación de la tecnología, el hombre mató al Autor de la vida. Pero Dios gobernó todo el episodio. Por una paradoja cósmica que nunca será eclipsada, en vergüenza desnuda el Cristo torturado expuso a todas las fuerzas del mal en derrota.[94]

Una historia similar se desarrolló en Babel. La gran ciudad destinada a unificar a la humanidad fue jaqueada. La humanidad se dispersó por todo el planeta. El mismo fin que la humanidad trató de evitar con su tecnología fue el que le sobrevino. La economía global actual es la prueba de que Dios puede jaquear soberanamente cualquiera de nuestras intenciones tecnológicas.

En la cruz o en Babel, incluso en manos de las intenciones más viles del hombre, la tecnología nunca queda fuera de la providencia subversiva de Dios. Este sigue siendo el caso hoy, cuando

94 Col. 2:13-15.

vemos cómo el progreso tecnológico se construye a partir de los modelos y posibilidades de la creación. Y puesto que la tecnología no puede funcionar al margen de los controles divinos, los cristianos no tienen que temer a los tecnólogos deshonestos. Un genetista en China que clona seres humanos o un ingeniero en California que diseña una nueva especie sobrehumana, cada uno opera solo dentro de los límites establecidos por un Dios soberano que gobierna todas las cosas en todo momento, y que subversivamente limita y jaquea la innovación a voluntad para Sus propósitos redentores.

10. Nos comprometemos a empuñar las innovaciones con fe.

La primera tentación del hombre llegó con la oferta de la inteligencia artificial, una nueva capacidad sobrehumana para tomar decisiones por sí misma.[95] La mejora de la omnisciencia le liberaría para autogobernar autónomamente su ética y silenciaría la voz de Dios. La IA era una promesa de semejanza con Dios. Al caer en la tentación, Adán y Eva no desbloquearon la superinteligencia, pero su elección nos abrió los ojos al bien y al mal y nos cargó con el peso de tomar decisiones éticas (lo que dio lugar a largos libros con muchas aplicaciones, como este).

Esta misma promesa de superinteligencia sigue en pie. En comparación con los superordenadores, nuestros poderes naturales de entrada y salida (E/S: ojos, nariz, boca, pulgares, E/S humana conectada al cerebro) representan un flujo de información a la velocidad de un caracol. Nos podremos comunicar más rápidamente y aprovecharemos todo el conocimiento acumulado de nuestros cerebros si tan solo pudiéramos estar conectados a una computadora. A medida que la trayectoria tecnológica avance en

95 Gén. 3:1-7.

esta dirección, la IA prometerá poderes divinos y hará que la confianza en Dios parezca totalmente prehistórica y ridícula. Que así sea.

Pero sabemos que la pregunta sobre la adopción de la tecnología («¿Debería yo?») debe ir seguida de otra pregunta: «¿Busca esta nueva innovación satisfacerme en formas que solo Cristo puede hacerlo?». Somos portadores de la imagen de otro. Nuestro máximo potencial nunca se define por sí mismo; somos plástico poroso. O, más bíblicamente, somos arcilla, arcilla a la que otro da forma, arcilla a la que el alfarero da forma. Siempre nos estamos convirtiendo en algo, girando sobre este globo como la arcilla en el torno del alfarero, sin ser nunca las mismas personas que éramos hace un año.

Sin embargo, proporcionalmente, somos más a menudo moldeados por la cultura tecnológica que por el Espíritu de Dios. La tecnología es nuestra autoconstrucción. Incluso en Babel, las nuevas posibilidades tecnológicas nos ofrecían nuevas formas de llegar a ser. Y esto es especialmente cierto hoy en día. En la formación de la identidad, la tecnología es «la fuerza más poderosa que se ha desatado en este planeta, y en tal grado, que creo que se ha convertido en lo que somos», dice Kelly. «De hecho, nuestra humanidad y todo lo que pensamos respecto de nosotros mismos, es algo que nos hemos inventado. Nos hemos inventado a nosotros mismos».[96] Es difícil no estar de acuerdo.

Los ladrillos de Babel dieron lugar a una torre. Nuestros artilugios nos hacen vivir de acuerdo con los comportamientos tecnológicamente posibles hoy en día. Las nuevas innovaciones nos moldean en lo que somos y en cómo nos expresamos. Las posibilidades tecnológicas se absorben en nosotros y se convierten en

---

96 Kevin Kelly, «Technology's Epic Story», ted.com (noviembre de 2009).

nuevas funciones de nuestro ser *cyborgified* [concepto que denota a aquellos que han sido hechos ciborgs o androides en algún grado], nuevas posibilidades que no son una parte física de nosotros y, sin embargo, también son una parte intuitiva de nosotros. A medida que nuestras tecnologías se integran en nuestras vidas, definen nuestra autoproyección. Nuestras tecnologías prometen darnos el control sobre nuestras incertidumbres, nuestros defectos y nuestras autoexpresiones. Nuestras tecnologías dan forma a nuestras comodidades, nuestra imagen proyectada, nuestro éxito profesional e incluso nuestra espiritualidad. Nuestras tecnologías expresan nuestras esperanzas y aspiraciones interiores. Los poderes tecnológicos se convierten en algo nuestro. Dominar con nuestras herramientas es estupendo. Pero se estropean cuando nuestras tecnologías provocan en nosotros un ansia de control sobre nuestras vidas o cuando las utilizamos para ignorar el llamado de Dios sobre nuestras vidas. De este modo caemos en el espíritu de Babel, la «apuesta por la seguridad autoconseguida sobre la base del progreso tecnológico».[97]

Contrariamente a nuestras alucinaciones de seguridad tecnológica, Eclesiastés habla a menudo de «luchar contra el viento», o mejor traducido, de «correr tras el viento» (NBLA).[98] Nuestros intentos de controlar este mundo son como pastorear una ráfaga de viento, la definición misma de vanidad. Cuando nos damos cuenta de que no podemos controlar el mundo, por fin tenemos un fundamento para nuestra alegría, en lugar de una zanja de drenaje para nuestra felicidad. ¿Por qué? Porque nosotros no podemos controlarlo todo, pero Dios sí.[99] Nunca pastorearemos

---

97 Gordon J. Wenham, «Genesis», en *New Bible Commentary: 21st Century Edition*, 69.
98 Ecl. 1:14,17; 2:11,17,26; 4:4,6,16; 6:9.
99 Peter J. Leithart, *Solomon among the Postmoderns* (Grand Rapids, MI: Brazos Press, 2008), 168.

al viento. Pero nosotros servimos al Dios que controla el viento y lo monta como un caballo domado.[100] Únicamente en Dios encontramos nuestra seguridad.

11. Nos abrimos al asombro centrado en Dios por los dones de la tecnología.

Las innovaciones tecnológicas siempre han atraído el asombro humano porque revelan el filo de la imaginación humana y las posibilidades físicas. Las siete maravillas originales del mundo eran proezas de la ingeniería: pirámides, estatuas, torres y templos. Nuestras innovaciones son aún más cautivadoras porque podemos ver el rápido cambio, incluso en el transcurso de una vida. Si naciste el 17 de diciembre de 1903, fecha del primer vuelo con éxito de los hermanos Wright, podrías haber presenciado el primer vuelo de un caza a los treinta y siete años, comprado un billete para un avión comercial a los cuarenta y ocho, visto el lanzamiento del primer cohete al espacio a los cincuenta y tres, visto el alunizaje por televisión a los sesenta y cinco y asistido al primer vuelo del transbordador espacial a los setenta y siete.

Los cambios tecnológicos son especialmente evidentes en este país. Estados Unidos fue el primero en volar, el primero en pisar la luna, el primero en dividir el átomo y el primero en lanzar la bomba. Las maravillas tecnológicas siempre han asombrado al mundo.[101] Y la carrera mundial hacia los coches autónomos, los robots domésticos, la fabricación impresa en 3D, las criptomonedas sin dinero en efectivo y la computación cuántica ya están en marcha. ¿Quién será el próximo en asombrarnos?

---

100 Sal. 18:10; 104:3.
101 Véase David E. Nye, *American Technological Sublime* (Cambridge, MA: MIT Press, 1996).

«Estoy dispuesto a apostar que, en un futuro no muy lejano, el esplendor de ciertas partes de la tecnología rivalizará con el del mundo natural», escribe Kelly. «Nos extasiaremos ante los encantos de una u otra tecnología y nos maravillaremos de su sutileza. Viajaremos a ella con nuestros hijos a cuestas para sentarnos en silencio bajo sus torres».[102] Es una apuesta segura. Pero solo los padres miopes delirarán sobre la gloria de la tecnología o la gloria de los robots o la gloria del hombre.

En el otoño de 1888, Charles Spurgeon escuchó por primera vez música grabada. Nos resulta difícil imaginarlo; la música grabada nunca ha dejado de formar parte de nuestras vidas. Pero la innovación era totalmente nueva para Spurgeon. En 1888, el árbol tecnológico de Jubal dio un salto adelante en su progreso. «Ayer me senté con dos tubos en los oídos para escuchar sonidos que provenían de cilindros giratorios de cera», dijo Spurgeon. «Oí música, aunque sabía que no había ningún instrumento cerca. Era música que había sido captada meses antes, y ahora resonaba en mis oídos tan clara y distintamente como podría haberlo hecho si yo hubiera estado presente en su primer sonido. Me senté y escuché», dijo Spurgeon, «y me sentí perdido en el misterio».

Pero entonces Spurgeon se preguntó en voz alta. ¿Por qué no nos perdemos en el misterio del evangelio? ¿Por qué las nuevas y relucientes innovaciones captan más fácilmente nuestro asombro? ¿Por qué cuando las luces eléctricas empezaron a iluminar las iglesias londinenses, la gloria de Cristo empezó a oscurecerse en el escepticismo intelectual de la época? La gloria del evangelio es más maravillosa que la electricidad y el resplandor de la iluminación artificial. Spurgeon dijo: «En el evangelio del Señor Jesús, Dios habla al oído de Sus hijos más música que la que pueden producir

---

102 Kelly, *What Technology Wants*, 325.

todas las arpas del cielo. Les ruego que no lo desprecien. No sean tan torpes y empedernidos que, cuando Dios ha puesto delante de ustedes lo que los ángeles desean mirar, cierran los ojos a tales glorias, y prestan atención a las miserables bagatelas del tiempo y del sentido».[103]

Los ángeles no se inclinan sobrecogidos ante Silicon Valley. Los ángeles se arrodillan sobrecogidos para estudiar las glorias y agonías de Jesucristo.[104] Nosotros también deberíamos hacerlo. Solo una bestia aburrida idealizaría el progreso tecnológico y el evangelio de la tecnología. Más bien, cuando nos orientamos adecuadamente hacia el Creador que satisface el alma, la tecnología deja de idealizarse para convertirse en un dios. Solo entonces nuestras tecnologías pueden llegar a ser tan misteriosas y maravillosas como la primera música grabada.

Pocos celebraron mejor la bondad de Dios en la innovación humana que G. K. Chesterton. Una vez escribió:

Era la gloria de los grandes paganos, en los grandes días del paganismo, que las cosas naturales tenían una especie de halo de lo sobrenatural proyectado. Y quien vertía vino sobre el altar o esparcía polvo sobre la tumba, nunca dudaba de que trataba de alguna manera con algo divino, por muy vago o fantasioso o incluso escéptico que fuera acerca de los nombres y las naturalezas de las divinidades. El vino era más que vino; era un dios. El maíz era más que maíz: era una deidad. No se conformaban con el realismo, porque nunca perdieron del todo el sentido de algo más real que el realismo. No se

---

103 C. H. Spurgeon, *The Metropolitan Tabernacle Pulpit Sermons*, vol. 34 (Londres: Passmore & Alabaster, 1888), 531-32.

104 Véase 1 Ped. 1:10-12. Punto inspirado en Stephen Charnock, *The Complete Works of Stephen Charnock* (Edimburgo: James Nichol, 1864-1866), 4:70.

contentaban con llamar a una pala una pala, porque casi siempre era una pala sagrada; no solo cuando cavaba las tumbas de los muertos, sino incluso cuando cavaba el jardín para cultivar frutos para los vivos.[105]

En el mundo antiguo, el mundo material era totalmente poroso a lo divino. Las cosas cotidianas tenían un significado espiritual. En la era tecnológica, el mundo material tiene una resistencia de grafeno dura como una roca frente a lo divino. El mundo material está divorciado del mundo espiritual. El ateísmo domina. Los pecadores hacen todo lo posible por ignorar a Dios y vivir como si fuera ficción. Y, sin embargo, el Creador está aquí, dándonos nuevas industrias, creando nuevos líderes industriales (*bara*) y bendiciéndonos abundantemente con nuevas herramientas. Él da para que veamos manifestada Su gloria. La voluntad de Dios no es compleja. Todo lo que hace tiene un único fin: Él mismo.[106] Entonces, ¿por qué cargó Dios todas las potencialidades de la creación? ¿Por qué nos inspiró y nos enseñó artes, agricultura, metalurgia, genética y grabación musical? Está mostrando Su gloria para que nuestros corazones lo adoren.

El hombre de la era tecnológica seguirá asombrado por la computación cuántica y por cualquier aceleración a escala que hagamos a continuación. «La velocidad es la forma de éxtasis que la revolución tecnológica ha otorgado al hombre».[107] Pero este éxtasis inducido por la prisa palidece ante la alegría por el dador de la revolución tecnológica. El verdadero asombro tecnológico no

105 G. K. Chesterton, *The Collected Works of G. K. Chesterton, vol. 36, The Illustrated London News, 1932–1934* (San Francisco: Ignatius Press, 2011), 81.

106 Petrus Van Mastricht, *Theoretical-Practical Theology, vol. 2, Faith in the Triune God*, trad. Todd M. Rester (Grand Rapids, MI: Reformation Heritage, 2019), 297-300.

107 Milan Kundera, *Slowness: A Novel*, trad. Linda Asher (Nueva York: HarperCollins, 1997), 2.

se centra en las velocidades aceleradas ni en los nuevos artilugios relucientes. Son meros regalos del dador. Mediante nuestra adoración centrada en Dios por estas maravillosas herramientas, rompemos el dominio de la era tecnológica y su búsqueda de una seguridad sin Dios, artificial y autónoma. Sabemos que no es así. Vemos la generosidad divina en las miles de innovaciones que utilizamos a diario.

12. Nos negamos a ceder nuestro descanso sabático a las exigencias de la tecnología.

Podemos trabajar siempre con máquinas, pero nunca debemos convertirnos en máquinas. El cuerpo humano presenta notables similitudes con una máquina eficiente, pero somos seres físicos con limitaciones finitas y almas eternas. Procesamos más despacio que los superordenadores, pero eso no es un defecto de nuestro diseño.

Desde que el minero creó la primera vocación liberada de los ritmos circadianos del día y la noche, el hombre se ha visto tentado a trabajar en exceso. Siempre tenemos la tentación de ser algo más que humanos. La IA lleva este deseo a nuevas alturas, exigiendo que los humanos empiecen a seguir intelectualmente el ritmo vertiginoso del aprendizaje automático. Hoy Elon Musk quiere que pensemos: «Somos literalmente un cerebro en un contenedor. El contenedor es tu cráneo. Todo lo que crees que es real es una señal eléctrica».[108] Y si no estás de acuerdo con su modelo humano-computadora, Musk da un pronóstico ominoso. «A cualquier ritmo de avance de la IA, nos quedaremos muy atrás», dice refiriéndose a los humanos. «La situación benigna con la IA ultrainteligente es que estaríamos tan por debajo en inteligencia,

108 Elon Musk, @elonmusk, Twitter (12 de diciembre de 2019).

que seríamos como una mascota, o un gato doméstico. No me gusta la idea de ser un gato doméstico».[109]

Para competir con la superinteligencia, debemos convertirnos en algo más que cerebros en un contenedor. Debemos convertirnos en androides, cerebros dotados de capacidades informáticas de alta potencia. Para seguir siendo relevantes, los humanos debemos adaptarnos a los avances vertiginosos de nuestras tecnologías. Los humanos deben identificarse informáticamente. Debemos convertirnos en máquinas.

Si no resistimos a esta tecnotiranía, *nos convertiremos* en máquinas *androizadas*. Viviremos como Charlie Chaplin en su película muda de 1936 *Modern Times*, en la escena en que su frenético ritmo de apriete de tornillos es demasiado lento y es succionado por una cinta transportadora hacia los engranajes de la máquina, retorcidos y curvados como una cadena humana. No somos máquinas. Nuestra relevancia no viene determinada por nuestra producción incesante. Pero el hombre siempre ha tenido la tentación de trabajar como una máquina, incluso en la época de la máquina de vapor.

Desde el púlpito, Spurgeon admitió en una ocasión: «Siempre estoy dispuesto a probar una máquina nueva».[110] Fue uno de los primeros en adoptar la tecnología y le encantaban los nuevos artilugios. No puedo imaginar a ningún londinense mejor para escuchar la primera grabación de Edison. Su propio estilo de predicación era tan radical que una viñeta editorial de un periódico lo satirizaba predicando sentado en un tren expreso en marcha.[111]

109 James Titcomb, «Elon Musk: Become Cyborgs or Risk Humans Being Turned into Robots' Pets», telegraph.co.uk (2 de junio de 2016).
110 C. H. Spurgeon, *The Metropolitan Tabernacle Pulpit Sermons, vol. 26* (Londres: Passmore & Alabaster, 1880), 392.
111 Véase el boceto satirizado de Spurgeon titulado «El tren rápido» en el Museo Británico.

Spurgeon era innovador, rápido y revolucionario, pero sabía cómo pisar el freno. Utilizó la máquina de vapor como metáfora de precaución para advertir a su iglesia de esta tendencia de los humanos a transformarse en la imagen de sus máquinas. «La nuestra no es una religión de mecánica e hidrostática: es espiritual, y debe sostenerse por medios espirituales».[112] Cien días antes de que se clavara la espiga dorada para conectar el Primer Ferrocarril Transcontinental de América, abriendo nuevas puertas para el viaje expreso sobre vías, Spurgeon predicó esta preocupación: «En estos días, cuando todo el mundo viaja por expreso y trabaja como una máquina de vapor, el desgaste mental es terrible, y el consejo del Gran Maestro a los discípulos de ir al desierto y descansar un rato está lleno de sabiduría, y debería tener nuestra más seria atención».[113] La tecnodeshumanización es más antigua que el pan de molde, pues la tecnología siempre ha intentado tentarnos con el pan rancio del trabajo ansioso.[114]

En la era digital, se le dice al hombre que se convierta en un hiperprocesador como una computadora. En la era industrial, se le decía al hombre que se convirtiera en hiperquinésico como una fábrica. Y en la era de la máquina de vapor, se le decía al hombre que mantuviera el hipertorque de unos pistones imparables. El mensaje del miedo era el mismo: «Acelera o serás atropellado». En la era del vapor, las máquinas y los ordenadores, la Iglesia recuerda al mundo el descanso del sábado.

Con todo su bien, el *technium* nunca entenderá el sábat, ni entenderá el nivel básico de antropología, por qué los humanos

---

112 C. H. Spurgeon, *The Metropolitan Tabernacle Pulpit Sermons,* vol. 13 (Londres: Passmore & Alabaster, 1867), 231.
113 C. H. Spurgeon, *The Metropolitan Tabernacle Pulpit Sermons,* vol. 15 (Londres: Passmore & Alabaster, 1869), 62.
114 Sal. 127:2.

no son ángeles o animales o robots o máquinas o procesadores de computadora. Preservar la naturaleza y el propósito del hombre será el trabajo de la Iglesia durante mucho tiempo. Vamos más despacio. Nos detenemos. Dejamos que el tanque de la caldera de la actividad comercial se detenga y se enfríe. Nuestro día de descanso nos recuerda a nosotros y al mundo que somos seres humanos hechos para algo más grande que la computación y la producción hiperacelerada y sin parar.

13. Utilizamos mejor la innovación cuando está al servicio de nuestra comunión con Dios y con los demás.

La innovación tecnológica alimenta a menudo el poder egocéntrico, y esa prepotencia «siempre vence al amor que busca el bienestar del otro», escribe Egbert Schuurman. «En una cultura tecnificada, los lazos comunitarios se cortan fácilmente y se sustituyen por relaciones técnicas u organizativas. El amor muere; la empatía y la simpatía y el contacto con el otro desaparecen. El distanciamiento y la soledad aumentan».[115] Los *amish* vieron este problema décadas antes de que la entrega en el mismo día de Amazon Prime hiciera que los vecinos fueran innecesarios.

La tecnología nos aleja de los demás y puede alejarnos también de Dios. Pero no debería ser así. A principios de los años setenta, Victor Ferkiss escribió: «Si podemos crear una sociedad de hombres tecnológicos que sean los amos conscientes y no los esclavos irreflexivos de sus tecnologías, entonces quizá la tecnología pueda cumplir su misión, proporcionar una base de seguridad física desde la que podamos explorar cada vez más intensamente lo que significa ser humano, lo que los hombres pueden y deben

---

115 Egbert Schuurman, *Faith and Hope in Technology* (Carlisle, Reino Unido: Piquant, 2003), 101.

ser». La nueva e importante frontera de la exploración en el futuro no es la de los confines del universo, sino la de nuestras almas. «Ya estamos en camino de conquistar el espacio exterior de la naturaleza física; nuestra verdadera tarea, sin embargo, aún está por delante: la conquista del espacio interior y el desarrollo de nuestro máximo potencial espiritual».[116] Colonizar Marte no es el mayor reto del hombre. En un mundo tecnomaterialista, las innovaciones son inevitables. El verdadero reto consiste en buscar el florecimiento espiritual.

En la era de la tecnología seguimos estando llamados a la comunión con Dios. Nuestros artilugios y poderes son encantadores, pero no son mayores que el encuentro con el Dios del universo. Spurgeon consideraba que la electricidad era una fuerza espiritual más que una fuerza material, ya que, al igual que el mundo espiritual, se había liberado de «las cadenas del tiempo».[117] Sin embargo, aunque la electricidad viaje a más de 320 000 kilómetros por segundo, «la oración viaja más rápido», decía.[118] Incluso en la era de los cables de fibra óptica que transmiten datos a velocidades medidas en *terabytes* por segundo, la comunión con Dios a través del don de la oración es un poder instantáneo y superconectado que se nos ha dado a cada uno de nosotros.

Los profetas cristianos del pasado imaginaron un mundo hermoso en el que las necesidades del trabajo se reducían al mínimo para darnos más tiempo en comunión con Dios. Jonathan Edwards no podía imaginar la IA, pero apreciaba el ingenio humano y

---

116 Victor C. Ferkiss, «Technology and the Future of Man», *Review and Expositor* 69, n.º 1 (1972): 54.

117 C. H. Spurgeon, *The Metropolitan Tabernacle Pulpit Sermons*, vol. 17 (Londres: Passmore & Alabaster, 1871), 499-500.

118 C. H. Spurgeon, *The Metropolitan Tabernacle Pulpit Sermons*, vol. 61 (Londres: Passmore & Alabaster, 1915), 525.

esperaba que la tecnología del futuro ampliara el tiempo de ocio y contemplación. La extensión de nuestras plataformas de video demuestra la cantidad de tiempo de ocio que disfrutamos ahora. Pero mucho antes de Netflix, Edwards predijo este creciente margen y expuso una visión mientras meditaba sobre el futuro tecnológico del hombre. Contemplando un aparato en su despacho en 1725, Edwards previó una era de innovación que potenciaría la comunión con Dios y conectaría a la Iglesia mundial en tiempo real. El optimista posmilenialista escribió esta predicción:

Es probable que este mundo se parezca más al cielo en el milenio en este aspecto que los empleos contemplativos y espirituales, y aquellas cosas que conciernen más directamente a la mente y a la religión sean más asuntos ordinarios de los santos que ahora. Habrá tantos artificios e invenciones para facilitar y agilizar sus necesarios negocios seculares, que tendrán más tiempo para ejercicios más nobles y dispondrán de mejores artificios para ayudarse mutuamente a través de toda la tierra, mediante una comunicación más expedita y fácil y segura entre regiones distantes que ahora. La invención de la brújula de marino es una de las cosas que Dios ha descubierto al mundo con este fin, y ¡cuánto ha ampliado y facilitado las comunicaciones! Y quién puede decir que Dios no la perfeccionará aún más, de modo que no sea necesario un viaje tan tedioso para tener noticias del otro hemisferio, y que los países situados alrededor de los polos ya no tengan que permanecer ocultos para nosotros, sino que toda la tierra pueda ser como una sola comunidad, un solo cuerpo en Cristo.[119]

119 Jonathan Edwards, The «Miscellanies»: (entradas A-z, Aa-zz, 1-500), ed. Thomas A. Schafer y Harry S. Stout, ed. corregida, vol. 13, *The Works of Jonathan Edwards* (New Haven, CT: Yale University Press, 2002), 369.

Me encanta esa frase: «Dios ha descubierto al mundo»; en esas cinco palabras se encierra toda una teología de la tecnología.

Las conversaciones cara a cara y la hospitalidad de cuerpo a cuerpo seguirán siendo virtudes de la vida cristiana en la era tecnológica. Pero las tecnologías también pueden salvar distancias espaciales y unirnos de manera profunda. Edwards meditó sobre la brújula del marino y a partir de ahí predijo una era de innovación que abarcaría el globo y superaría las distancias físicas. Se quedaría atónito al ver cómo sus predicciones se hacían realidad en Internet, Twitter, Facebook, Instagram, YouTube y las retransmisiones de video en directo, una miríada de formas de unirse a la Iglesia global digitalmente en tiempo real.

En comparación con la historia, deberíamos celebrar la tecnología porque nos ahorra tiempo en el trabajo, nos da más tiempo con Dios y nos une en comunión global con el pueblo de Dios. Estas normas de gratitud se mantienen firmes en la era de la tecnología.

14. Sometemos nuestras innovaciones a la sabiduría que subvierte los poderes del hombre.

Para mi sorpresa, los cristianos a menudo se sienten amenazados por los poderes de la tecnología, como si los poderes de la tecnología debieran intimidar a los débiles. La era tecnológica dice que el poder se perfecciona con un poder mayor. El poder se perfecciona en los robots autónomos. El poder se perfecciona en los algoritmos patentados. El poder se perfecciona en la IA. El poder se perfecciona en las mejoras genéticas. El poder se perfecciona en el tecnohumanismo, el transhumanismo y el posthumanismo. Pero Dios siempre le ha dado la vuelta al guion de la codicia de poder del mundo, porque la fuerza de Dios se muestra más perfectamente en la debilidad.[120] Los grandes señores de la tecnología, con todo su dinero y poder coercitivo, se ven frustrados por el poder de la obediencia cristiana diaria que cambia el mundo.

En la cruz de Cristo, Dios frustró la ingenuidad sobrehumana del hombre, y lo hizo mediante la necedad. Jesucristo es la necedad de la cultura tecnológica personificada. En Cristo, el mundo solo ve a un tonto crucificado. Pero ese tonto es la sabiduría y el poder de Dios para hacer que la arrogante sabiduría y poder del hombre tecnológico parezcan la locura que realmente son.[121] Satanás todavía tiraniza la tierra y vela los corazones de los pecadores con poderes creados por el hombre para cegarlos a la gloria de Cristo.[122] Pero el poder de Satanás sobre este mundo también ha sido cortado de forma decisiva de la manera más débil e insensata imaginable, en la cruz.[123] Cristo crucificado y resucitado es «poder de Dios, y sabiduría de Dios» (1 Cor. 1:24). Él es el centro de nuestra existencia. Él «nos ha sido hecho por Dios sabiduría» (1 Cor. 1:30). Todos los tesoros escondidos en esta tierra no pueden compararse con Cristo, en quien «están escondidos todos los tesoros de la sabiduría y del conocimiento» (Col. 2:3).

Si quieres sondear las profundidades para descubrir el propósito o el sentido de la vida, no lo encontrarás en el pozo de una mina. No lo encontrarás en una innovación sin fin. Encontramos la sabiduría divina sumergiéndonos en las infinitas profundidades de la persona de Cristo.

El poder de la tecnología desafiará nuestra base de autoridad. En los mayores desafíos de nuestra era, ¿a quién recurriremos? En los mayores desafíos de la vida, algunos confiarán en los carros,

---

120 2 Cor. 12:9.
121 1 Cor. 1:18–2:16.
122 2 Cor. 4:4.
123 Juan 12:31-32.

otros en los caballos y otros en los motores de búsqueda. «Cuando se habla de Dios y de religión, al final todo es una cuestión de autoridad», dice Harari. «¿Cuál es la máxima fuente de autoridad a la que uno recurre cuando tiene un problema en su vida? Hace mil años recurrirías a la Iglesia. Hoy esperamos que los algoritmos nos den la respuesta: con quién salir, dónde vivir o cómo abordar un problema económico».[124] ¿Confiaremos en la inteligencia autónoma para que nos salve? ¿Se convertirán los superordenadores en nuestra máxima autoridad? ¿Se convertirá Google en nuestro dios?

Los poderes tecnológicos desatados en el siglo XIX captaron la atención de Spurgeon. Sabía que se avecinaban maravillas mayores, junto con nuevos desafíos a la autoridad de las Escrituras. Él dijo:

¿Hubo alguna vez un siglo como el XIX? ¿Hubo alguna vez un periodo de tiempo semejante desde que el mundo es mundo? ¿Qué es lo que no estamos haciendo? Iluminarnos con electricidad, hablar por medio del rayo, viajar a vapor: ¡qué pueblo tan maravilloso somos! Sí, sí; y vamos a hacer cosas mucho mayores que estas, sin duda; y muchas cosas, que ahora se consideran meros sueños, probablemente se convertirán en hechos consumados en unas pocas generaciones. Pero después de que todas estas maravillas hayan pasado, las palabras de nuestro Señor Jesucristo permanecerán, no pasarán. La moda sigue a la moda; los sistemas suceden a los sistemas; todo lo que está debajo de la luna es como la luna, crece y mengua, y siempre está cambiando. Pero sea cual fuere el cambio que se produzca, aun cuando la raza humana alcance ese maravilloso desarrollo

---

124 Olivia Solon, «Sorry, Y'All-Humanity's Nearing an Upgrade to Irrelevance», wired.com (21 de febrero de 2017).

que algunos profetizan para ella, con todo, las palabras de nuestro Señor Jesucristo no pasarán. Y cuando se produzca la mayor alteración de todas, y la presente dispensación llegue a su fin, y todas las cosas materiales sean consumidas por el fuego y destruidas, aun entonces, por encima de las cenizas del mundo y de todo lo que hay en él, permanecerá la revelación imperecedera del Señor Jesucristo, pues, como dice Pedro, «la palabra del Señor permanece para siempre. Y esta es la palabra que por el evangelio os ha sido anunciada» (1 Ped. 1:25).[125]

El único poder del *technium* reside en el flujo y reflujo cinético de las nuevas innovaciones. El sistema imagina, alcanza y trae nuevas posibilidades a la realidad material siguiendo los patrones que el Creador pone a su disposición. El *technium* parecerá cada vez más fuerte e incluso imparable. Pero la paradójica realidad, que los cristianos conocen y Silicon Valley nunca sabrá, es que el hombre nunca es más débil que cuando parece el más fuerte. Dios limita el poder relativo de los tecnólogos mediante la debilidad subversiva, mientras el Hijo y el Espíritu actúan en la vida de los cristianos corrientes y en las iglesias. El poder de Dios actúa a través de los cristianos dentro y fuera de los centros tecnológicos, a través de los cristianos dentro y fuera de las corporaciones tecnológicas, a través de santos de apariencia ordinaria que buscan servir a su Dios temiéndole, obedeciéndole y confiando en la palabra eterna que no puede perecer.

---

125 C. H. Spurgeon, *The Metropolitan Tabernacle Pulpit Sermons*, vol. 45 (Londres: Passmore & Alabaster, 1899), 398; ligeramente editado para facilitar la lectura y citando con la versión RVR1960.

La tecnología nunca es suficiente

La tecnología puede parecer fuerte, pero es débil, demasiado débil para satisfacer los deseos internos de la humanidad. Cuando Carl Sagan terminó de trazar una posibilidad multiplanetaria para la supervivencia de la humanidad, advirtió que podríamos estar a salvo de la desaparición de este planeta, pero nunca estaríamos a salvo de nosotros mismos. Los humanos llevamos dentro una propensión a la autodestrucción, ya sea en la Tierra, en Marte o en cualquier otro planeta que elijamos. «Si nos volvemos un poco más violentos, miopes, ignorantes y egoístas de lo que somos ahora», advirtió, «casi seguro que no tendremos futuro».[126] Somos egoístas. No nos satisfacen fácilmente, y menos nuestras tecnologías.

Lo efímero brilla más que lo eterno, y las nuevas ideas son siempre más atractivas que las antiguas. Los microprocesadores y los teléfonos inteligentes amplían lo que significa ser humano. Las herramientas nos enseñan más sobre nosotros mismos y nos ayudan a expresarnos mejor. Las herramientas tecnológicas no son como llaves inglesas y martillos que utilizamos con fines limitados; son herramientas de autodescubrimiento y autoexpresión. Nuestras herramientas más poderosas amplían nuestras vidas, nuestras aspiraciones e incluso nuestros amores. Pero a medida que abrazamos nuevas posibilidades, también se nos plantea un nuevo y enorme dilema.

El dilema espiritual de la era tecnológica es profundo porque nuestra economía moderna se basa en la falsa promesa de que las nuevas innovaciones son la clave para satisfacer los anhelos del corazón. «Si somos sinceros, debemos admitir que uno de los aspectos de las incesantes actualizaciones y el eterno devenir de la tecnología es hacer agujeros en nuestro corazón», admite

---

126 Sagan, *Pale Blue Dot*, 329.

Kevin Kelly. Estamos descontentos a propósito. «Un día, no hace mucho, decidimos (todos nosotros) que no podíamos vivir un día más a menos que tuviéramos un *smartphone*; una docena de años antes esta necesidad nos habría dejado estupefactos», escribe. «Ahora nos enfadamos si la red va lenta, pero antes, cuando éramos inocentes, no pensábamos en absoluto en la red. Seguimos inventando cosas nuevas que crean nuevos anhelos, nuevos agujeros que hay que llenar». El descontento tecnológico no es deshumanizador, dice; es humanizador. Nuestras nuevas herramientas nos convierten en más de lo que somos. Nos amplían. Pero al ampliarnos, abren más agujeros nuevos que hay que llenar. «El ímpetu de las tecnologías nos empuja a perseguir lo más nuevo, que siempre desaparece bajo la llegada de lo siguiente más nuevo, por lo que la satisfacción sigue alejándose de nuestro alcance». Entonces, ¿cuál es la solución? Al final, Kelly recurre al *technium* para «celebrar el interminable descontento que trae consigo la tecnología», porque este «descontento es el detonante de nuestro ingenio y crecimiento».[127]

La innovación en nuevas tecnologías está provocada por el descontento que llevamos dentro. Nunca estamos satisfechos, siempre buscamos, siempre estamos dispuestos a adoptar nuevas tecnologías en busca de una realización personal que nunca llega. Es desgarrador ver a un hombre honesto reconocer las decepciones de la tecnología. Cada nuevo regalo de la innovación promete hacer más de nosotros, pero en esa promesa se nos abren nuevos agujeros de necesidad que deben llenarse perpetuamente con más masilla tecnológica. Más adopción de tecnología significa más necesidades, más agujeros, menos satisfacción y más necesidad

---

127 Kevin Kelly, *The Inevitable: Understanding the 12 Technological Forces That Will Shape Our Future* (Nueva York: Penguin, 2017), 11-12.

de más adopción de tecnología. Las acciones tecnológicas se alimentan de esta insatisfacción, pero para el alma humana es una proyección de pesadilla de las páginas del Eclesiastés. Las innovaciones nos dejan secos porque ignoran intencionadamente a Dios. Y cualquier empresa científica o tecnológica que intente dejar fuera a Dios «se convierte en su propio opuesto, y desilusiona a todo el que construye sus expectativas sobre ella».[128] Las decepciones del tecnoverso lo demuestran una y otra vez. Ya hemos visto esta desilusión tecnológica dos veces en la historia, a finales del siglo XIX y dentro del Silicon Valley del siglo XXI. Este desencanto siempre estará ahí. Dos males concurrentes subvierten siempre la felicidad del hombre: en primer lugar, renunciar a Dios como nuestra «fuente de agua viva» que todo lo satisface y, en segundo lugar, sustituirlo por algunas promesas de ingeniería humana de nuevo cuño que no pueden elevarse más alto que «cisternas rotas», tanques llenos de agujeros impenetrables que no pueden contener agua (Jer. 2:13).

Cuando buscamos la felicidad en la última hazaña tecnológica del hombre, primero debemos suponer (a sabiendas o no) que Dios no es suficiente. Nuestro último artefacto promete completarnos. Pero Dios sabe que no lo hará. Somos almas eternas que no pueden satisfacerse en las ambiciones del hombre. Dios lo sabe, y subvirtió las falsas promesas del evangelio de la tecnología desde el principio. Puedes llenar tu corazón con sustitutos de Dios hechos por el hombre, pero nunca serán suficientes. Puedes perseguir la próxima herramienta o el poder innovador más reciente o el aumento más nuevo o la próxima frontera en la exploración espacial. Pero si haces estas cosas para satisfacer tu corazón, estarás tapando agujeros con masilla.

128 Bavinck, *Wonderful Works of God*, 4.

Las tecnologías son maravillosas. El potente chip informático lo cambia todo. La potencia de las cámaras digitales es fascinante. El teléfono inteligente es asombroso. Internet, que une a cristianos de todo el mundo, es extraordinario. Los viajes espaciales, que amplían nuestros conocimientos sobre el universo, son impresionantes. Los avances médicos, como el fin de la polio y el fin del cáncer y el fin de la demencia y el fin de los defectos genéticos (si llegáramos a ver estas victorias) serían asombrosos, y daríamos a Dios toda la gloria por haber creado mentes para abordar estos problemas. Pero los cristianos debemos volver siempre a la cuestión de la confianza. El mismo cubo de alquitrán puede servir para construir nuestra confianza en Dios o para levantar torres de incredulidad.

La vida sabia en la era de la tecnología no la resuelven los cristianos que ignoran las posibilidades materiales, ni los tecnólogos que descartan las maravillas espirituales. La sabiduría comienza en el temor y se expresa en la gratitud. ¿Puedo, con buena conciencia, dar gracias a Dios por una innovación? La ética de lo que está permitido o prohibido hunde sus raíces en la gratitud. «Porque todo lo que Dios creó es bueno, y nada es de desecharse, si se toma con acción de gracias; porque por la palabra de Dios y por la oración es santificado» (1 Tim. 4:4-5). Esto es válido para la barbacoa y el matrimonio y los *smartphones* y los avances médicos. Si podemos dar gracias a Dios sinceramente por ello, podemos adoptarlo. La gratitud centrada en Dios nos da fe para ver que solo Cristo puede llenar los agujeros de nuestras almas. Cristo es el secreto para prosperar en la era de la IA, los robots autónomos y los avances contra el envejecimiento. La alegría en Cristo nos enseña a dar gracias por las innovaciones que necesitamos y a contentarnos sin las que no necesitamos.

Nueve limitadores tecnológicos

La cúspide de nuestra era tecnológica se parece mucho a Babel y a Babilonia: llegar a un lugar donde nada pueda limitarnos o restringirnos. «Un día nuestro conocimiento será tan vasto y nuestra tecnología tan avanzada», predice Harari, «que destilaremos el elixir de la eterna juventud, el elixir de la verdadera felicidad y cualquier otra droga que podamos desear, y ningún dios nos detendrá».[129] Pero los creyentes saben, por fe, que el Creador *puede* detenernos. *Y nos detiene.* Dios gobierna Su creación con gobernadores, o válvulas, para limitar intencionadamente la innovación humana y sus posibilidades.

Dios está en Silicon Valley. Está trabajando en todos los centros tecnológicos del mundo. Él está trabajando en al menos nueve áreas que puedo ver. Las llamaré «nueve limitadores tecnológicos».

1. Limitador de la creación. El Creador reguló lo que es posible en esta creación material. Mediante Sus patrones intencionales limitó los recursos naturales del mundo y su abundancia o escasez. Restringió aún más esas posibilidades materiales mediante leyes naturales.

2. Limitador vocacional. El Creador frena o acelera la innovación humana como una palanca de empuje en una cabina. A su propio volumen pretendido, Dios crea (*bara*) nuevos innovadores y artífices de la innovación en cualquier época de la historia, y esto incluye a los saqueadores, los ambiciosos y los virtuosos.

3. Limitador intercultural. El Creador inició tensiones culturales dentro de la adopción de tecnología para ayudar a proteger

129 Harari, *Homo Deus*, 202.

a la humanidad. Al multiplicar todas las culturas del mundo en Babel, Dios estableció una fricción global para limitar qué innovaciones se adoptan en una sociedad determinada.

4. **Limitador de la revelación general.** La voz del Creador instruye a través del orden creado. Como en un catecismo para que todos lo lean, oímos cómo nuestras acciones repercuten en la creación para su bien o para su mal.

5. **Limitador de interrupciones.** Dios ejerce un poder directo para inmiscuirse en la tecnología humana. Mediante Su soberana intromisión puede frustrar a cualquier tecnólogo o jaquear la innovación humana para un fin mayor.

6. **Limitador espiritual.** Dios revela a la Iglesia Sus intenciones específicas para la creación. Mediante el don de la revelación especial, a través de Su Palabra, Dios da sabiduría a Su pueblo para florecer espiritualmente y discernir Su camino a través de las complejidades de la era tecnológica.

7. **Limitador de la debilidad.** Dios trastorna las estructuras de poder del hombre. Mediante la locura del evangelio y la simple obediencia de los cristianos comunes, Dios subvierte intencionadamente el poder aparentemente infranqueable de las grandes tecnológicas para lograr Sus fines.

8. **Limitador del corazón.** Dios expone los apetitos insaciables del alma humana. Él diseñó todos los avances tecnológicos humanos para exponer la vasta necesidad espiritual del alma, sin ninguna posibilidad de que esa sed creciente sea saciada por alguien o algo que no sea Él mismo.

9. Limitador de parada en seco. Dios pone fin a la tecnología humana. En las cenizas de Babilonia, Dios revela Su compromiso final de poner fin a la tecnoidolatría humana y a la rebelión urbana para poder dar paso a algo más grande.

Mediante estos nueve limitadores, Dios controla en última instancia el inicio, el ritmo y el final de toda innovación humana. Si confiamos o no en el Creador en estas áreas determinará cómo afrontamos un futuro tecnológico incierto: con temerosa reserva o con esperanzada libertad. La confianza marca la diferencia.

Nuestra era tecnológica seguirá siendo un escaparate de las aspiraciones y los logros humanos. El tema de nuestra era es el hombre, el hombre, todo sobre el hombre. Para prosperar en esta era se necesita más fe en Dios, no menos. Ante el poder nunca visto del hombre, nuestro Dios debe ser aún más real, más presente, más consciente, más dueño de todas las cosas. Y ese es el Dios al que servimos. Por la fe sabemos que Dios gobierna todo agente activo. Ninguna conciencia de IA de libre albedrío queda fuera de la providencia de Dios, porque Dios crea a los creadores de IA. El antiguo asolador era un agente activo, de hecho, un agente que actuaba autónomamente, un asolador de IA. En nuestro futuro, es posible que veamos robots militares autónomos, máquinas asesinas que decidirán quién muere basándose en cálculos y algoritmos internos. Pero los robots autónomos, como los humanos autónomos, nunca son realmente autónomos. Ya sean de carne o de acero, ningún agente actuante puede escapar al gobierno de Dios.

Toda la humanidad se unió una vez y concentró su poder de ingeniería en una torre para frustrar a Dios. Fracasaron. Dios echó a perder sus objetivos sin transpirar, desatando todas las culturas de la humanidad. Cuando la humanidad conspiró de nuevo con todos los ángeles y demonios y poderes políticos para matar a Dios, clavaron al Hijo de Dios en una cruz. Pero era una trampa con cebo. En la cruz Cristo venció al diablo, a la muerte y al pecado. Y cuando Babilonia una a la humanidad en una superpotencia mundial, Dios acabará con ella. El hombre nunca tiene el control. Francamente, si Dios no tuviera el poder de frustrar la innovación y la ingeniería humanas, ¿qué esperanza tendríamos para el futuro? Solo podríamos esperar un futuro incesante de tecnotiranía. Pero la innovación humana nunca se sienta en el trono de Dios.

En la Iglesia, el miedo está ganando la partida a la fe cuando se trata de tecnología. Dios se siente distante de la cultura tecnológica cuando el dios de nuestras cabezas parece superado por el poder del hombre. Debemos dejar de vivir en esta ficción teológica. Debemos volver al Dios de las Escrituras para poder confiar en Su providencia sobre el universo material y sobre cada giro en la historia de los cambios científicos y tecnológicos de la humanidad. Este giro nos protegerá de la desesperación de intentar lograr lo que el tecnólogo agnóstico ya intenta al ejercer el control humano sobre la creación. Si el dios de nuestras cabezas no puede detener la tecnología del hombre, ¿tal vez deberíamos hacerlo nosotros? Esta es una desastrosa falta de fe. A medida que el *technium* crece más allá del control de la Iglesia, debemos confiar en el Dios vivo del universo que gobierna todas las cosas. Solo con estos gobernantes en su lugar podemos mirar con optimismo el drama de la tecnología que se desarrolla ante nuestros ojos.

Por fe, espero ansiosamente lo que viene en el horizonte a medida que los gloriosos patrones de la creación nos ofrecen nuevas posibilidades que nunca imaginamos. Mi vida está llena de siglos de avances tecnológicos, y estoy ansioso por ver la nueva tecnología del futuro que existe más allá de mi imaginación actual.

La historia de la tecnología es una montaña rusa que no podemos detener, un tren en el que todos estamos atados mientras el carro se abre paso hasta la primera cima. Aunque las cosas están relativamente tranquilas ahora, esperamos sumergirnos pronto en una furia de nuevas ideas y posibilidades que nos resultarán desconocidas. Es demasiado tarde para saltar. En un escenario así, abogo por la fe para dejarnos llevar, para avanzar sin miedo, como personas que confían en el Dios que reina sobre todas las cosas y nos ama hasta el punto de derramar la sangre de Su propio Hijo por nosotros para demostrarnos que nos dará todo lo que necesitamos en la era tecnológica.[130]

Va a ser un viaje salvaje. No siempre será cómodo. Nos excederemos. Intentaremos demasiado. Cometeremos errores y nos mutilaremos por el camino. Siempre necesitaremos que nos corrijan. Pero por fe podemos estar seguros de que el *technium* nunca escapará a los nueve limitadores de Dios. Así que soy optimista, no en el hombre, sino en el Dios que gobierna cada tuerca, tornillo, cadena y cinturón de seguridad de esta alocada montaña rusa tecnológica.

El Crescendo

Nos enfrentamos a la era de la tecnología con preguntas aleccionadoras. ¿Y si nuestra era tecnológica nos deshumaniza por vanidad? ¿Y si nos volvemos tan buenos acumulando comodidades que nos morimos de aburrimiento? ¿Y si los robots sexuales nos estimulan tanto que nos volvemos impotentes? ¿Y si modificamos nuestros cuerpos hasta que ya no anhelemos la glorificación? ¿Y si los sistemas de inteligencia artificial nos dotan de todo el conocimiento conocido de la humanidad hasta que nunca volvamos a experimentar

130 Rom. 8:32.

el misterio o la maravilla? ¿Y si llegamos a estar tan médicamente atontados por estímulos eléctricos o sustancias químicas artificiales que ya no podemos sentir emociones humanas genuinas? ¿Y si nos hacemos tan poderosos que vivimos dentro de un aislamiento impenetrable que aleja a todos los demás, y también a Dios?

Cuando Einstein llamó a la ciencia «lo más precioso que tenemos», nos subestimó.[131] Cristo es lo más precioso que tenemos. Y es a la luz de Cristo que vemos la ciencia con más claridad. En Él vemos su finalidad, su objetivo, su diseñador. Porque en todas las cosas, incluidas la ciencia y la tecnología, Cristo es el Alfa y la Omega, el primero y el último, el principio y el fin.[132] Ahora lo sostiene todo. Por Él «fueron creadas todas las cosas, las que hay en lo cielos y las que hay en la tierra, visibles e invisibles», y «todas las cosas en él subsisten». Cristo es el creador, el conservador y el fin de la creación, pues «todo fue creado por medio de él y para él» (Col. 1:16-17).

La gloria de Cristo es el epicentro del florecimiento cristiano en la era tecnológica y en cualquier era. Su gloria es la prioridad transtecnológica para la mirada de nuestras vidas, la tierra firme para nuestras mentes y voluntades y almas y corazones en cualquier cambio social que haya llegado o llegue en el futuro. La Iglesia seguirá existiendo en esta tierra como refugio para aquellos que inadvertidamente se quiebran bajo todas las falsas y deshumanizantes promesas de autorredención y autoseguridad en la manipulación biológica del cuerpo y en el aumento cibernético de nuestros poderes físicos y cognitivos. Las falsas promesas de superpoderes y superconocimiento serán demasiado para que muchos las resistan. Pero esas promesas se desvanecerán con el tiempo, y

---

131 Citado en Banesh Hoffmann, *Albert Einstein: Creator and Rebel* (Nueva York: Penguin, 1972), *v.*
132 Apoc. 22:6-21.

los pecadores que se quiebran buscarán la liberación. En Cristo siempre habrá esperanza para las almas y los cuerpos rotos, incluso para los que se han roto a sí mismos. La tecnología prolongará la vida, pero no puede detener la muerte. En Cristo somos liberados de la muerte en una comunidad que se transforma de un grado de gloria a otro de maneras que ningún laboratorio podrá copiar.[133]

La supremacía de Cristo sobre todas las cosas significa que el florecimiento cristiano no depende de que yo adopte o rechace ciertas tecnologías. Depende de que mi corazón se centre en el Salvador. Esto será cierto en todo el espectro de cristianos que adoptan la tecnología y cristianos que la rechazan. Tanto si compramos un asiento en una nave espacial con destino a la luna como si nos quedamos dentro de los confines de una comuna tipo *amish*, no encontraremos esperanza aparte de nuestra unión a Cristo. Como centro de nuestras vidas y de nuestras esperanzas eternas, Cristo nos libera de nosotros mismos y nos permite amar y vivir para algo más grande que nuestros pequeños reinos. Nos libera de la esclavitud de los deseos tecnológicos de la autocreación y del individualismo autodeterminado. La Iglesia, liberada por Calvino de intentar servir de árbitro de todos los descubrimientos científicos, puede ahora predicar a Cristo en la era de la tecnología.[134] Solo Cristo puede desencantar las falsas promesas de la era de la tecnología. Nuestros artilugios y posibilidades tecnológicas ya no nos definen, sino Cristo. Él define nuestra vocación. Si

---

133 2 Cor. 3:18.

134 Una vez que Juan Calvino descubrió que Cristo era el epicentro de las Escrituras, liberó a la Iglesia del papel de árbitro de las afirmaciones científicas, un papel que Roma intentó desempeñar. En su lugar, conociendo el propósito central de Dios para la Biblia como revelación de Jesucristo, centró la Iglesia allí y liberó a la ciencia para perseguir la revelación general y descubrir el mundo del Creador. Dios está en el centro de la revelación especial y de la revelación general. Pero la Iglesia se especializaría en la revelación especial. Véase Alister E. McGrath, *A Life of John Calvin: A Study in the Shaping of Western Culture* (Hoboken, NJ: Wiley-Blackwell, 1993), 256.

seguimos Su Palabra, estaremos protegidos de ser utilizados por nuestras herramientas.

Al final, si el granjero, el herrero y el linaje de Caín nos prohíben descartar la ciencia como un percance de la arrogancia humana, nos quedan dos opciones: la ciencia en la fe o la fe en la ciencia. Elegimos la ciencia en la fe. Escucharemos la voz de Dios en la creación. Y escucharemos la voz de Dios en Su Hijo y en Su Palabra eterna. Escucharemos no solo con nuestros oídos, sino también con nuestros afectos, porque el centro de lo humano no es el cerebro aumentado ni el superintelecto; es el corazón. Porque el corazón es el centro de la existencia humana, encontramos que hay una «unidad entre la fe, la cabeza, las manos: unidad entre la fe, la ciencia y la tecnología».[135] Solo una cosmovisión cardiocéntrica puede mantener unidas la fe, la esperanza y el amor con las mejores ofertas de la ciencia. Solo en Cristo podemos abrazar la innovación tecnológica dentro de los saludables confines del amor presente y la esperanza futura.

Como nos recuerda el Salmo 96, la presencia de Dios volverá a centrarse físicamente en la tierra. Cuando lo haga, todo el universo material cantará de alegría. Los vanos ídolos del poder y la riqueza serán expuestos como las tontas farsas mundanas que son. En su lugar, el universo material se reunirá para cumplir el propósito último de esta creación, el fin último de toda innovación humana: adorar a Dios por el esplendor de Su belleza y la majestad de Su santidad. El cielo y la tierra y los mares y los campos y los bosques se regocijarán cuando Dios mismo regrese para gobernar sobre la creación, para gobernar en perfecta justicia. Todas las naciones harán lo mismo. Y la armonía del universo florecerá finalmente en formas que ahora no podemos imaginar.

---

135 Schuurman, *Faith and Hope in Technology*, 23-24.

Pero en esta vida de lo inmediato, es fácil idolatrar la tecnología y entronizarla como un dios. Nuestros corazones siempre están adorando, y siempre adoraremos lo que en última instancia pensemos que nos librará. Para millones de personas, tal vez miles de millones, esa esperanza está depositada en el falso dios de la medicina antienvejecimiento o del aumento del cerebro por ordenador o de la autoescultura genética o de otros cien pasillos de la innovación tecnológica. Todos sabemos que debemos ser liberados de nuestra condición humana, liberados de nosotros mismos. Nadie carece de salvador. Pero la tecnología no puede salvarnos.

Cuando el humo salga de Babilonia, Cristo volverá a la tierra en plena manifestación de Su poder soberano. «De su boca sale una espada aguda, para herir con ella a las naciones, y él las regirá con vara de hierro; y él pisa el lagar del vino del furor y de la ira del Dios Todopoderoso» (Apoc. 19:15). No necesitará armas. Sin embargo, espadas de guerra afiladas como cuchillas, varas de hierro y lagares: tres innovaciones del hombre magnificarán el poder y la gloria del Cristo que regresa.

Hasta que Cristo vuelva, esperamos. Él es nuestra esperanza. Él es la gran esperanza de todos los verdaderos científicos, como los magos que buscaban con todos sus designios el momento de postrarse y adorar a Cristo. Hasta ese día, nuestra esperanza está establecida por Pablo en Romanos 8:18-25. Nuestros sufrimientos de ahora son pequeñeces comparados con nuestra esperanza de aquel día en que Cristo restaure Su creación. La nueva creación que ha de venir no es como esta creación, una «creación de la nada» (*creatio ex nihilo*), sino más bien una «creación de lo viejo» (*creatio ex vetere*), una resurrección, como un cuerpo muerto que cobra vida. Y esa es también nuestra esperanza. Hasta entonces, toda la creación «fue sujetada a vanidad, no por su propia voluntad, sino por causa del que la sujetó en esperanza; porque también la creación misma será libertada de la esclavitud de corrupción, a la libertad gloriosa de los hijos de Dios» (vv. 20-21).

La creación es la fuente de nuestras innovaciones, pero a la creación no le impresionan nuestros artilugios y nuestra robótica. La creación gime, como una mujer que da a luz. Nosotros también gemimos. Hacemos todo lo que podemos para administrar esta creación mientras esperamos la plena redención de nuestros seres rotos, nuestros cuerpos rotos y esta creación rota.

Fe y física

Concluyo volviendo al punto de partida, con la victoria de David sobre Goliat. Es una historia de posibilidades. Una historia de fe y física. Una historia en la que la confianza en Dios para la victoria y la técnica correcta para la victoria no son antitéticas. No hay razón para que la tecnología adecuada anule nuestra confianza última en el poder liberador de Dios. El más auténtico artífice de la innovación es aquel que la utiliza para amar a Dios y a los demás. La tecnología es un don divino para poner a prueba nuestra mayordomía.

Como espero que este libro haya dejado claro, la ciencia no puede liberarnos. La innovación nunca satisfará nuestros corazones. El sentido de la vida nunca se encontrará en el último dispositivo de Apple. El Dios que habla permite que la tecnología sea lo que debe ser: no un salvador, ni un evangelio, ni la solución final a la muerte. Solo Cristo es el Creador, el sentido de la creación, el objetivo de la creación y el *telos* de la tecnología. Solo Cristo es la sabiduría, la fuente de la sabiduría y el director de la innovación sabiamente utilizada para Sus fines. Solo en Él pueden regocijarse nuestros corazones y florecer nuestras ciencias como artesanía lúdica de seres humanos que exploran las generosas posibilidades del universo material del Creador.

En Cristo, científicos y tecnólogos son liberados para cultivar la creación para el florecimiento humano. Con los ojos bien abiertos para explorar todas las posibilidades, los innovadores actúan según ese impulso que todos llevamos dentro, ese afán por descubrir átomos y desbloquear fuentes de energía y explorar planetas y viajar al espacio con cámaras y luego con vehículos exploradores y luego con nosotros mismos.

Tómate la ciencia demasiado en serio (haz de ella tu salvadora) y te envenenará hasta la tumba. Pero encuentra tu liberación y tu alegría en la presencia del glorioso Salvador, y estarás en condiciones de liberar a la ciencia de las cosas serias de la salvación y la eternidad, para que la innovación pueda convertirse en la exploración espontánea y gozosa del asombro que estaba destinada a ser, el estudio y el cultivo ávidos de esta caja de arena que llamamos creación, un regalo intencionadamente diseñado por el generoso Creador al que no podemos dejar de adorar para siempre.

Agradecimientos

ESTE PROYECTO COMENZÓ como una introducción de diez páginas en mi libro *Hechizo Digital: 12 formas en que tu dispositivo te está cambiando*. Antes de abordar patrones específicos de uso de *smartphones* y hábitos en redes sociales, tuve que catalogar brevemente mis metaconvicciones sobre la innovación humana. En los años siguientes, esa introducción dio lugar a muchas discusiones fructíferas con amigos.

En el verano de 2019, desarrollé la introducción en un mensaje singular que compartí por primera vez con los socios del ministerio Desiring God, el 24 de octubre de 2019 (un momento trascendente), predicando sobre la torre de Babel desde la azotea del sexto piso del Hotel Valley Ho en Scottsdale, Arizona. ¡Gracias, Sam Macrane!

Ese mensaje dio lugar a una tarde y dos días enteros de conversaciones que me llevaron a escribir un segundo y un tercer mensaje. Llevé la serie de tres partes a tres lugares diferentes en Seattle en marzo de 2020. Cada encuentro reunió a perspicaces pastores y creyentes que trabajan dentro de la industria tecnológica y que ofrecieron nuevos comentarios. A pesar de que el coronavirus había paralizado Seattle en gran medida, llevamos a cabo los eventos. ¡Gracias, Doug y Mary Lynn Spear y Peter Hedstrom!

Los debates en Seattle dejaron claro que necesitaba una teología de la ciudad. Así que la serie se dividió en cuatro partes, impartidas a un grupo de cristianos en Silicon Valley como seminario en línea y en directo durante el cierre en mayo. ¡Gracias, Rijo Simon!

Al convertir las conferencias en un libro, me beneficié de la colaboración de amigos, editores, expertos en tecnología y teólogos que invirtieron su tiempo y talento en este proyecto. Gracias, Alastair, Fred, Scott, Lydia, Dilip, Eric, Michael y Jeremy.

Y, por último, este proyecto sería impensable sin la mujer que primero fue mi editora, luego mi amiga y más tarde mi esposa. Ella soporta más que su parte de la carga de la vida para hacerme sitio para escribir y luego también pone más tiempo a mi disposición para editar mi prosa y convertirla en algo descifrable. A mi amiga-editora-esposa: ¡Te amo!